A Peter Fuchs
l'hommage amical
F. Ader

LE BÂTON DE L'AVEUGLE

Alfred Adler
Andras Zempléni

LE BÂTON DE L'AVEUGLE

DIVINATION
maladie
et pouvoir
chez les Moundang
du Tchad

COLLECTION SAVOIR HERMANN

BIOGRAPHIE

ALFRED ADLER, né à Paris en 1934, a poursuivi ses études de philosophie jusqu'à l'agrégation. Abordant l'ethnologie en 1961, il fait sa première étude de terrain chez les Sara. Entré au C.N.R.S. en 1965 et appartenant au laboratoire d'ethnologie de l'Université de Paris X, il se consacre, depuis 1967, à la recherche sur le système social et politique des Moundang de Léré.

ANDRÁS ZEMPLÉNI, né à Budapest en 1938, quitte la Hongrie en 1956 et fait des études de psychologie et d'ethnologie à l'Université de Paris. De 1962 à 1966 il appartient à l'équipe de recherche du service de neuro-psychiatrie de Fann (Dakar) et étudie l'interprétation et la thérapie traditionnelles du trouble mental chez les Wolof et les Lébou du Sénégal; sa thèse de doctorat porte sur ce thème. En 1969, il enquête sur la médecine traditionnelle et les rites de possession chez les Moundang du Tchad et effectue en 1971 une mission chez les Sénoufo (Nafaara) de la Côte d'Ivoire. Chargé de recherche au C.N.R.S., il appartient au laboratoire d'ethnologie de l'Université de Paris X et mène une recherche comparative sur la maladie et l'infortune dans les sociétés traditionnelles de l'Afrique de l'Ouest.

ISBN 2-7056-5687-1

TABLE

Les matériaux présentés dans ce travail ont été recueillis en 1969 à l'occasion de deux missions subventionnées par le Centre National de la Recherche Scientifique (R.C.P. 11, 117).

REMERCIEMENTS

Nous remercions d'abord les autorités de la République du Tchad et les responsables de l'Institut National Tchadien pour les Sciences Humaines dont l'aide matérielle et morale nous a été très précieuse. Nous exprimons notre reconnaissance à Mademoiselle Marie-José Pineau qui a pris part à nos enquêtes et qui a bien voulu mettre à notre disposition une partie de sa documentation. A MM. M. Cartry, E. Ortigues, P. Smith, D. Sperber qui ont relu ce manuscrit et nous ont donné d'utiles conseils.

Enfin toute notre gratitude va aux Moundang et en premier lieu au souverain de Léré, le chef de canton Gõ-Daba III sans la bienveillance de qui cette recherche n'aurait pu être réalisée. C'est, bien entendu, envers les devins eux-mêmes que notre dette est la plus grande : si nous ne pouvons les citer tous qu'on nous permette du moins de nommer Pasale, devin de Fouli, et Palay de Teubara qui furent nos initiateurs, Idãne, le chef du collège des devins de Léré et Wergadjam, le devin de Zalbi. Nommons pour finir, quoi qu'il ne soit pas devin, Mangay, le sage de Léré, qui sut nous guider dans la divination comme dans tant d'autres domaines de la culture moundang.

Alfred Adler Andras Zempléni

Laboratoire d'Ethnologie et de Sociologie Comparative de l'Université de Paris X Nanterre (L. A. 140)

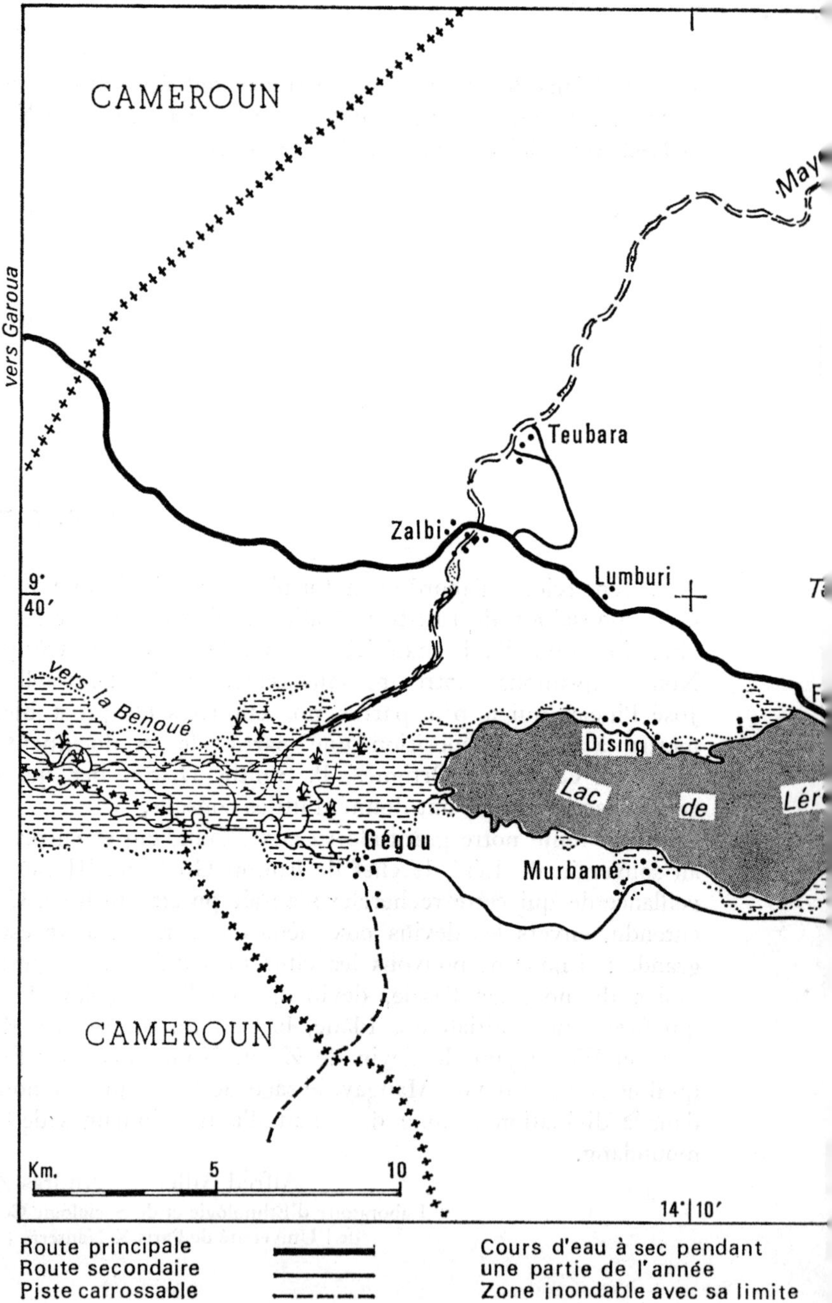
CAMEROUN
vers Garoua
Teubara
Zalbi
Lumburi
9°
40′
vers la Benoué
Dising
Lac
de
Gégou
Murbamé
CAMEROUN
Km.
5
10
14°
10′
Route principale
Route secondaire
Piste carrossable
Cours d'eau à sec pendant
une partie de l'année
Zone inondable avec sa limite

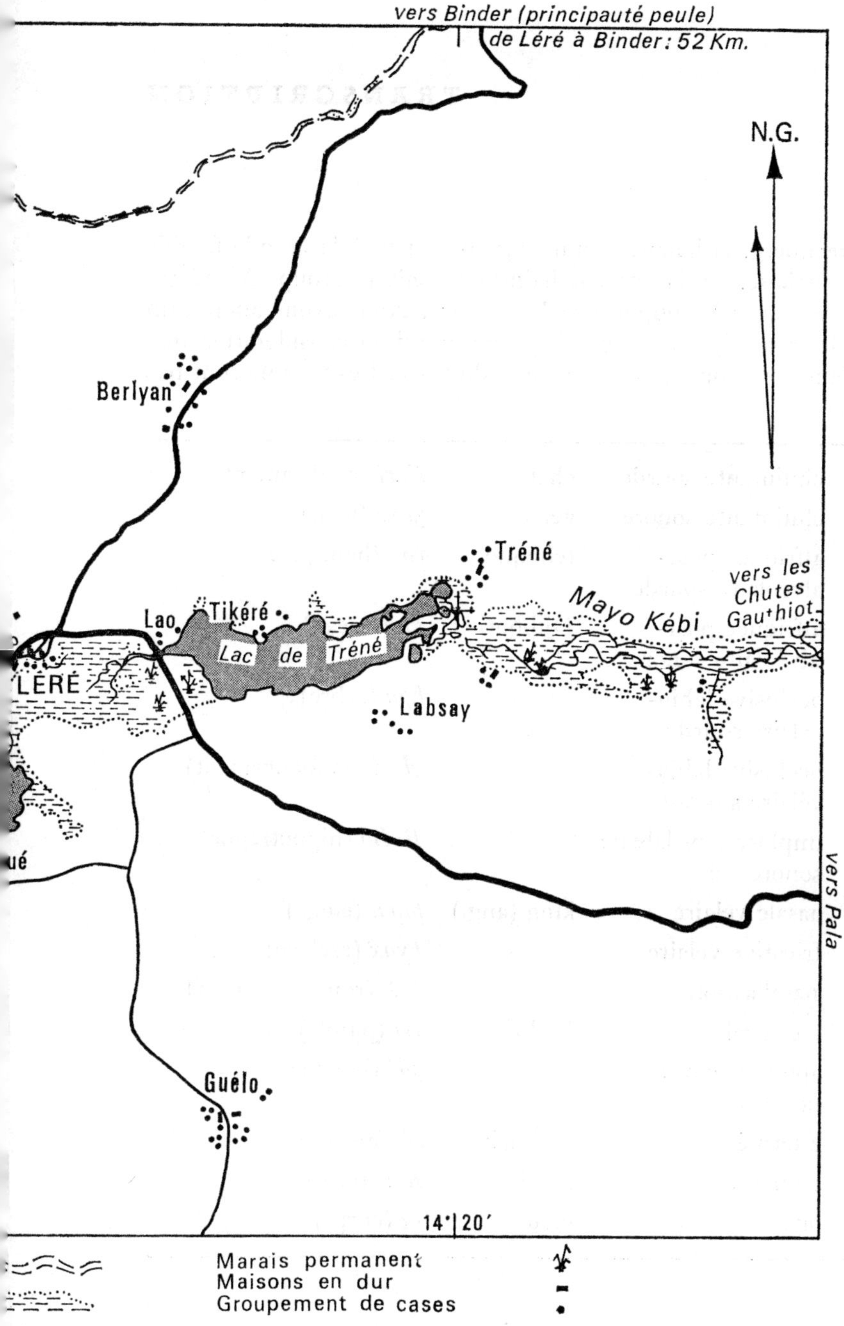
vers Binder (principauté peule)
de Léré à Binder : 52 Km.
N.G.
Berlyan
Trené
vers les Chutes Gauthiot
Mayo Kébi
Lao
Tikéré
Lac de Tréné
LÉRÉ
Labsay
ué
vers Pala
Guélo
14°|20'
Marais permanent
Maisons en dur
Groupement de cases

TRANSCRIPTION

Selon Greenberg, la langue moundang appartient à la grande famille nigéro-congolaise. On la rattache habituellement au groupe Mandara-Kébi-Bénoué avec le toupouri et le mboum. Nous avons adopté un système de transcription simplifié qui ne prend en considération que les phonèmes qui apparaissent au cours du texte. Les tons ne sont pas notés.

š	chuintante sourde	chat	*šinri* (médicaments)
ʒ	chuintante sonore	gens	*ʒaxe* (vent)
č	affriquée post-alvéolaire sourde	tchèque	*čox* (lieu, place)
ž	affriquée post-alvéolaire sonore	Djibouti	*žu* (oiseau)
kp	occlusive labio-vélaire sourde	—	*kpu* (arbre)
gb	occlusive labio-vélaire sonore	—	*gbə* (commencement)
B	implosive bi-labiale sonore	—	*BoBo* (hippotrague)
ŋ	nasale vélaire	king (ang.)	*piŋni* (singe)
x (χ)	fricative vélaire	—	*byax* (esclave)
~	nasalisation	—	*šyẽ* (rouge) *gõ* (chef)
ə	e central	brebis	*Bə* (parole)
áé	aperture entre /a/ et /ɛ/	—	*ʒáé* (bouche)
ê	e fermé	marché	*čê* (âme)
e	e ouvert	servir	*seri* (terre)
u	ou	clou	*su* (corps)

INTRODUCTION

Certes, il ne faudrait pas croire que tout tient là-dedans, dans une espèce d'immense calembour construit sur les signes et les intersignes ; mais une classification domine cet ensemble, des correspondances relient entre eux noms, espèces animales et végétales, états, techniques et activités de toutes sortes.

MARCEL MAUSS
Manuel d'Ethnographie. Paris, Payot 1967

Au début d'un article qui fit date dans la recherche ethnographique en Afrique Noire, Charles Monteil * écrivait : « L'art du devin, la divination, tient une place considérable, primordiale, dans la vie de l'indigène : qu'il s'agisse de l'individu ou de la société, nul ne peut se passer du devin dont la science n'est, d'ailleurs, pas restreinte au seul présent mais embrasse également le passé et l'avenir. En principe le devin est un simple interprète de l'occulte; ce n'est pas un prêtre, ce n'est pas non plus un magicien, mais la pratique de sa fonction l'incline à devenir l'un et l'autre, d'autant plus que la religion et la magie indigènes ne peuvent se passer de la divination. Le devin a donc chez les Noirs, un rôle que l'on ne saurait s'exagérer : il n'est pour ainsi dire rien qui ne nécessite son intervention, l'État et les particuliers sont à divers titres, sous sa dépendance et sa discrétion ».

On ne saurait, en quelques phrases, faire apparaître plus fortement

* Monteil, Ch. « La divination chez les Noirs de l'Afrique Occidentale française, » *Bulletin du Comité d'études historiques et scientifiques de l'A.O.F*, Tome XIV, Paris 1931.

ni plus clairement l'ampleur des problèmes que la divination soulève pour l'ethnologue. Qu'on la nomme art ou science selon que les procédés qu'elle emploie sont plus ou moins intuitifs ou plus ou moins inductifs, il s'agit de se demander quelle est la nature de la démarche intellectuelle qu'elle implique et ce qu'il en est du savoir qu'elle met en œuvre. Il s'agit aussi de déterminer la place qu'elle occupe entre la magie et la religion dont elle est l'auxiliaire plus ou moins subordonnée. Comme elle est avant tout une institution sociale destinée à guider les choix, tant des individus que de la collectivité pour arrêter toutes sortes de décisions — pour un simple voyage ou pour les rites les plus solennels — il faut examiner ses rapports avec les pouvoirs politique et religieux; se demander enfin si la position dans la société de celui qui exerce les fonctions de devin l'apparente ou non au prêtre ou au magicien, et nous ajouterons au juge.

Bien que la littérature sur la divination en Afrique soit aujourd'hui fort abondante, il faut bien constater qu'il n'y a pas encore de réponses satisfaisantes à toutes ces questions. Non seulement nous manquons d'une réflexion théorique générale mais rares sont les descriptions et les analyses suffisamment complètes qui permettraient d'élaborer une théorie anthropologique de cette institution dont les formes sont si variées que même une classification élémentaire fait défaut.

Le travail qu'on va lire n'a nullement la prétention d'offrir une interprétation globale des phénomènes de divination; il n'a pas été non plus conçu dans une telle perspective. C'est en poursuivant chacun nos recherches particulières chez les Moundang, l'un sur la maladie et les rites thérapeutiques, l'autre sur le système politique et les rites et cérémonies collectives que nous nous sommes aperçus que la fonction remplie dans nos champs respectifs par la divination méritait un traitement séparé. Nous avons ainsi entrepris de présenter une description minutieuse du procédé mantique en usage dans la société moundang. Ayant exposé la technique, nous avons voulu donner une idée précise de son fonctionnement en citant et en commentant longuement certaines des consultations dont nous avons pris le relevé complet.

Le lecteur ne manquera sans doute pas de se rendre compte que cette étude oscille entre la divination comme objet de connaissance en elle-même et la divination comme moyen de connaissance des objets dont elle traite. Cette difficulté est, croyons-nous, insurmontable car elle résulte du caractère spécifique de cette institution. Le discours du devin — ses énoncés, ses interprétations qui préparent et orientent l'action rituelle des consultants — ne constitue, en un sens, rien d'autre qu'un vaste commentaire sociologique des aspects de la réalité auxquels il s'applique. Cette inévitable redondance de ses messages par rapport à la culture qui est leur contexte est peut être la raison qui explique la rareté des monographies complètes sur les pratiques divinatoires dans une société. Pourtant, et c'est ce qui justifie à nos yeux notre entreprise, il faut en passer par ces détours, il faut s'engager dans ce labyrinthe du discours produit par cette singulière « machine à penser » qu'est toute divination si l'on veut aller au-delà de l'évidence de la fonction que tous les auteurs lui ont reconnue : celle d'assurance et de réassurance par rapport à l'ordre de l'événement sur lequel l'homme ne peut avoir de prise autrement. Certes, il n'est pas question de nier qu'elle permet l'expression ouverte des aspirations, craintes et doutes des individus et qu'en les levant et les apaisant, elle joue son rôle d'organe du contrôle social, pour parler comme les anthropologues anglo-saxons. Mais l'important pour nous, ce n'est pas tant ce que le devin répond à la demande particulière du malade ou au questionnaire général exigé par la préparation des cérémonies royales que ce qu'il dit de la maladie ou de la royauté pour faire face à cette demande. Car ce ne sont pas seulement recettes et directives appropriées à tel ou tel cas qui sortent de la bouche du devin mais des paroles qui puisent leur efficacité et leur légitimité d'un système dans et par lequel le réel qui lui est soumis se trouve repensé. Et, en dernière analyse, on pourra se demander s'il est vrai, comme l'écrit R. Jaulin de la géomancie * que « tout se passe comme si la structure du système divinatoire n'était pas seulement un objet abstrait de pensée permettant de comprendre le réel, mais comme si les structures de l'un et de l'autre — le système et le réel — n'en faisaient qu'une, concrète et précise ». Une monographie ne saurait prétendre résoudre un tel problème spéculatif à supposer qu'il soit même soluble posé en ces termes; mais sans doute est-il nécessaire d'avoir cet horizon théorique pour s'interroger simplement sur cette donnée banale : qu'est-ce que croire aux paroles ou la parole du devin peut bien signifier pour un Moundang ?

* R. Jaulin, *La Géomancie, Analyse formelle,* Mouton, Paris 1966, p. 179.

Les Moundang sont une des principales ethnies du sud-ouest de la République du Tchad. Ils peuplent l'extrémité occidentale du département du Mayo-Kébi, celle qui s'enfonce comme un coin dans le Cameroun septentrional. Au nombre de 100 000 environ, ils sont installés de part et d'autre de la frontière mais la majorité d'entre eux vit au Tchad, dans la sous-préfecture de Léré. Léré, chef-lieu de la sous-préfecture et chef-lieu de canton, est le principal centre, la capitale des Moundang car c'est là que réside leur plus grand chef coutumier, le *gõ-ləərə*. Ce chef est à proprement parler un roi encore que son royaume soit aujourd'hui réduit aux modestes dimensions d'un canton arbitrairement découpé par l'Administration coloniale. C'est à Léré et dans les villages environnants que les matériaux sur lesquels s'appuie ce travail ont été recueillis car là se trouve le foyer où les coutumes et les traditions de ce peuple se sont le mieux conservées.

Les Moundang sont des agriculteurs qui tirent l'essentiel de leur subsistance de la culture du mil. A Léré, où la plaine d'épandage du Mayo-Kébi le permet, ils pratiquent en outre un jardinage intensif de saison sèche qui leur apporte un accroissement notable de leurs ressources alimentaires. Comme tous les paysans du sud du Tchad, ils cultivent aujourd'hui le coton (culture industrielle qui leur fut imposée par les autorités coloniales dans les années 30) qui leur procure l'essentiel de leurs revenus monétaires. Ils élèvent du bétail mais à l'exception du roi qui est seul grand propriétaire de troupeaux en raison des besoins énormes qui résultent de sa charge, ils ne possèdent que quelques têtes par famille et nombre d'entre eux en confient volontiers la garde aux pasteurs foulbé (c'est-à-dire aux Peuls) leurs voisins. Les bovins leur servent uniquement aux prestations matrimoniales, aux sacrifices et au paiement des amendes graves. La chasse et la pêche sont actuellement des activités secondaires du point de vue économique; elles conservent cependant une grande valeur symbolique : ainsi, par exemple, certains animaux sauvages jouent un grand rôle dans la vie sociale et la représentation du monde des Moundang, tels les hippopotames et les lamantins dont la capture est réservée à des clans spécialisés qui connaissent les techniques et les rites qui leur sont appropriés. Mais il y a bien davantage, comme on le verra : nombre de maladies, tant masculines *(təgware)* que féminines *(šinri)* sont attribuées à des animaux de brousse ou aquatiques.

Elles portent leurs noms et sont censées attaquer les hommes soit par contact direct avec leur chair, soit indirectement par l'intermédiaire du chasseur ou du pêcheur. Cette nosologie moundang suppose un vaste système de classification des animaux et des plantes que nous ne connaissons pas encore. D'autre part, les rites de pluie qui sont accomplis à la fin de la fête de la pintade *(fiŋ-lu)* sont précédés d'une grande chasse collective. C'est la viande des pintades et autres gibiers tués qui sert aux offrandes propitiatoires pour la pluie.

A l'exception de Léré qui présente l'aspect d'un gros bourg compact avec une très grande place centrale sur laquelle donne le palais du souverain, les villages moundang sont des unités dispersées formées de quartiers entre lesquels s'étendent les cultures de case *(wa-ka-yã)* qui s'opposent aux champs de brousse *(kəsi-ču-ki)*. Les quartiers, aux dimensions très variables regroupent un certain nombre de familles — simple ménage polygame ou unité plus large comprenant les ménages de plusieurs frères — résidant chacune dans une ferme. La ferme moundang offre une architecture tout à fait unique au Tchad qui frappe le voyageur européen par son aspect de petit fortin. Construite d'un seul tenant, l'habitation présente une succession de maisons à toit plat entre lesquelles se dressent les coupoles des greniers et des cuisines. Le nombre de ces greniers et de ces cuisines signale le nombre d'épouses que possède le maître de maison. Celui-ci dispose d'un appartement distinct, généralement prolongé d'une petite case à toiture de chaume qui lui tient lieu de vestibule pour recevoir ses amis. Ce vestibule d'entrée constitue la seule ouverture de la ferme sur l'extérieur : une natte ou une palissade de paille tressée sert de porte. L'intérieur de l'enclos forme une cour *(pi-čêle* c'est-à-dire, la place du grenier du chef de famille) plus ou moins exigüe où l'on trouve le poulailler et l'abri pour les caprins. Les bovins sont parqués à l'extérieur dans un « kraal », enceinte d'épineux aménagée à proximité de la ferme.

Il n'y a pas à proprement parler d'autel domestique dans l'enclos. Mais les chefs de famille étant enterrés à droite du seuil d'entrée de l'habitation, cette sépulture constitue un lieu hanté par les esprits ancestraux (les *mozumri* dont nous parlerons tout à l'heure) et il faut à l'occasion y faire des sacrifices. En cas de maladie dans la famille ou en d'autres circonstances le devin peut prescrire au maître de maison d'accomplir ses devoirs à l'égard de ses *mozumri*. Les mères de famille sont enterrées derrière l'enclos.

La société moundang est organisée en clans totémiques, patrilinéaires et exogames. On en compte environ une trentaine d'importance numérique très variable et disséminés à travers tout le territoire ethnique. Le clan n'est pas un groupe local et les villages qui sont les unités politiques de base du royaume, rassemblent des gens d'origines très diverses. Mais le quartier, bien qu'il soit rarement homogène, a toujours pour noyau une section clanique qui constitue de ce fait un des facteurs essentiels de la cohésion sociale dans la communauté villageoise. Et, s'il est vrai qu'à l'échelle de la société globale, les clans ont perdu une grande partie de leur importance sociologique et politique du fait que les conflits qui étaient jadis de leur ressort sont maintenant soumis aux instances administratives de l'État (chef de canton ou sous-préfet) ils n'en gardent pas moins des fonctions rituelles qui jouent un rôle déterminant dans le maintien de l'ordre sur lequel repose le royaume moundang. Pour comprendre ce rôle, c'est-à-dire, l'articulation du système clanique avec le pouvoir central, il nous faut dire quelques mots des origines historiques et légendaires de ce royaume. L'aperçu très succinct que nous allons donner est également nécessaire à la compréhension des chapitres consacrés aux consultations divinatoires qui préparent les grandes fêtes.

Les Moundang attribuent la naissance de leur système social au héros culturel qui fonda la dynastie régnante. Le mythe nous raconte l'histoire d'un chasseur dénommé Damba qui errait en brousse en quête de gibier. Il était le fils du roi de Libé (localité située au Cameroun sur le territoire de l'ethnie Guider) et avait été exilé de la maison de son père par la jalousie de ses frères. Le hasard l'ayant conduit sur les terres des Moundang placées alors sous l'autorité des gens du « péroné » sous-clan Kiʒéré, il entra en relation avec les villageois (de Zalbi, dit une version) par l'intermédiaire de deux jeunes filles. Elles étaient venues puiser de l'eau à la rivière au bord de laquelle il se reposait. Comme on était en saison sèche, elles durent creuser le sable pour faire monter l'eau. Elles donnèrent une calebasse au chasseur pour étancher sa soif et lui à son tour leur offrit des pièces de gibier qu'elles rapportèrent à leurs parents au village. Cet échange se répéta le lendemain et le surlendemain et petit à petit il devint le fournisseur de viande des habitants qui, heureux d'améliorer leur nourriture ordinaire, lui demandèrent de venir s'installer parmi eux. Bientôt un complot se trama contre le chef « péroné » qui n'était capable que de « donner des haricots à ses gens ». Damba, avec l'aide des anciens des quatre clans maîtres de la terre, s'empara du pouvoir et chassa les Kiʒérê du pays.

Comme il arrive souvent dans les mythes d'origine, le héros ne crée point mais donne forme à ce qui existe déjà. Damba devient le roi de populations déjà organisées en clans totémiques patrilinéaires mais numériquement faibles et dotés d'une organisation politique rudimentaire, c'est-à-dire, seulement clanique. Dans une vaste zone allant des Chutes Gauthiot aux montagnes du Cameroun septentrional (une cinquantaine de kilomètres d'est en ouest), il n'y aurait eu que quelques villages occupés par des gens de langue moundang. Damba le fondateur est présenté comme un étranger, un chasseur venu d'une autre ethnie; en réalité, son nom de clan montre qu'il appartient à un groupe apparenté à l'un des clans autochtones.

A partir du mythe qui vient d'être résumé et des indications historiques que nous avons pu recueillir, le schéma de la formation du royaume moundang se présente donc ainsi : les clans dits autochtones ne constituent en fait, que les premières vagues de migrations de populations repoussées du Mandara voilà plus de deux siècles et gagnant les espaces déserts ou presque du Mayo-Kébi. Puis vient Damba qui fonde une dynastie sur un modèle plus ou moins proche de celles qui règnent dans cette région où prédomine l'influence bornouane *. Enfin, petit à petit, le peuple et le royaume moundang se forment, par l'apport incessant de nouveaux groupes venus de toutes les directions; attirés, disent nos informateurs, par le rayonnement d'un pouvoir fort, propre à assurer la sécurité et la prospérité de ceux qui s'y soumettent. Chaque groupe entrant dans l'espace politique du roi de Léré connaît alors un processus de « clanification », si l'on peut dire, en recevant une qualification totémique et en se voyant assigner une place politico-rituelle dans l'édifice social moundang.

Nous pouvons maintenant résumer les principes sur lesquels se

* Le Bornou, situé à 300 km au nord de Léré est l'un des grands empires du Soudan Central. En dépit des vissicitudes qu'il connut tout au long de son histoire, du XIe au XIXe siècle, son influence fut immense et son organisation étatique servit de modèle à la plupart des sociétés monarchiques de cette région.

fonde cette organisation clanique. L'ensemble des clans moundang se répartit d'abord en deux groupes : d'une part, les *bamundaŋ*, c'est-à-dire les clans moundang à proprement parler (*bane* = clan) qui sont les trois clans issus de Damba; d'autre part, les autres qui comprennent les clans dits autochtones ainsi que ceux qui se sont formés au cours des migrations ultérieures. Le système n'est pas hiérarchique, il n'existe pas de clans nobles. Parmi les *ba-mundaŋ*, seul « touche » au pouvoir le clan *mundaŋ-gõ-Daba* qui porte le nom du fils aîné du fondateur. Mais même ce clan ne saurait être dit noble car il est formé de segments détachés de la branche régnante. Le régime successoral est, en effet, fondé sur la règle de primogéniture. Le fils aîné du roi monte sur le trône de Léré tandis que ses frères prennent le commandement des villages de brousse où la place est vacante. A ces fils du roi de Léré investis en brousse succèdent leurs fils, mais, à la troisième génération, leurs lignées sont écartées du pouvoir à jamais et Léré envoie à nouveau des fils du souverain dont les lignées connaîtront le même destin. Les descendants des chefs de brousse du village A, par exemple, deviendront les *mundaŋ-gõ-Daba* de A, section clanique comme une autre qu'aucun privilège ne distinguera de l'ensemble des villageois.

Donc, par rapport au roi qui est hors-clan, la société est comme nivelée, elle est composée de clans qui se définissent par un ensemble de traits distinctifs dont les principaux sont :

un nom d'allure totémique ou non et une devise qui lui est associée (celle-ci est récitée à l'occasion des funérailles et des fêtes non par les membres du clan mais par leurs épouses);

des interdits alimentaires ou autres qui s'ajoutent aux interdits valables pour tous;

des relations à plaisanterie avec un ou deux autres clans qui créent une alliance spécifique;

des masques — ou parfois un seul — à fonctions rituelles spécialisées;

des usages particuliers dans les rites funéraires;

une fonction rituelle propre dans les cérémonies publiques;

enfin des droits éminents sur des biefs ou des mares, certains gibiers, certains arbres, etc. Ces droits sont liés aux relations que les clans, quelle que soit leur origine géographique, entretiennent avec une certaine portion du territoire ethnique. Les relations sont conçues, comme nous le verrons au chapitre suivant, sous les espèces d'un pacte conclu avec les *čox-šinri*, génies ou puissances attachées à des lieux particuliers.

Par opposition au roi qui règne sur le pays mais qui est étranger à la terre dans laquelle il ne saurait même être enseveli, les clans sont maîtres de la terre. Les Anciens qui les représentent sont constitués en collèges dont la fonction est de contrôler le souverain tant du point de vue politique que du point de vue religieux. Les pouvoirs et leur hiérarchie sont soumis aux questions des devins lors des grandes consultations qui précèdent les fêtes.

La société moundang a connu une évolution historique qui a dans une large mesure, altéré ce système. Il est vrai que la dynastie de Léré est célèbre pour la résistance opiniâtre qu'elle opposa à l'expansion peule partie de Yola (capitale de l'Adamawa) au début du XIXe siècle. Mais quoique guerriers, leurs contacts incessants avec les Peuls musulmans influencèrent profondément les Moundang. Ceux-ci se mirent à l'école, peut-on dire, de leurs prestigieux ennemis et, pour ne prendre que deux exemples particulièrement significatifs, ils leur empruntèrent leurs modes vestimentaires dont ils firent des signes de richesse et de pouvoir et surtout, ils copièrent leur système de titulature des notables qui forment l'entourage royal. L'imitation fut si poussée que les premiers administrateurs français appelèrent lamido (prince en langue peule) le *gõ-lɔəre* ne voyant pas de différence entre une principauté peule et la chefferie de Léré où ils retrouvaient comme à Yola un *kaïgamma* (chef suprême de l'armée) un *galedemah* (esclave-maître du palais) un *sarkin fadal* (responsable des cavaliers et de leurs chevaux) etc. L'imprégnation de la société moundang par la civilisation peule fut non seulement politique et idéologique mais également, quoique de façon diffuse, spirituelle. Les Moundang furent et demeurent, dans leur masse, rétifs à l'Islam. Il est pourtant indéniable que leur pensée religieuse est comme hantée par un certain nombre de notions théologiques propagées par les Mallum, les docteurs musulmans, qui ne ménagèrent pas leur peine par convertir à leur foi les puissants souverains de Léré. Ainsi s'explique le curieux récit que nous rapportons plus loin, par lequel les Moundang rendent compte de l'origine de leur système divinatoire. Mais en outre, bien que nous ne sachions rien de la manière dont la géomancie d'origine arabe a été diffusée parmi les peuples noirs de la région soudanaise, il faut bien supposer que des docteurs moundang ont médité et spéculé sur ce mode de pensée pour l'adapter aux besoins de leur société.

Nous verrons plus loin quels rapports existent entre le procédé de divination des Moundang et la géomancie dont elle est issue. Disons seulement qu'il n'utilise pas le système des « maisons » géomantiques avec toutes les propriétés combinatoires qu'il offre mais qu'il se contraint — et nous contraindra donc — à passer en revue un certain nombre des notions essentielles de leur culture.

Première partie

LA DIVINATION

I. LA PERSONNE ET LE MONDE DE L'INVISIBLE

La plupart de ces notions seront présentées au fur et à mesure de leur apparition dans les protocoles de consultation. Il nous faut néanmoins définir et si possible articuler quelques concepts essentiels à tout acte de divination moundang. Ces concepts se réfèrent d'abord à la personne du consultant c'est-à-dire à l'ensemble de ses constituants spirituels et des agents invisibles susceptibles de les affecter.

Dans la conception religieuse moundang, la personne *(dəb-fu* ou, contracté, *dəfu)* est composée de son corps (su), d'une énergie corporelle diffuse qui la maintient en vie *(ma-zwə̃-su :* la force du corps), d'un principe individualisé porteur du destin que Dieu *(Masəŋ)* inscrit en elle dès avant sa naissance *(Masəŋ-byãne :* dieu (de la) naissance) et de deux âmes ou ombres *(čê)*, l'une appelée le grand *čê (čê-li)* qui est l'ombre projetée sur le sol, l'autre dénommée le petit *čê (čê-lãne)* que l'on peut rapprocher provisoirement de l'*anima* des Latins car elle est liée au souffle et elle est conçue comme l'instance à la fois sensible et réflexive qui synthétise les données de l'expérience et commande l'action consciente.

Nos informateurs sont fort laconiques lorsqu'il s'agit de caractériser le *ma-zwə̃-su*, cette force indifférenciée qui maintient le corps en vie mais ne l'oriente pas et ne lui survit pas. Il nous font comprendre tout au plus qu'elle est véhiculée par le sang, donne sa chaleur au corps et conditionne l'activité réflexive de la petite âme. Ni la théorie médicale ni la conception de la sorcellerie ne semblent accorder une place de choix à ce principe vital très général que l'homme partage avec le règne animal.

Il en est autrement du *masəŋ-byãne*, instance individualisée et douée d'une intentionnalité propre que l'on aurait néanmoins tort d'appeler un esprit gardien tant cette expression est marquée par une théologie de la providence divine qui semble étrangère à la pensée moundang. Dans l'esprit de la plupart de nos informateurs, le *masəŋ-byãne* est associé, lui aussi, à la circulation sanguine et se manifeste le plus clairement par les tremblements d'un membre blessé. La lenteur de la coagulation est considérée comme signe de son mécontentement envers son propriétaire et comme menace de la levée de sa protection : le corps affaibli par la perte du sang est éminemment exposé aux maladies et aux accidents de toutes sortes. Les convulsions de la volaille sacrifiée tout comme le dernier sursaut de l'homme mourant correspondent à son départ du corps que l'on dit suivi du départ de la petite âme.

Mais, si le *masəŋ-byãne* est ainsi lié au sang en tant que principe constituant de la personne, le lieu privilégié de son inscription somatique en tant que parole divine marquant le destin de l'individu est la paume de la main. Dieu « donne » le *masəŋ-byãne* au moment de la conception, mais celui-ci ne devient visible que vers le deuxième ou le troisième mois de la grossesse lorsque les doigts de l'embryon commencent à être formés. A la naissance, tout l'avenir de l'enfant, son destin d'homme sans descendance ou de père de famille nombreuse, de personne honnête ou de voleur, d'homme avare ou généreux ... est déjà gravé dans les paumes de ses mains. Certaines personnes seraient capables de lire les lignes de la main et cette dernière fait partie, nous le verrons bientôt, de la liste des termes obligatoirement consultés par le devin. Conçu sous les espèces du destin individuel que Dieu vous alloue, votre *masəŋ-byãne* est hors de la prise de votre volonté, il est une instance déterminée située en vous-même dont la nature est la cause et non la conséquence de la qualité de vos conduites morales. Néanmoins, la disposition, bonne ou mauvaise, de votre *masəŋ-byãne* à tel moment particulier de votre existence n'est pas indépendante des actes que votre conscience, votre petite âme disent les Moundang, vous conduit à accomplir. Il vous appartient de ne pas négliger votre *masəŋ-byãne*, de consulter régulièrement le devin à son sujet et de régler périodiquement la dette que vous avez contractée envers lui, envers Dieu, de par votre naissance. Votre chance à la récolte, dans les voyages ou dans les affaires en dépend. Ainsi, au moment des semailles vous devez faire une offrande à l'adresse de votre *masəŋ-byãne* et le prier de faire pousser le mil, d'écarter les calamités, de faire rentrer la récolte dans les greniers. Après avoir tué une chèvre, vous devez lui offrir sa part. S'il vous arrive de ne rien lui donner pendant plus de quatre ans, il se retourne contre vous-même et manifeste d'abord sa mauvaise humeur par votre malchance persistante. Il faut consulter alors le devin qui constate ses mauvaises dispositions et prescrit une offrande propitiatoire. En versant la farine de mil blanc sur votre couche ou à la droite de la porte d'entrée de la maison, vous dites : « mon *masəŋ-byãne*, je te demande pardon, je veux recevoir des cadeaux... je veux guérir de cette maladie... ». Quelquefois, il est trop tard et vous apprenez par la bouche du devin que votre *masəŋ-byãne* n'est plus votre gardien qui se porte garant de l'intégrité de votre corps et du caractère faste de vos actions, mais la cause même de votre maladie, l'ennemi mortel que vous portez en vous-même. Bien des personnes sont mortes, dit-on, d'un tel clivage interne de leur personne.

Selon un récit mythique que les narrateurs d'aujourd'hui incorporent volontiers dans le cycle de contes populaires sur le décepteur moundang Kazay, les hommes étaient immortels à une époque très reculée de leur histoire. Ils étaient immortels, mais chaque jour ils vieillissaient davantage. Lorsqu'ils s'apercevaient qu'ils étaient fatigués de vivre, ils se rendaient au bord d'un grand lac, plus grand que le lac de Léré, au milieu duquel se dressait un immense cailcédrat : l'arbre de la mort. Il suffisait d'émettre le désir de ne plus vivre sur cette terre pour que l'arbre abaissât doucement ses larges branches et enlevât les deux âmes des hommes désireux de mourir. Pendant un temps, les âmes restaient, tels des oiseaux, dans les branches de l'arbre de la mort. Puis, celui-ci laissait choir la grande-âme, le *čê-li*, dans l'eau du lac et faisait partir la petite-âme, le *čê-lãne*, dans le ciel. Au ciel, les hommes, jeunes ou vieux, continuaient à vivre comme sur la terre.

Ce récit mis à part, rien dans les propos de nos informateurs ne nous permet d'associer le *čê-li* à l'eau et le *čê-lãne* au ciel. Le *čê-li* est, avons-nous dit, l'ombre projetée sur le sol. Un arbre, un animal, une poupée ont leur *čê-li*. A la différence de la petite âme ou du *masəŋ-byãne*, celui-ci est visible, externe et aussi peu individualisant que l'énergie vitale, *ma-zwə̃-su*. Plusieurs informateurs le dénomment *čê-li-tugwin*, littéralement « grande âme folle » *. L'explication invariable

* On utilise deux termes généraux pour désigner la folie : *təčame* qui s'applique aux états de crise anxieuse, d'agitation agressive, de « rage » comme disent nos informateurs et *tugwin* qui s'emploie lorsqu'on parle soit d'un état de dérangement mental chronique et sans agressivité marquante, soit d'une « folie » au sens métaphorique (éthique).

que l'on avance pour qualifier cette curieuse appellation tient en une phrase. Le *čê-li* est « fou » parce qu'il ne parle pas. Vous pouvez lui faire du mal, le piétiner par exemple, il ne proteste pas. En réalité, il est inerte, il n'a pas de mouvement propre, il « ne fait pas vivre la personne ». Il est l'équivalent des *kikinu bòmǝne* des Dogon, « âmes bêtes et rampantes » situées, elles aussi, dans l'ombre de la personne. Pour les Dogon, l'ombre est « bête » car « elle imite les mouvements du corps sans rien pouvoir faire par elle-même » *. De même que les *kikinu bòmǝne*, le *čê-li* est parfois rendu responsable des impulsions ou des actes peu réfléchis. Une des conséquences de l'initiation serait la suppression ou la maîtrise de sa qualité de *tugwin*. Notons aussi que l'on n'a pas de *čê-li* avant la naissance et, comme l'arbre perd son ombre quand il se dessèche et tombe à terre, on perd sa grande-âme au moment de la mort.

A entendre nos informateurs, notamment les devins, cette grande ou pourrait-on dire « grosse âme » mériterait à peine que l'on en parle car elle n'est rien de plus qu'une sorte d'accessoire pesant et muet de la personne. Mais, on comprend rapidement qu'ils cherchent par là à mieux mettre en valeur l'agilité, la sensibilité et l'intelligence efficace de la petite-âme. Assurément, le *čê-lãne* est l'élément-clé de la personne moundang. Il est au *cê-li* ce que l'invisible est au visible, le puissant à l'impuissant, le conscient au non-conscient. Bien qu'il puisse être conçu, nous le verrons, comme une âme d'ancêtre de retour du monde des morts, le *čê-lãne* de l'enfant est choisi et donné par Dieu à ses géniteurs. L'enfant est un cadeau de *Masǝŋ* qui seul a le pouvoir de rendre féconde la semence de l'homme. La petite âme est présente dès la conception. Pendant les premières semaines, elle est visible sous l'aspect du liquide amniotique qui entoure l'œuf fécondé. Cette « eau » des deux premiers mois que l'on dit de couleur blanche est considérée comme un premier état de la semence paternelle qui se transforme au cours de la gestation. En moundang, sperme et âme seraient également nommés *čê* **. Les connaisseurs de la tradition distinguent trois sortes de semence. Celle du non-circoncis qui vient d'atteindre la puberté est dite noire et l'on pense qu'elle produit des enfants chétifs. Ce n'est que vers 18-20 ans que l'on commence à

* Calame-Griaule, G. *Ethnologie et langage*, Paris, Gallimard, 1967, p. 37.
** Ton haut-bas (/\\) : une enquête linguistique récente nous le confirme encore.

avoir de la bonne semence blanche qui permet d'engendrer des fils et des filles robustes. Quant au sperme rouge, il est exceptionnel et dangereux. Celui qui l'a reçu de Dieu est menacé d'une stérilité sans remède. S'il a des rapports sexuels avec une femme normalement enceinte, celle-ci fait immédiatement une fausse-couche. Bien des choses nous restent encore obscures dans ces représentations concernant le sperme du géniteur et l'âme de l'enfant. Notons seulement que le processus de conception pourrait être envisagé, lui aussi, sous l'angle du symbolisme chromatique blanc-rouge-noir si important chez les Moundang et si commun en Afrique *. La gestation commencerait sous le signe du blanc, couleur de la semence et de l' « eau » des premiers mois de la grossesse. Elle se poursuivrait sous le signe du rouge, couleur du caillot de sang qui se forme, dit-on, vers le troisième mois. Elle s'achèverait enfin sous le signe du noir, couleur du pigment, couleur de la personne humaine (*dəb-fu* : personne noire).

Mais, revenons à la petite-âme. Si, comme nous l'avons noté, elle est donnée par *Masəŋ* dès la conception, sa présence active se manifeste d'abord par la formation des os et des membres **. A ce stade, elle est conçue comme un principe doué d'intelligence, mais pas encore de conscience, qui commande et coordonne les processus de la croissance. Au fur et à mesure que la grossesse avance, elle s'inscrit de manière plus spécifique dans le corps qu'elle commande et acquiert peu à peu son autonomie fonctionnelle. Alors que le *masəŋ-byãne* est associé à la circulation sanguine, le *čê-lãne* est lié au souffle et à la rythmicité respiratoire. Il faut souligner cependant la tendance de la pensée moundang à unifier les deux rythmes fondamentaux de la vie, le pouls et le rythme respiratoire sous le signe de l'activité de la petite-âme. Chez le nouveau-né, cette activité se manifeste d'abord par les phénomènes de pulsation et de tension perceptibles à la fontanelle antérieure que l'on considère comme un des endroits par lesquels l'enfant respire. Sur le corps de l'enfant plus âgé et de l'adulte, on distingue plusieurs « endroits souples » *(čox-ma-gələp-gələp)* ou « enfoncés » *(čox-tə-gəgə)* appelés aussi « lieux de respiration » *(čox-*

* Cf. Turner, V. W. « Colour Classification in Ndembu Ritual », in Anthropological Approaches to the Study of Religion, *A.S.A. Monographs 3*, pp. 47-83.
** C'est là peut-être la raison pour laquelle certains devins interrogent « l'âme sur la paume de la main » *(čê-tə-lam-žol)* du futur enfant lorsqu'ils consultent pour la femme enceinte. Voir la consultation de référence dans la deuxième partie de ce travail.

tə-yakə) que l'on soumet à divers traitements dans les rites médicaux tantôt pour attester la présence de la petite-âme, tantôt pour l'empêcher de s'échapper du corps, tantôt pour lui faire réintégrer le corps *. Les plus importants parmi ces endroits où l'on « voit » la respiration et par conséquent on perçoit les signes de l'activité de la petite-âme sont les « salières », dépressions au-dessus des clavicules *(glaxbi)* ** et l'extrémité inférieure du sternum *(təfa-zaʒili)*.

Le sternum, plus exactement l'apophyse xiphoïde, est un organe essentiel pour les Moundang. Il est au *čê-lãne* ce que les paumes des mains sont au *masəŋ-byãne*, c'est-à-dire le lieu précis de son inscription et de sa manifestation dans le corps humain. Le terme *zaʒili* désigne, selon le contexte, soit la partie inférieure de la cage thoracique soit le sternum lui-même. Lorsqu'on veut être plus précis — nous pensons ici aux devins — on se sert de l'expression *təfa-zaʒili*, la cuillère (en calebasse) du *zaʒili*, et il est alors clair que l'on parle du cartilage xiphoïde †. Siège de la petite-âme, le *zaʒili* n'est pas seulement l'organe fondamental de la respiration, il est aussi et surtout le centre de la réflexion, de la décision et de l'action consciente. Les pensées ont leur origine dans la tête, mais la tête, nous disent les Moundang, ne réfléchit pas. Les images et les idées qui naissent en elle doivent descendre au sternum où elles sont soumises aux jugements sélectifs de la petite-âme c'est-à-dire de la pensée consciente. Il ne faut pas entendre par pensée consciente la faculté générale d'exercer sa raison, mais plutôt la capacité de volition et de réflexion mise au service du discours et de l'action. Si j'ai l'idée d'entreprendre un voyage et que je ne pars pas, c'est mon *čê-lãne* qui n'a pas pu mettre à exécution ma pensée. Si quelque chose me pousse à me battre avec mon voisin et que je ne le fais pas, c'est mon *čê-lãne* qui a eu la sagesse de me retenir. « Penser dans le *zaʒili* », comme disent les Moundang, c'est à la fois réfléchir, vouloir et agir de manière cohérente, ferme et sage.

Nous venons d'examiner les quatre composantes essentielles de la personne selon les Moundang. Les rapports entre ces composantes peuvent être récapitulés en quelques mots. La grande-âme *(čê-li)*

* Il s'agit par exemple de l'application par frottements du jus irritant de la plante *šin-žu* ou de l'oignon *kuli* sur le sternum de la victime de la sorcellerie. Si le malade sent la démangeaison et se gratte, son *čê-lãne* n'est pas encore soustrait par la sorcière.

** Lieu de passage de l'artère et de la veine sous-clavière.

† Un sacrificateur nous en fit la démonstration après avoir tué une chèvre.

s'oppose aux trois autres en ce qu'elle est visible et extérieure à l'espace du corps. La grande-âme et la force vitale *(ma-zwɔ̃-su)* s'opposent, à leur tour, aux deux autres en ce qu'elles sont indifférenciées et ne survivent pas à la mort : la première, visible et individuelle, la seconde invisible et non-individuelle, elles sont l'une comme l'autre non individualisantes. *Masəŋ-byãne* et *čê-lãne*, à la fois individualisés et individualisants, constituant l'essence intime de la personne. Leurs positions respectives apparaîtront plus clairement dans le tableau suivant :

	Masəŋ-byãne	*Čê-lãne*
Flux	SANG+souffle	SOUFFLE+sang
Organe	Paumes des mains	Sternum
Individu	Destin (extériorité)	Conscience (intériorité)

Au plan du mouvement des flux, on l'a vu, chacune des composantes participe de l'autre tout en se liant à un flux principal. L'opposition entre extériorité et intériorité se manifeste déjà au plan de l'inscription dans les organes. Nous pourrions qualifier cette opposition comme celle du je du sujet conscient et du il du destin individuel alloué par *Masəŋ*.

Il serait néanmoins dangereux de pousser trop loin de telles tentatives de définition marquées par les traditions philosophiques de l'occident. Ainsi, pour être le support de la conscience et de la réflexion, le *čê-lãne* a toutes les caractéristiques communes des âmes africaines. Il est un principe spirituel qui imprègne tout le corps et maintient son tonus, mais il est aussi un être mobile qui a le pouvoir de quitter l'organisme pendant le sommeil. Il est l'agent puissant et agile du discours et de l'action, mais il est aussi une substance vulnérable convoitée et capturée par les sorciers. Les difficultés du développement de l'enfant, les maladies de toutes sortes, enfin, la mort sont pensées en termes de diminution, de substitution, de perte et de départ de la petite-âme. Voyons à présent quelques exemples qui illustreront ces aspects moins rationnels du *čê-lãne*.

Pendant le sommeil, la petite-âme du rêveur peut rencontrer les âmes des morts. Elle en gardera toujours un souvenir ambigu. Le rêve suivant nous a été raconté par un homme âgé et d'esprit pragmatique :

> A cette époque, je travaillais pour mon oncle, le chef de Guélo. Je dormais avec ses fils. Un soir, nous sommes allés voler des arachides dans les champs. Nous sommes revenus à la maison vers trois heures du matin et nous nous sommes couchés aussitôt. Au milieu de la nuit, j'ai été réveillé par mon père en personne. Il m'a dit de me lever et il m'a demandé : « est-ce que tu es circoncis ? — non, je ne le suis pas — j'avais bien pensé que personne ne s'occupera de toi après ma mort. Tu es en âge de te marier et tu n'es pas encore circoncis. Ce n'est pas bon. Il y a une initiation dans un village, viens avec moi ». Nous sommes partis tous les deux. Nous avons longtemps marché et je lui ai dit : « papa, on va loin, je vais ... — oui, on va loin — permets-moi d'aller chercher mon arc et mes flèches à la maison — d'accord, je t'attends ici, mais dépêche-toi ... ». J'ai couru de toutes mes jambes et au moment où j'ai pris mon arc et mes flèches, je me suis réveillé.
>
> Après mon réveil — commente le narrateur — j'avais très peur, je ne pouvais pas me rendormir. J'avais peur parce que dans le rêve mon père avait un seul œil. Il avait le corps bien foncé et gras, alors que dans la vie il était plutôt maigre. Après ce rêve, j'ai compris que l'on continue à vivre dans un autre monde après la mort. Je ne parlais pas dans le rêve, c'est mon âme qui parlait avec mon père. Quand nous dormons c'est notre âme qui s'en va chez les morts, elle est comme l'âme des morts. Ils peuvent lui faire du mal ou du bien selon qu'ils vous aiment ou qu'ils vous détestent.

A la suite de ce rêve qui provoqua chez lui un état d'anxiété prolongé, M... s'empressa de faire toutes les démarches nécessaires pour se faire accepter dans le premier camp d'initiation.

L'attaque de sorcellerie et l'agression des génies de lieu, *čox-šinri*, sont les périls les plus graves qui puissent menacer la petite-âme, Le *sak*, principe de sorcellerie est localisé dans le ventre de la sorcière. *ma-sak*, sous la forme, dit-on, d'un serpent ou d'un lézard. Il n'est pas transmis héréditairement, mais il est communiqué tantôt par contamination (si vous fréquentez pendant longtemps ou si vous aimez beaucoup une *ma-sak*), tantôt par vengeance ou éventuellement par achat. Toute sorcière débutante a deux familiers appelés *wê-sak*, enfants de *sak*, c'est-à-dire un garçon et une fille invisibles qui l'accompagnent partout. Ces « enfants » sont les véritables agents de sa sorcellerie. Leur « mère » peut ne pas vouloir s'attaquer à l'un de ses proches parents, par exemple sa sœur, ils ne se soucient guère de ses sentiments et commencent par voler un cheveu ou un morceau de vêtement à la victime qu'ils ont choisie. Ils s'isolent avec leur butin et se mettent à le frapper. Leur victime a des maux de tête, des douleurs au dos et au cou, ses membres se mettent à trembler, sa respiration devient saccadée... Bientôt, elle ne peut plus bouger, ni parler. En réalité, les *wê-sak* ont volé sa petite-âme :

> Une des femmes du chef de Guelo vient de rentrer du bord de la rivière. Elle a des maux de tête et des vertiges, elle a mal dans tout son corps. Quelques heures après, elle tombe par terre et ses membres deviennent raides. Le chef fait appeler le *pa-fa-sak* (le chasseur de sorcier) qui donne du médicament à la femme. La femme se met à crier : « moi, je suis morte, les *wê-sak* ont déjà frappé mon âme, je suis morte » : Alors, le cheval du chef tombe, lui aussi, malade. La femme : « moi, je suis déjà morte, mais on peut encore sauver le cheval ». Le chef : « il faut faire le *fa-sak* (médication anti-sorcellerie) au cheval ! » On lui donne le médicament, mais il tombe dans la cour, il tremble et il casse un énorme morceau de bois. La femme : « il faut aller chercher les deux âmes ». Le chef : « qui est-ce qui t'a fait ça ? — c'est votre seconde femme T... ». Les gens attrapent alors T..., ils mettent un carcan de bois sur sa tête et ils la frappent. Elle saigne partout et hurle : « je vous promets de ne plus rien faire, mais je ne peux plus rien pour elle, mes *wê-sak* ont déjà emporté son âme ». Le lendemain, le chef de Guelo a vendu la *ma-sak* contre un cheval.

Dans des conditions moins dramatiques, il est encore temps de récupérer le *čê-lãne*. Rendue hyperlucide par les médicaments (dont certaines composantes sont censées faire accélérer les vibrations de son *čê-lãne* afin qu'il échappe des mains des *wê-sak*), la victime se dirige elle-même vers l'endroit de brousse ou la case qui récèle sa petite-âme. Elle fouille la maison de la *ma-sak*, elle creuse des trous dans le sol de la brousse et si elle a de la chance, elle peut encore « ramasser » son *čê-lãne*. Mais, si les *wê-sak* ont déjà confié celui-ci aux génies de lieu *(čox-šinri)*, elle est condamnée à mourir. A sa mort, son *čê-lãne* capturé se transforme lui-même en familier de son agresseur. C'est pourquoi on dit que les vieilles *ma-sak* ont une multitude de *wê-sak* qu'elles peuvent expédier vers leurs nouvelles victimes en ouvrant la seconde bouche munie de grandes dents qu'elles possèdent à l'endroit du sternum *.

* D'où l'expression *ma-šel-zaʒili*, celle qui a des dents au sternum, que nous avons rencontrée dans plusieurs contes sur la sorcellerie.

Dans les états de possession, la petite-âme n'est pas, à proprement parler, soustraite du corps. Elle est plutôt sous l'emprise d'âmes extérieures, d' « âmes de *šinri* » *(čê-šinri)* qui se sont introduites dans la personne et se sont peu à peu substituées à son *čê-lãne*. *Šin* (pluriel : *šinri*) est un concept-clé de la médecine et de la magie moundang. Pour l'instant, disons seulement que l'on nomme *šinri* : *a*) tous les médicaments et objets magiques; *b*) certains sacrifices, offrandes et même prières; *c*) les agents (animaux, arbres, objets) d'une gamme assez étendue de maladies, pour la plupart féminines, auxquelles des congrégations de possédées rendent un culte régulier. En ce troisième sens, les « âmes des *šinri* » sont, par exemple, celle du boa *(masu)* que l'on rend responsable des ictères ou celle de la tortue *(kpəkpəé)* à laquelle on attribue certaines tumeurs, notamment les fibromyomes. Les rites de possession dont nous parlerons plus loin ont pour but de les extraire de la personne investie pour les reléguer ensuite dans un autel de brousse. Les *čê-šinri* une fois enterrés, la petite-âme de la possédée réintègre son corps.

Dans le rêve, dans l'attaque de sorcellerie ou dans la possession, la petite-âme peut donc subir différentes sortes de menaces et d'agressions. Pendant la vie, elle est soumise à d'incessantes sollicitations, elle est susceptible de captation, de diminution, de substition. Mais, que devient-elle après la mort ? Nous avons rencontré deux types de réponse. Selon la plus commune, le *čê-lãne* se transforme d'abord en esprit ancestral, *mozum*, puis le temps passant, celui-ci se fond dans l'anonymat des génies de lieu, *čox-šinri*. L'âme des personnes vieilles et savantes pourrait rejoindre d'emblée les génies de brousse, mais celle des hommes ordinaires devrait s'habituer d'abord à ces êtres effrayants en compagnie d'autres *mozum*. Selon l'autre version, la petite-âme de tout homme « voit » les *čox-šinri* dès le moment où il entre en agonie et s'en va directement vers leur demeure juste après la mort. Le *čê-lãne*, nous explique un devin, c'est comme un animal que l'on vient de ramener de la brousse : il est pressé de repartir *.

* Que l'on soit de l'une ou de l'autre opinion, on est assez laconique au sujet de la réincarnation. Si elle est déjà du monde des *čox-šinri*, l'âme d'un ancêtre peut revenir, dit-on, dans n'importe quel clan ou famille. S'il a beaucoup aimé son fils ou son petit-fils, le *mozum* du père ou du grand-père peut manifester son amour par sa réincarnation. Mais, on ne tient pas à marquer celle-ci par l'octroi d'un nom et l'on évitera de parler d'une ressemblance considérée comme néfaste. Ajoutons que dans la divination l'enfant porté par la femme enceinte est nommé *mozum-dəfu-dé*, le « *mozum* de sa personne ». Voir à ce sujet la consultation de référence dans la deuxième partie.

En réalité, les deux versions ne sont pas en contradiction. Les divergences d'opinion s'expliquent, nous semble-t-il, par la complexité et l'intrication des concepts de *čox-šin* et de *mozum* dans la pensée religieuse des Moundang.

A première vue, il semble clair que la religion moundang subordonne à l'être d'en-haut, lointain et impersonnel *(Maseŋ)*, deux principes opposés et complémentaires que l'on peut désigner ici par les radicaux *šin* et *zum*. Les forces qui sont du côté de la nature d'une part, les forces captées et manipulées par l'homme d'autre part, seraient subsumées sous le concept de *šin*. Les esprits et les puissances ancestraux de toute sorte seraient inclus dans le concept de *zum* ou de *mozum*. Ainsi, nous trouverions d'un côté tout ce que l'on désigne habituellement par les termes « magie », « médicaments », « génies » *(čox-šin)*, « forces de la nature » et de l'autre, les âmes des ascendants morts. Cependant, on s'aperçoit très vite du caractère peu rigoureux de cette opposition.

S'il est vrai que les *mozumri* dont on parle dans la vie quotidienne, que l'on interroge dans la divination ou que l'on invoque dans les rituels sont les âmes des ancêtres proches, ce terme se réfère aussi à d'autres agents spirituels. Les Moundang nomment également *mozumri* les masques de fibre qui sortent à l'occasion des funérailles, des cérémonies initiatiques et de la fête du Nouvel An. Ce n'est pas le lieu d'analyser ici ni même de cerner la question de leur symbolisme et de leurs fonctions. Disons seulement qu'il s'agit déjà là d'une catégorie hétérogène à celle d'âme de défunts. Les fonctions des masques, trouvant leur fondement dans l'organisation clanique de la société moundang, sont davantage liées à la puissance du clan comme entité morale et juridique qu'à la puissance des ancêtres sur le clan lui-même.

Avec *ma-seri* et *wor-seri*, les deux *mozum* de la terre *(mozum-seri)*, que l'on interroge dans toutes les séances de divination qui précèdent les cérémonies villageoises, nous avons affaire non plus à des puissances ancestrales individualisées, ni même à des divinités chtoniennes, mais à un couple de forces, mâle et femelle, qui commandent la terre. On comprendra notre difficulté à tracer des frontières conceptuelles nettes si l'on considère que pour les Moundang les *čox-šinri* sont les véritables maîtres de la terre. Sans doute faut-il distinguer ici la Terre comme être cosmique que les deux *mozum-seri* représentent en sa nature de puissance sexuée et la terre dirions-nous territorialisée que les *čox-šinri* commandent en sa qualité de surface d'inscription ou d'espace occupé. Il reste que le discours religieux assigne souvent aux termes *mozum-seri*, *čox-šinri*, voire *čox-šin-seri* une place virtuellement équivalente. Ne dit-on pas dans une prière rapportée plus loin : « *mozum-seri* vous qui êtes les *čox-šinri* de la terre, tout est pour vous ! » ?

Mais, revenons aux *mozumri* de l'homme du commun c'est-à-dire aux âmes des ascendants défunts. Chez les Moundang, les esprits ancestraux ne sont pas désignés par des noms propres. Qu'il consulte pour le roi ou pour un simple particulier, le devin interroge toujours quatre sortes de *mozumri* : le *mozum* paternel *(mozum pame)* — même si le père est vivant * —; le *mozum* maternel *(mozum mame)* ; le *mozum* des grands-parents *(mozum-dəli)*, enfin, les *mozumri* indéterminés, errants *(tilim-mozumri)*. Les deux premiers désignent les deux lignées d'Ego et sont représentés, pour le père par la sépulture qui se trouve à droite du seuil de la maison, pour la mère par la sépulture à l'arrière de l'enclos familial. *Mozum-dəli* désigne indistinctement les ascendants des deux lignées. La vague catégorie des *mozumri* errants — une sorte d'équivalent de la catégorie sémantique d'et caetera — comprend tous les aïeux qui échappent à la mémoire lignagère. Et, là encore, on ne semble nullement gêné de l'usage laxiste que certains font des deux termes qui désignent les âmes des ancêtres et les génies de lieu. En effet, s'il n'est pas concevable que l'on appelle *čox-šin* l'âme de son père ou de sa mère, il n'est point rare que l'on se réfère en ce terme aux ancêtres plus reculés. De toute manière, on ne trouve rien de choquant à rapprocher les deux entités. Voici un rêve qu'un de nos informateurs fit sur son grand-père maternel :

> Je suis allé à Zapədaka. Sur le rocher, j'ai trouvé une ville toute entière construite de maisons très petites. La ville était plus grande que Léré. Devant chaque maison, un vieux, un homme très vieux était assis. Ils étaient à ce point vieux qu'ils ne pouvaient même pas remuer les mâchoires. Ils avaient des yeux rouges et leurs dents étaient également rouges. Leurs corps étaient enduits d'huile, ils brillaient très fort. Brusquement, j'ai découvert la maison de mon grand-père. « Alors, petit-fils, tu es venu », me dit-il. Nous nous sommes salués. Les vieux se ressemblaient autour de nous et ils ont demandé à mon grand-père : « qui est-ce que c'est ? — c'est mon petit-fils ». Ils

* Le *mozum pame* pour lequel on consulte désigne l'esprit du « père » mort quel que soit son niveau généalogique par rapport à ego consultant c'est-à-dire même s'il s'agit du père du père.

se sont salués. Alors, mon grand-père m'a dit : « viens, on va partir à la pêche, apporte le grand panier ». Je suis parti pour chercher le panier à la maison. J'ai couru et je me suis réveillé. Depuis ce jour, je ne mets plus les pieds à Zapədaka. Quand je passe à côté du rocher, je l'évite de très loin.

Le rocher en question est un lieu de séjour catalogué des *čox-šinri*. Il est cité comme tel dans les consultations divinatoires qui précèdent les grandes fêtes annuelles. L'homme qui nous a raconté ce rêve substitue couramment *čox-šin* à *mozum*, et inversement, dans son discours. Sa conception n'est peut-être pas celle de tous les Moundang, mais elle vaut la peine d'être évoquée. Les *čox-šinri* sont, dit-il, divisés en deux grands groupes. Il existe, d'un côté des *čox-šinri* créés par Dieu qui ont la taille haute, le corps blanc et souvent déformé, les yeux rouges... de l'autre, des *čox-šinri* « adoptés », de forme humaine ordinaire, qui sont les âmes des ancêtres morts il y a longtemps. Indépendants des hommes, les premiers sont maléfiques par nature et se trouvent à l'origine de nombreuses infortunes humaines. Liés aux hommes, les seconds reconnaissent leurs descendants, mais ceux-ci ne se souviennent plus d'eux. Et plus ils sombrent dans l'oubli, plus leur rancune devient grande. Il n'est pas impossible qu'une bi-partition similaire soit à l'origine de la distinction entre « grand *čox-šin* » *(čox-šin pə-li)* et « petit *čox-šin* » *(čox-šin pə-lãne)* que l'on verra apparaître dans certains protocoles divinatoires. Il n'est pas impossible non plus que la concaténation et la fusion partielle des esprits ancestraux et des génies de lieu soit un phénomène historique relativement récent correspondant à une territorialisation progressive des esprits ancestraux c'est-à-dire à une prise de possession symbolique du sol par les clans moundang *.

Quoi qu'il en soit, les rapports que les Moundang entretiennent avec les *mozumri* et les *čox-šinri* ne constituent pas deux réalités rituelles et psychiques radicalement différentes. Leur caractère ambigu, incontrôlable ou menaçant est comme un rappel à la mémoire c'est-à-dire à la dette et, par conséquent, aux actions que chacun peut entreprendre pour les rendre propices. Ainsi, à la fête du Nouvel An, la dette se règle à tous les niveaux. Les sacrifices collectifs à l'adresse

* Nous avons indiqué plus haut que la société moundang s'est formée par l'agrégation progressive de divers groupes sociaux autour du roi de Léré, ces groupes recevant alors les qualifications dévolues aux clans telles que nous les avons décrites.

des gardiens des lieux sont suivis des libations familiales destinées aux proches parents défunts. Et dans le monde qui reçoit ces libations, on fait les comptes :

Le grand chasseur Pa-fiŋ habitait à Doué. C'était le temps du *Fiŋ-mundaŋ* (la fête du Nouvel An) et il partit en brousse pour chasser du gibier. La nuit tombant, il se coucha sous un grand arbre et il s'endormit aussitôt. Au milieu de la nuit, il fut réveillé par les *čox-šinri* qui rentraient de la fête. L'un d'entre eux demanda à l'arbre : « pourquoi n'es-tu pas venu au *Fiŋ-mundaŋ?* — j'ai un étranger chez moi, c'est pourquoi je suis resté. Quelles nouvelles m'apportez-vous ? Avez-vous bien fêté ? — oui, c'était une bonne fête », répondirent en chœur les *mozumri*. Mais, quelqu'un les interrompit : « non, moi, mon fils m'a mal reçu, il n'a même pas égorgé un poulet. Et c'est comme ça depuis plusieurs années. Si l'an prochain, il ne m'offre rien, je ne suis plus son père ! » L'arbre intervint : « est-ce qu'il n'a pas d'enfants ? — si, il en a deux — quels noms leur as-tu donnés ? — la première, je l'ai appelée « elle sera une très jolie fille ». Mais, après son mariage, elle va mourir. Le second, il sera également grand et beau, mais lui aussi il va mourir. Le cheval va grandir, mais quand mon fils le montera pendant une fête, il va se tuer ».

Le chasseur se réveilla paralysé. Il ne reconnaissait plus rien, il ne pouvait ni bouger, ni crier. Au bout de quelque temps, il se releva et rentra au village. Le lendemain, il fit appeler le fils incriminé : « j'ai vu ton père — lui dit-il, mais toi, tu ne peux pas le voir parce que c'est un *mozum*. Fais-lui un sacrifice, sinon tu vas mourir ! ». Mais, le fils n'eut pas le temps d'accomplir ses devoirs. Il mourut deux jours plus tard.

Pour les Moundang, rien n'est plus angoissant que la rencontre d'un génie de lieu, rien de plus grave que l'état de crise qu'une telle rencontre est censée provoquer. Le contact des *čox-šinri* est à ce point dangereux que le guérisseur *(pa-fa-čox-šinri)* lui-même doit constamment veiller pendant la cure, sinon il risquerait de devenir fou, de mourir. Même protégé par de nombreux médicaments et amulettes, ils apparaissent devant ses yeux et ne cessent de l'agiter, de l'inquiéter. Il faut un courage à toute épreuve pour les affronter :

Dans les temps anciens, les jeunes gens se faisaient tresser les cheveux comme les femmes. Il y avait deux amis intimes qui mangeaient et buvaient ensemble. Un jour, la chevelure de l'un d'eux devint très abondante. Il dit à son ami : « j'en ai assez de me faire coiffer par les femmes, je vais partir en brousse pour trouver quelqu'un qui me tresse les cheveux — j'ai peur que les *mozumri* te fassent du mal, je vais t'accompagner — non, reste à la maison, quand j'aurai trouvé quelqu'un, je te le dirai, tu iras aussi te faire coiffer ». De très bonne heure, le jeune homme est parti en brousse. Il a beaucoup marché. Vers dix heures, il est arrivé au premier village des *mozumri*. Les *mozumri* habitaient tous dans la même maison. Mais, ils n'étaient pas chez eux, ils sont sortis pour chercher de la chair humaine à manger. Le plus méchant d'entre eux a senti de très loin l'odeur du jeune homme et il se mit à chanter : « quel est l'homme courageux qui vient chez moi... ? — je suis Njida, répondit en chantant le garçon, moi, je suis venu chez toi, fais-moi tout ce que tu veux... ». Le *čox-šin* fit un seul bond et se retrouva près du jeune homme. Il avait une tête énorme et un corps mince comme une brindille : « voilà un homme courageux, tous les animaux ont peur de moi, tout ce qui vit sur la terre et dans l'eau, pourquoi celui-là n'a pas l'eau dans les yeux ? », chanta-t-il, puis se remua et beugla pour l'effrayer. Quand il ouvrait les yeux, ils étaient aussi étincelants que les feux de brousse. Il entra dans la maison et le jeune homme le suivit sans broncher. Alors, le *čox-šin* le saisit et l'avala. Mais, le garçon se raccrocha dans sa gorge et continua à chanter : « c'est moi, Njida, je suis là, fais-moi tout ce que tu veux ». Le *čox-šin* l'engloutit et le déféqua aussitôt. Il fit appeler sa femme et lui ordonna de le laver, de lui tresser les cheveux de la plus belle manière et de mettre de l'huile la plus recherchée sur sa tête. Lorsque la femme du *čox-šin* termina son travail, il était brillant et très beau. Il rentra au village. Le matin, il sortit devant sa maison et il était si beau que toutes les filles voulaient l'épouser... *.

Mais, que sont au juste ces génies de lieu qui sèment la terreur ? Et, pour finir, en quoi se distinguent-ils aussi des *mozumri* ? *Čox* signifie endroit, lieu. A la différence des *mozumri* proches qui hantent les abords des habitations et plus particulièrement le seuil de la maison où sont enterrés les chefs de famille, les *čox-šinri* résident dans les collines, les rochers, les bosquets touffus, les mares, les confluents de rivière... bref, en tout lieu naturel, tout accident de terrain qui rompt la monotonie du paysage. La densité de ces lieux est remarquable. On verra qu'à l'occasion de la fête du Nouvel An, les devins n'interrogent pas moins de quarante huit génies situés tous sur le seul territoire de Léré. A la différence des *mozumri*, les *čox-šinri* portent des noms, ceux des lieux auxquels ils sont attachés. *Ma-tesale*,

* Le récit se termine, comme il se doit, par l'avalement pur et simple de l'ami qui tente, lui aussi, sa chance, mais s'affole dès le départ. Il fait évidemment allusion à l'initiation des garçons : bi-sexualité du non-initié, tressage (rasage) des cheveux, thème de l'incorporation et de l'expulsion au terme de laquelle l'initié se trouve transformé, embelli.

rocher femelle, est une colline à mi-chemin entre la capitale et le village de Berlyan, *Bi-puri*, abreuvoir des chevaux, est une mare permanente à proximité du Mayo-Kébi, *Wa-pi-mur-čuni*, colline aux grands ficus au milieu de la plaine, est un monticule près de la route qui mène de Lao à Léré etc. Les *čox-šinri* ainsi nommés — la divination en témoignera — sont explicitement hiérarchisés et possèdent leur « gouvernement » comme disent nos informateurs. Chacun sait que leur chef réside au lieu-dit *Za-su* c'est-à-dire aux Chutes Gauthiot (sur le Mayo-Kébi). La région en question est la propriété du clan royal *Mundaŋ-gõ-Daba* et l'on pense que *Za-su* est le lieu de séjour des âmes de tout le clan y comprises celles des rois morts. Quand nous parlons de propriété de clan, il faut cependant faire une importante réserve. Nous l'avons déjà noté, les véritables maîtres de la terre et de ses produits, les propriétaires mystiques du sol, sont les *čox-šinri* eux-mêmes :

> Un homme, sa femme, sa fille et son fils avaient semé dans un endroit reculé de la brousse. Le jour même, le mil a germé, poussé et donné des grains. Il en fut de même pour la calebasse et le melon. Le lendemain, le père envoya sa fille aux champs pour chasser les oiseaux. Mais, dès que celle-ci commença à crier, les *čox-šinri* sortirent de la terre. Têtes énormes et jambes toutes petites, corps larges comme un grenier, cheveux qui tombaient jusqu'aux genoux... elle eut très peur. Chaque fois qu'elle cherchait à croquer un haricot ou à manger de la farine cuite qu'elle avait apportée de la maison, ils lui arrachèrent sa nourriture. Cela se répétait pendant plusieurs semaines et elle maigrissait à vue d'œil. Inquiète, sa mère la suivit un jour jusqu'aux champs. Mais, elle ne put se cacher à temps, sa fille l'aperçut et se décida à lui dire la vérité : qu'elle vivait avec les *čox-šinri* malveillants auxquels appartenait leur terre. Lorsque les esprits apparurent, la mère monta sur un arbre. Mais, elle fut à ce point effrayée qu'elle laissa tomber d'abord son cache-sexe, puis sa houe que les *čox-šinri* dévorèrent aussitôt. Alors, elle déféqua de peur. Surpris par le silence de sa femme et de sa fille qui se couchèrent dès leur retour à la maison, le père se décida à aller voir lui-même le mil. Et les mêmes événements se reproduisirent. Il laissa choir son couteau, sa hache et sa lance que les *čox-šinri* engloutirent. Ce fut alors le tour du frère aîné qui prit son épée et son couteau et se jura de défendre sa sœur, fut-ce au prix de sa vie. Arrivé aux champs, il ordonna à celle-ci de préparer la cuisine. Dès qu'ils sentirent l'odeur de la nourriture, les *mozumri* s'approchèrent. Ils avaient des corps décharnés, des cheveux longs, des yeux multiples... Mais, le frère ne recula point et se mit à trancher leurs têtes avec son épée. Alors, les *čox-šinri* furent pris de panique et commencèrent à rentrer dans les trous d'où ils étaient sortis. Cependant, le plus vieux

d'entre eux continua à chanter : « qui est-ce qui vient défricher ici ? est-ce que c'est le chef ? » Et les autres répondirent en chœur : « non, ce n'est pas le chef, ce n'est qu'un pauvre paysan !... ». Après avoir vu que les *čox-šinri* s'en allaient en direction de la brousse, le jeune homme rentra au village et raconta au chef toute son aventure. Le chef du village convoqua alors les habitants pour aller récolter le mil, la calebasse et le melon. On rapporta la récolte dans sa maison et il fit faire une offrande de tous ces produits. Le père lui-même ne remit plus jamais les pieds à l'endroit qu'il avait défriché.

Ce récit donne une idée assez complète de la manière dont les Moundang conçoivent les rapports entre la communauté villageoise et ces propriétaires mystiques du sol que sont les *čox-šinri*. Nous voyons le premier défricheur — en l'occurrence le fils aîné, véritable héros osant affronter les monstres chtoniens — rendre accessibles aux hommes les produits de la terre cultivée. Mais, le pacte qui demeure implicite au terme de son combat n'est définitivement sanctionné qu'au moment où le chef du village à qui la récolte a été apportée fait procéder aux sacrifices et aux offrandes des prémices en l'honneur des *čox-šinri*. Ainsi se trouvent résumés de manière quelque peu allusive les trois fonctions politico-religieuses qui organisent les rapports entre la communauté et son terroir. Nous dirions que le défricheur du mythe représente les clans qui les premiers occupèrent le sol, le chef du village le souverain de Léré, son père, qui l'a désigné pour cette charge, enfin, celui qui sacrifie en son nom représente le chef de terre *(pa-seri)*. Ce dernier, mainteneur de l'alliance contractée par le fondateur est seul habilité à accomplir les sacrifices aux *čox-šinri*. Il est le médiateur entre la terre et l'autorité politique.

On comprendra que nous nous soyons étendus quelque peu sur les catégories de *mozumri* et de *čox-šinri* dont le lecteur verra bientôt la place considérable qu'elles tiennent dans toutes les consultations divinatoires. Elles ne constituent pas seulement les catégories dominantes de la pensée religieuse et de l'organisation sociale que le devin moundang inscrit sur le sol pour en interroger les dispositions. Elles constituent aussi la puissance même de la terre, dans sa double polarité de terre des ancêtres et de terre hostile des génies, qui parle dans les figures inscrites sur sa surface. La Terre est instance de vérité mais elle est capable de tromperie. On ne saurait mieux que les Moundang eux-mêmes qui font de leur devin un voyant aveugle exprimer l'amphibologie de son message.

II. LA DIVINATION ET LE DEVIN

Les Moundang appellent la divination *kindani*. Ce mot signifie, dans le langage courant, bâton, canne de marche ou canne par laquelle l'enfant guide l'homme aveugle. Le devin est en effet, nous allons le voir, cet aveugle qui se laisse guider par ses cailloux. On le nomme *pa-kindani* *, maître ou expert du kindani tout comme le *pa-fa-sak* est maître ou possesseur des médicaments anti-sorcellerie *(fa-sak)* ou le *pa-šinri* est expert et détenteur des médicaments en général, les *šinri*.

Les Moundang ont plusieurs façons d'expliquer l'origine de la divination par les cailloux. Selon Pasalé, l'un des grands devins de Léré, le *kindani* a été inventé par les Guidar, l'ethnie voisine qui habite au Nord-Ouest du pays Moundang. « Les Guidar, dit-il, sont de grands chasseurs qui sont toujours à courir la brousse et qui connaissent bien les habitudes des animaux. Un jour, l'un d'entre eux trouva un singe en train d'aligner des cailloux sur le sol. Le chasseur mit le singe en fuite et regarda les cailloux en se demandant ce qu'ils voulaient dire. Rentré au village il raconta aux habitants ce qu'il avait vu et leur dit qu'il fallait qu'eux aussi comme les singes apprennent à aligner les cailloux ». Et Pasalé enchaîna en expliquant comment on procède au tirage au sort et selon quelle méthode on lit les rangées de cailloux obtenues. Comment le chasseur comprit ce que faisait le singe **, d'où les singes tiraient leur savoir, nous n'en

* *Pa* est le préfixe d'agent masculin (et non le terme de parenté qui veut dire père). Il sert à former les termes qui désignent les spécialistes d'une activité donnée pas nécessairement professionnelle et les noms propres qui expriment les circonstances particulières de la naissance d'un garçon. *Ma* est le préfixe féminin.

** Pourquoi le singe ? Tout ce que nous pouvons dire est que cet animal jouit d'une considération éminente dans la culture moundang qui en fait, pour ainsi dire, un héros civilisateur : on lui attribue l'origine de la technique de circoncision et l'invention des méthodes d'accouche-

savons rien et le seul but apparent de cette bribe de récit est de nous expliquer pourquoi c'est à un membre du clan gwəré (clan de chasseurs d'origine Guidar) que revient la responsabilité du *kindani* chez les Moundang de Léré.

Selon une autre version, qui n'est qu'une variante « historique » de celle-ci, l'introduction du *kindani* est attribuée au fondateur de la dynastie de Léré, Damba qui est également un chasseur originaire du clan gwəré et exilé du pays Guidar. Au commencement il concéda le privilège de la divination à un homme de son clan. Devenu aveugle, cet homme enseigna la technique à deux de ses amis, l'un du clan *mundaŋ-Gõ-Daba* (le clan fondé par Damba lui-même) l'autre du clan *Mungom.* Par la suite, le *kindani* fut pratiqué dans tous les clans.

Par ailleurs et nous pouvons dire concurremment, nous avons ce que nous appellerons une version théologique de l'origine de la divination. Voici le récit que nous fit Mangay, un des notables les plus éminents de Léré :

> Une femme donna naissance à des jumeaux. Un jour, Dieu *(Masəŋ)* fit appeler cette femme pour qu'elle lui présente ses deux fils. Mais la femme cacha le garçon le plus gros dans une poterie et n'amena auprès de Dieu que le garçon le plus maigre. Dieu lui dit : « Tu dois savoir avec qui tu as eu tes enfants. Il y en a deux, pourquoi as-tu caché l'autre ? Amène-le tout de suite. Pendant l'absence de la mère, il prit à part l'enfant le plus maigre et lui déclara : « Je vais écrire quelque chose ici, lorsque je te le dirai, tu te cacheras le visage dans les mains mais tu t'arrangeras pour regarder ce que j'écris ».
>
> Lorsque la mère revint, Dieu ordonna aux deux enfants de se cacher le visage et se mit à écrire. Le garçon maigre regarda entre ses doigts tandis que le garçon corpulent fermait loyalement les yeux. Il tenait dans sa main droite sept cailloux qu'il avait ramassés en cours de route. Il ne cessa de les agiter. Quand Dieu eut achevé son travail, il leur ordonna d'ouvrir les yeux, puis il leur montra le livre * dans lequel il venait d'écrire. Le garçon maigre sut recopier toutes les phrases qu'il lisait mais le gros en fut incapable. Dieu lui dit alors : « Puisque tu ne sais pas faire ce que je te demande, tu vas t'arranger avec les cailloux que tu tiens dans ta main. Tu aligneras sept cailloux sur le sol et ils te diront ce que je te dis. Là sera tout ton savoir. »
>
> Le plus maigre des deux enfants était peul, le plus corpulant était moundang.

ment qui permettent à la mère de survivre à la naissance de son enfant. Auparavant, il fallait tuer la mère, lui ouvrir le ventre pour livrer passage au nouveau-né.

* Il s'agit bien entendu du Kitab c'est-à-dire du Coran.

Il ressort de ce récit que le *kindani* est un équivalent de l'écriture et plus précisément de l'écriture sacrée arabe, mais un équivalent faible, amoindri. C'est le moyen imparfait échu aux Moundang comme aux autres peuples noirs sans écriture pour connaître les paroles que Dieu veut bien révéler à leurs devins, aligneurs de cailloux ou utilisant d'autres procédés du même ordre. Les yeux du premier devin moundang sont clos au moment où le savoir divin est dévoilé. Cette cécité du voyant est également soulignée par le thème de la gémelléité : chez les Moundang, le manquement au culte des jumeaux *(žuri-piŋ)* provoque des maux d'yeux, peut rendre aveugles les parents. Si la supériorité du jumeau maigre connaissant l'écriture tient à la ruse que Dieu lui-même lui a soufflée, la faiblesse du corpulent voué aux cailloux pourrait bien être due à la faute première de sa mère qui l'a caché dans une poterie comme si elle cherchait à le réincorporer. Mais cette reconnaissance de l'infirmité de la voyance du devin aveugle par rapport à la connaissance de l'écriture ne va pas sans ambiguité. Lorsque nous nous étonnâmes du chiffre sept donné par le récit alors que le *pa-kindani* utilise en fait huit cailloux pour établir une rangée, Mangay, insistant sur l'idée de la perfection originelle du *kindani* nous fit le commentaire suivant :

> C'est Dieu qui a dit aux Moundang de croire les paroles du *kindani*. Le Dieu des Moundang c'est le *kindani*. Mais jadis le nombre des cailloux alignés par le divin était sept et ce nombre c'est la pure vérité.

et il ajoute comme un prolongement au récit qu'on vient de lire et pour expliquer l'imperfection du système actuel :

> Dieu avait dépêché son envoyé pour qu'il commande la terre. Le roi de Léré avait demandé des poisons à son devin pour faire périr ce représentant de *Masəŋ* qui était devenu son rival. *Masəŋ* entra alors dans une grande colère et envoya un enfant pour ramasser cinq cailloux du *kindani*. Il ne resta plus dès lors que deux cailloux et l'on sait que le nombre pair n'est pas aussi fort dans la vérité que le nombre impair, nombre de Dieu qui est mâle.

Voilà pourquoi le devin aujourd'hui aligne des rangées de huit cailloux.

Ce commentaire assez énigmatique contient deux idées différentes.

Il substitue d'abord à la version théologique de la sous-estimation du *kindani* par rapport à l'écriture une version qu'on pourrait qualifier de politique. La curieuse rivalité entre le roi de Léré et Dieu qui n'a guère de signification à l'intérieur des conceptions religieuses des Moundang peut être l'expression du rejet par la société Moundang de l'Islam et de la conception de la souveraineté qu'elle implique. L'absence de l'écriture serait donc le prix payé pour ce rejet, pour cette fidélité à soi-même. Dans la spéculation sur l'opposition entre le pair et l'impair on retrouve un écho affaibli des problèmes posés par la géomancie et le signe d'une filiation géomantique du procédé utilisé par les Moundang. Mais, on le verra dans le chapitre suivant, quoique relativement simple, cette technique est extrêmement peu économique : elle procède par énumération complète des termes envisagés et par dichotomies successives. L'opposition du pair et de l'impair apparaît donc ici comme celle d'un système binaire « coûteux » et l'intuition parfaite représentée par le nombre sept, nombre de la complétude idéale, somme du quatre, pair, femelle et du trois, impair, mâle. Le commentaire de Mangay dit finalement, qu'au fond, la voyance du devin aveugle vaut bien la connaissance par l'écriture que possèdent les Mallum musulmans. Dieu serait même sans doute aussi immédiatement présent au devin aligneur de séries impaires qu'au lecteur déchiffrant le livre. Mais la rivalité de leur roi avec Dieu a puni les peuples noirs qui en ont été réduits aux procédés de type géomantique. Il est donc vrai que toute méthode inductive de divination — géomantique ou dérivée — est hantée par l'existence de l'écriture. Le récit et le commentaire qu'on vient de lire ne manifestent pas une surestimation de l'écriture, il faut plutôt y voir l'affirmation d'un refus. Que ce refus s'accompagne d'un certain aveu d'impuissance, on l'admettra bien volontiers d'autant plus qu'il est reconnu par les devins moundang — encore qu'en cas de nécessité impérieuse ils passent outre — qu'on ne consulte pas la terre le vendredi. La raison en est — disent-ils — que les esprits du *kindani* (la Terre, les *mozumri*) ne peuvent se manifester et parler aux hommes le jour consacré au Dieu tout-puissant.

Les deux modes de connaissance de la vérité, le *kindani* et le Coran s'opposent mais ils peuvent vivre en bonne intelligence pour peu qu'ils se marquent l'un l'autre quelques égards.

Les Moundang possèdent plusieurs sortes de divination. Cet

ouvrage est consacré à la forme la plus courante et pour ainsi dire officielle dans la région de Léré, le *Kindani tesale*, le *kindani* par les cailloux. Mais certains résultats que nous analysons plus loin ont été obtenus par le procédé du *ža-seri* (tracer, dessiner sur la terre) c'est-à-dire une forme de géomancie à proprement parler comme on en trouve dans presque toutes les populations du sud du Tchad. Il existe également un *kindani-šin-žu* qui se pratique au moyen des lamelles d'une plante qui joue un rôle essentiel dans la religion et la magie des Moundang, le *šin-žu* ou *vitis quadrangularis*. Le devin découpe en fines lamelles ce vitis qu'il laisse choir dans une calebasse remplie d'eau. La réponse est favorable si la lamelle flotte horizontalement à la surface, défavorable si elle s'enfonce, douteuse si elle reste dans une position oblique.

Nous savons par ailleurs, bien que nous ne les ayions jamais vu pratiquer, que les Moundang ont parfois recours à deux autres formes de divination : le *kindani-kəšiiri* qui se fait avec des tiges de paille d'inégale longueur et le *kindani ə-pĩri* qui se fait avec des fragments de calebasse *. Enfin il existe une gallinomancie chez les Moundang du Sud, ceux des villages de la région de Bissi Mafu, à l'occasion des grandes fêtes : on sacrifie un poulet et une jeune poule et l'on interprète le côté sur lequel tombent les volailles après l'agonie. Si le mâle s'immobilise sur le flanc gauche, la réponse est bonne pour les femmes; si la femelle s'immobilise sur le flanc droit la réponse est bonne pour les hommes. Les *pa-kindani* de Léré ne pratiquent par cette divination qui est réservée aux prêtres du culte des jumeaux qui l'emploient pour connaître le destin des parents au moment où ils installent l'autel pour leurs jumeaux nouveaux-nés.

La multiplicité des procédés divinatoires qu'on peut rencontrer dans la société moundang ne requiert pas, croyons-nous, de longues explications. Étant entendu que le *kindani-tesale* est leur forme principale et spécifique de divination, les Moundang, comme beaucoup d'Africains adoptent une attitude des plus tolérantes à l'égard des pratiques des voisins. Leur principe peut très simplement se formuler ainsi : en matière de divination, tout est bon car... sait-on jamais ?

Chaque village a son propre devin et par conséquent son *hale* on

* Un procédé semblable est décrit dans le texte signalé dans notre Annexe : J. F. Vincent (1971).

təhale, sa place divinatoire où se trouvent en permanence les instruments du *kindani*. A Léré et dans quelques grosses localités commandées par des chefs importants, on compte plusieurs *pa-kindani* dont certains sont plus particulièrement attachés aux besoins du chef et de la communauté. Les devins des villages voisins se connaissent et se fréquentent comme tout un chacun, ils entretiennent, à l'occasion, des relations professionnelles mais ils ne forment pas un groupe social spécifique, une confrérie, un clergé ou une caste professionnelle. Il n'y a pas, à proprement parler, de hiérarchie de devins. Les *pa-kindanli*, les « grands devins » qui consultent pour le souverain au moment de la préparation des grandes cérémonies rituelles ne sont pas vraiment des devins titrés comme, par exemple le *bokono* du roi d'Abomey* mais des experts connus pour leur compétence. Si leurs travaux sont, en la circonstance, placés sous le contrôle des *pa-kindani* du clan *gwəre* c'est que les Moundang ne conçoivent pas une fonction rituelle qui ne serait pas l'attribut d'un clan déterminé. Mais ces devins ne sont ni plus ni moins assujettis au pouvoir que le reste de la population.

La divination est une fonction sociale masculine. Il existe cependant quelques exceptions notoires : on rencontre d'abord quelques *ma-kindani*, des femmes qui peuvent consulter au sujet des rites de possession féminins mais surtout quelques vieilles devineresses possédées par les génies de lieu (les *čox-šinri)* qui leur communiquent directement les réponses de l'au-delà. En règle générale, ce pouvoir se révèle à elles à la suite d'une maladie provoquée par l'attaque des *čox-šinri*. L'une d'entre elles, habitant le petit village de Kezaye, à une dizaine de kilomètres de Léré nous a raconté comment naquit sa vocation. Elle était allée en brousse, en plein midi, pour ramasser des fagots. Brusquement, tandis qu'elle entassait son bois pour rentrer, elle eut la sensation d'avoir la nuque brisée. Elle avait très mal. Elle retourna au village consulter le *pa-fa-čox šinri* qui lui indiqua des remèdes qui la guérirent. Et le lendemain de sa guérison, les *čox-šinri* commencèrent à lui parler.

C'est pendant la nuit que la devineresse reçoit leur visite. Le consultant arrive chez elle dans la soirée avec une calebasse de mil (peu importe la variété) et un peu d'argent. Si le consultant est un homme il lève trois fois la calebasse au-dessus du sol en prononçant

* Maupoil B. *La géomancie à l'ancienne Côte des Esclaves* : Institut d'Ethnologie, Paris 1961.

le nom du malade ; si le consultant est une femme ce geste est répété quatre fois. Ce rite accompli, le client se retire mais ne retourne pas chez lui, il devra dormir à proximité de la maison de la *ma-kindani*. Celle-ci s'enferme chez elle et se couche pour attendre la venue des *čox-šinri*. Au milieu de la nuit, ils arrivent et la réveillent pour lui parler. Elle les voit et les entend distinctement. Leur forme peut être étrange, certains ont 2, voire 3 têtes, les uns le corps noir les autres tout blanc, d'autres encore ont le cou mince comme un brin d'herbe mais leur voix est comme celle des personnes. Ils n'ont besoin que de mil et du nom du malade, ils devinent tout le reste.

Cette divination n'a rien à voir avec l'oniromancie. La présence des génies de lieu est réelle et réelle est leur voix qui porte un message clair et sans ambiguïté. C'est d'ailleurs cette absence de toute ambiguïté, de toute marge d'interprétation qui fait dire aux *pa-kindani* ordinaires que les cailloux sont plus aptes à la vérité que ces voix qu'on ne peut questionner. Mais il ne s'agit là que de condamnation car, comme nous venons de le dire, toutes les formes de divination ont ici droit de cité.

La divination par les cailloux qui est du type inductif est chose essentiellement masculine et il n'y a pas de cas, à notre connaissance, où un homme soit devenu devin à la suite d'une crise de possession par les *čox-šinri*. Certes, nous n'avons pas pu pousser très loin notre enquête sur les conditions psychologiques ou morales qui décident un individu à se faire devin mais jamais on ne nous a parlé de maladie initiatique ou de toute autre forme de vocation ou d'inspiration spécifiques. On peut devenir devin par voie héréditaire au sens où l'on perpétue un métier familial. Dans le cas du chef des *pa-kindani* de Léré qui doit appartenir au clan *gwəre*, la charge se transmet nécessairement en ligne directe à l'intérieur du clan mais si l'héritier fait défaut, elle doit revenir à un neveu fils de sœur aînée *(nane)* selon la règle de succession aux offices rituels. On peut être initié par un ami. L'apprentissage lui-même semble dominé par l'élément technique et se fait au fil des consultations données à ses clients par l'instructeur. Aucun rite particulier, au dire de nos informateurs, ne marque l'entrée en fonction du nouveau devin. A la mort d'un *pa-kindani*, ses instruments de travail, pierres et galets sont jetés et le débutant ramasse sans autre cérémonie de nouveaux cailloux pour lui.

Le *pa-kindani* moundang, on le voit, n'est pas cette personnalité exceptionnelle qu'on s'attend à trouver chez un voyant ou un médium. Les éléments inspirationnels jouent un rôle négligeable dans sa pratique. Son art n'exige aucune disposition ou technique corporelles spécifiques et c'est ce qui explique peut-être que sa fonction ne lui confère guère de prestige et fort peu de revenus. Son travail ne requiert que la connaissance d'un code, une certaine intelligence combinatoire et une aptitude à juger qui l'habilite à parler des événements de la vie villageoise et des relations sociales. Il serait pourtant tout à fait erroné de réduire le *pa-kindani* au rôle de simple expert car sa fonction et les manipulations qu'elle exige le mettent en situation de danger. Un dicton moundang le rappelle, si le *kindani* dit la vérité le *pa-kindani* mourra bientôt. C'est pourquoi avant toute consultation, le devin absorbe ou s'enduit de nombreux remèdes pour se prémunir contre les attaques des génies de lieu et autres forces cachées que son action met en branle. Outre les médicaments de protection, il utilise des plantes qui sont censées lui donner la clairvoyance. Ainsi le *berəhale* qui signifie mensonge des pierres divinatoires lui permet de déjouer la tromperie des cailloux : il est fait d'une boule de *šin-žu* pilé, frotté de kaolin dont il s'enduit les tempes et les régions claviculaires. Il avale également le *fa-zambo*, médicament de la malédiction qui est fait de chèvrefeuille pilé avec d'autres herbes non identifiées. Le *fa-zambo* est considéré comme une drogue redoutable et son emploi par les devins contribue dans une certaine mesure, à créer cette image de personnages un peu troubles que se font d'eux les villageois. Mais si l'imagination populaire leur attribue ainsi de vagues pouvoirs de sorcellerie, ce n'est, semble-t-il, qu'une croyance diffuse qui marque mais discrimine faiblement sa fonction. Elle renferme l'idée que derrière leur pouvoir d'interroger la terre, de communiquer avec elle et de dire les vérités qu'elle révèle, les devins disposent d'un pouvoir occulte qu'ils tiennent précisemment de ce *fa-zambo* qu'ils absorbent et des différents « médicaments » qu'ils utilisent. Qu'on impute une certaine dose de sorcellerie aux spécialistes qui peuvent indiquer les moyens d'en combattre les effets, ne doit pas étonner. A tout savoir ou savoir-faire spécialisé s'attachent des croyances de ce genre qui sont comme l'envers de leur aspect positif.

Assurément, il y a quelque contraste entre ce statut social médiocre du devin et l'importance de sa pratique dans la vie rituelle de la communauté et les affaires privées. On peut en effet, distinguer deux grandes classes de *kindani :* les consultations commandées par le souverain de Léré en fonction des exigences du calendrier des grandes fêtes agraires dont il assume la responsabilité et celles sollicitées par les particuliers, y compris le souverain lui-même, au hasard des événements et des infortunes auxquels ils ont à faire face et des projets qu'ils conçoivent.

Dans la classe des *kindani* d'intérêt public, ceux qui précèdent les fêtes d'ouverture et de clôture des travaux agricoles, *fiŋ-mundaŋ*, le Nouvel An des Moundang et *fiŋ-lu*, la chasse à la pintade, ont une importance exceptionnelle. La troisième partie de cet ouvrage est consacrée à l'analyse de ces consultations.

La maladie, les voyages et la construction d'une nouvelle habitation, notamment pour le choix de l'emplacement, sont les motifs les plus courants des *kindani* privés. Mais dans cette classe de consultations, il faut réserver une place à part à celles qui sont requises par les rites thérapeutiques féminins, *šin-fu* et *šin šyẽ* dont la longueur et l'extraordinaire minutie tiennent au fait que par delà la personne de la malade elles intéressent directement un groupe déterminé : le collège des femmes possédées. Il en va de même pour celles qui précèdent les rites funéraires, le *yewuli ;* elles ne concernent pas seulement l'héritier du défunt, responsable des cérémonies de deuil mais tout son lignage et dans une large mesure, l'ensemble du village.

Autrefois, dans la période pré-coloniale surtout, le devin intervenait dans le règlement des conflits créés par un meurtre ou un rapt de femme et pouvait déterminer les modalités de la vengeance réclamée par la personne ou le groupe lésé. Il aurait été également chargé de détecter et de nommer les sorciers, *ma-sak*. Aujourd'hui, il ne semble pas que des tâches aussi délicates et hasardeuses lui soient confiées. Enfin, selon certains esprits critiques sinon malveillants, il arriverait au devin d'indiquer secrètement à ses propres amis les conditions propices pour l'usage du *fa-zambo*, magie de malédiction, à des fins criminelles. Mais ces allégations sont loin d'être confirmées par tous les informateurs.

Les *kindani* d'intérêt collectif, dont nous traiterons dans la troisième partie, sont exécutés par un collège de devins constitué *ad hoc* sur l'ordre du souverain. Étalés sur plusieurs jours, les travaux se déroulent au *təhale* de la capitale. Pour les *kindani* privés, que l'on analysera dans la seconde partie, le devin du village se tient à la disposition des habitants. Néanmoins, outre l'interdiction de consulter le vendredi que nous avons déjà mentionnée, il existe d'autres contre-indications : si une personnalité importante vient de mourir, on dit que les *mozumri* du défunt vont déranger avec leurs doigts le bon ordre des cailloux. De même il est mauvais pour un client de faire interroger la terre si sa femme a ses règles. Mais dans les conditions normales, il suffit d'avertir le devin ou de lui envoyer un émissaire. Le *pa-kindani* prévoit ses rendez-vous de manière à pouvoir vaquer à ses occupations de paysan. La durée de la séance varie largement selon le motif qui la provoque : deux heures au minimum pour une maladie banale, de six à huit heures au maximum pour un rite *šin-fu* ou *šin-šyẽ*. On comprendra bientôt pourquoi le *kindani* tout entier ne peut être répété plusieurs fois au cours de la même journée. Mais rien n'empêche le devin de consulter, pendant la même séance pour plusieurs personnes. Celles-ci peuvent, le cas échéant, lui préférer tel devin réputé ou tel autre village, mais les « infidélités » ne sont pas le cas le plus fréquent. La recherche fièvreuse du meilleur voyant, si caractéristique dans les sociétés de la Côte occidentale de l'Afrique n'est guère connue chez les Moundang.

III. LA TECHNIQUE ET L'INTERPRÉTATION DES FIGURES

Le lieu de divination du village, le *hale*, est généralement situé à la lisière de la brousse sous un arbre. Celui-ci est souvent un *təbakame (Balanites aegyptiaca)*, dont l'importance symbolique * ne semble

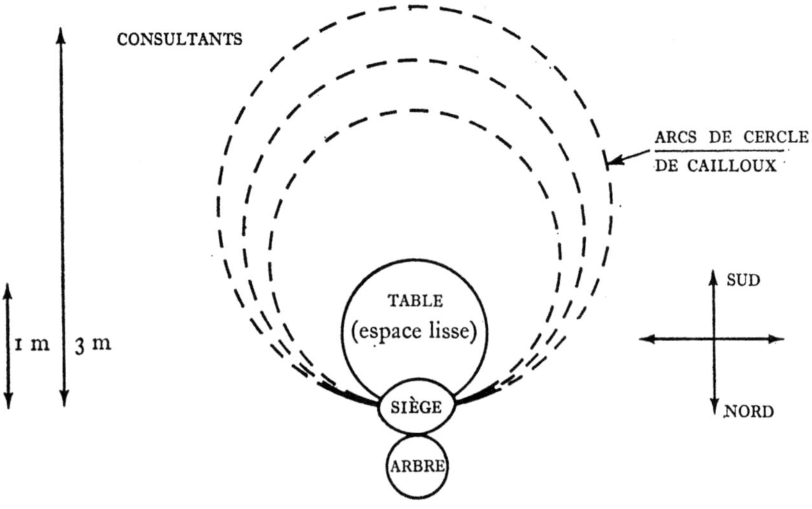

* Le *təbakame* est d'une grande importance rituelle pour les Moundang qui le considèrent comme arbre pur, bon pour les sacrifices. C'est le seul arbre au pied duquel on verse le sang de l'animal sacrifié. A Léré c'est un petit bosquet de *balanites aegyptiaca* qui constitue l'autel où officie le chef de terre *(pa-seri)*.

pas directement en rapport avec la divination, pour autant que nous le sachions. Sous l'arbre, les résultats de la consultation précédente sont encore visibles : des centaines de pierres disposées en trois ou quatre arcs de cercle autour d'un espace lisse et d'une grosse pierre plate enfoncée dans le sol au pied de l'arbre (cf. figure p. 50)

La pierre plate est le siège du devin. Le tronc de l'arbre est son dossier. L'espace lisse est sa table de travail. Les arcs de cercle sont généralement orientés vers le sud, direction bénéfique pour les Moundang. Leur alignement régulier contraste avec le désordre des pierres inutilisées que le devin a laissé éparpillées tout autour du *hale*.

Les consultants prennent place à la périphérie de ce dispositif soit en face du devin, soit sur ses côtés dans l'ombre de l'arbre. Les *kindani* ordinaires ne réunissent jamais beaucoup de monde, un ou deux parents du malade, mais exceptionnellement le malade lui-même, la personne qui le soigne et éventuellement ses aides, un collègue ou un élève du *pa-kindani* qui témoigne de son impartialité et l'assiste dans ses travaux, enfin le devin lui-même. Pourtant, la consultation n'a rien de secret. Ceux qui passent par là restent un moment et écoutent les énoncés du devin. Mais, ils se lassent rapidement de ce spectacle quotidien et s'en vont qui dans la brousse, qui au bord de l'eau, qui au marché.

LES PRÉPARATIFS

Le *pa-kindani* se déchausse et ôte sa tunique, tandis que les consultants prennent place sur le pourtour du *hale*. Il a déjà accompli ses premiers préparatifs : pour mieux dire la vérité, il a déjà dans la bouche une racine d'arbre ou un *kəba* (gui), éventuellement du *fa-zambo* (médicament de malédiction). Il s'est déjà lavé les mains, s'il préfère ce procédé, avec une décoction de *tê-we-žu*, herbe de brousse aux épis blancs qui doit rendre efficaces ses tirages au sort.

Assis, il a devant lui deux sortes de *tesale :* des pierres de taille et de forme variables qui constituent les arcs de cercle et indiquent les résultats de la consultation précédente; une cinquantaine de petits galets dispersés sur l'espace lisse à la portée de ses mains. Pour commencer, il rassemble ces galets sous ses cuisses et nettoie la place sur laquelle il va travailler. Il égalise la poussière, il enlève les saletés, il verse de l'eau et il étale la boue de la main droite. Sur l'espace humide, il ramène du sable sec et il l'égalise à son tour. Sa table est alors parfaitement plate et lisse.

Ces gestes d'artisan peuvent être immédiatement suivis d'une offrande aux *mozumri* (esprits ancestraux) et aux *čox-šinri* (génies de lieu). La matière de l'offrande est prélevée sur le « prix » de la consultation : ordinairement une boule de tabac, une jarre de bière de mil et 25 CFA. Tout en invoquant les esprits, le devin jette des brins de tabac dans deux directions de l'espace et verse un peu de bière de mil sur le pourtour de son dispositif. L'invocation est muette ou murmurée à voix basse.

PREMIÈRE OPÉRATION : LES TIRAGES AU SORT

Pendant la première partie de la séance, les consultants ne posent aucune question au devin. Celui-ci interroge une série de catégories et d'agents dans un ordre préfixé par le code divinatoire. Parfois, il accompagne ses gestes d'un chuchotement scandé qui permet aux clients d'identifier les éléments soumis à l'interrogation : « *Sàyooo... sàyooo... sàyooo...* » (*sak* : la sorcellerie); « *balmurááé... balmurááé... balmurááé...* » (*balmuráé :* sa démarche, démarche de la malade par exemple) etc. Mais, généralement, il se pose mentalement les questions et le seul bruit que les consultants entendent est celui des cailloux qui s'entrechoquent et des doigts qui rapent le sol.

Le devin remet au milieu de la table une partie des galets qu'il a écartés pendant les préparatifs. Sous ses cuisses ou à la périphérie de la table, il en reste une quantité indéterminée dont il ne s'occupe pas. Des deux mains, il commence à retirer, deux par deux, les galets du tas central. Il le fait rapidement jusqu'à ce qu'il ne reste au milieu qu'une ou deux pierres. Un ou deux, pair ou impair : c'est le premier résultats de son tirage. Sans commentaire *, il marque ce résultat en posant un ou deux galets en colonne dans la partie droite et distale de sa table divinatoire. Il recommence la même opération 8 fois de suite.

* Nous avons cependant observé dans un village très éloigné de Léré, à Bissi Mafu, un devin qui, à ce moment, crachait sur ses cailloux en disant à voix basse : « pierre de divination, dis la vérité, ne me cache rien. Dieu, viens à mon secours pour que je voie la vérité, Génies de lieu, aidez-moi ».

Après chaque tirage, il ajoute un ou deux galets sur la ligne qui figure les résultats, en allant de droite à gauche. Il a alors une rangée complète, appelée *lə-murki* (c'est-à-dire alignement), composée, par exemple, des cases suivantes :

8	7	6	5	4	3	2	1
○	○	○ ○	○	○	○	○ ○	○

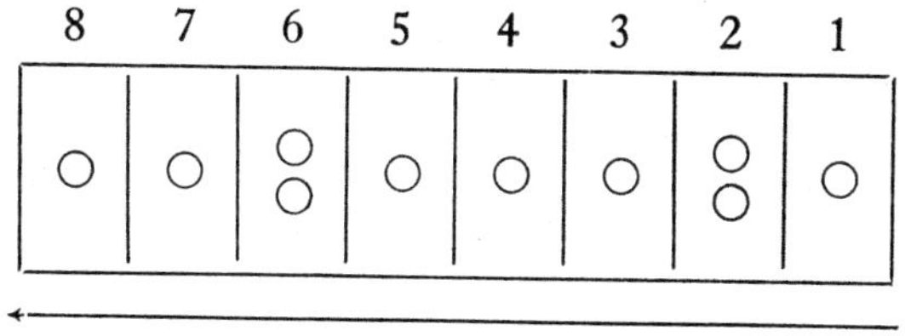

Une réponse divinatoire nécessite deux rangées de ce type soit 16 tirages. Le devin procède donc à 8 autres tirages et en marque les résultats dans une rangée au-dessous de la précédente et légèrement décalée vers la droite :

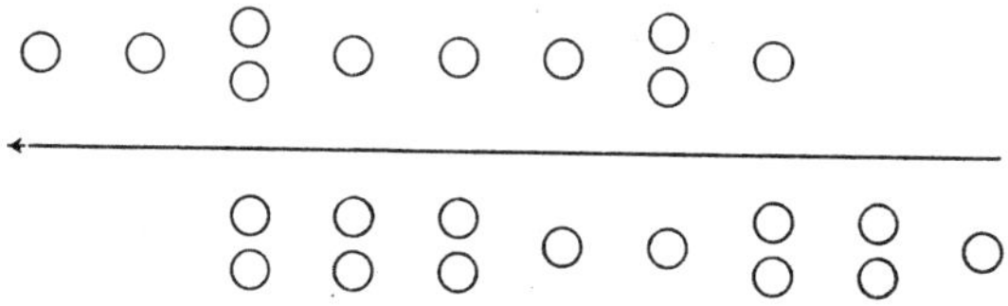

DEUXIÈME OPÉRATION : LE RÉALIGNEMENT DES RANGÉES

A présent, il a une réponse complète. Mais, pour dire laquelle, il doit réaligner les éléments des deux rangées qui la contiennent. Pour ce faire, il regroupe les galets isolés en couples et il considère si le résultat final est pair ou impair. Soit les deux rangées précédentes :

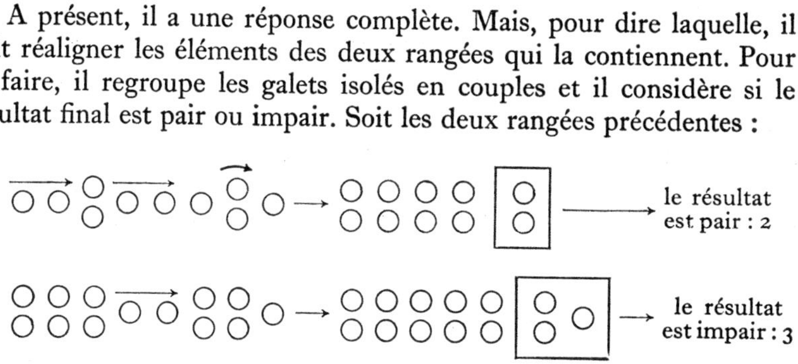

Le résultat impair est marqué par 3, nous verrons bientôt pourquoi. Les deux chiffres ainsi obtenus constituent la réponse définitive à une question posée au devin. Dans l'exemple ci-dessus, la réponse est 2-3. Les trois autres réponses possibles sont évidemment : 2-2; 3-2; 3-3.

TROISIÈME OPÉRATION : LE REPORT DES RÉSULTATS SUR LES ARCS DE CERCLE

Ces résultats sont reportés sur les arcs extérieurs qui servent d'aide-mémoire au devin et à ses consultants. Le *pa-kindani* ou son élève ajoute, selon le cas, deux et trois, trois et trois, trois et deux ou deux et deux pierres à l'arc déjà commencé. Il va de droite à gauche :

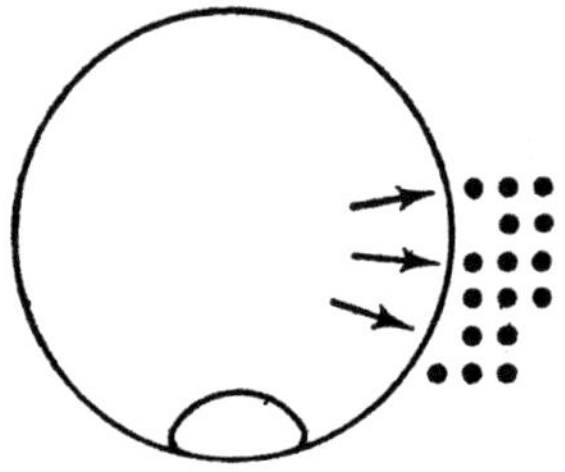

Lorsque le premier arc de cercle est terminé, il en commence un second, légèrement en retrait et à l'intérieur du précédent. Dans une consultation ordinaire, il construit trois ou quatre arcs de cercle de cette sorte *.

LES QUATRE FIGURES. L'ALGORITHME

Les quatre figures, 3-3, 2-3, 2-2, 3-2, ne sont pas, à proprement parler, nommées comme il en va pour les « maisons » géomantiques. Mais, on utilise deux termes d'origine obscure pour désigner les quatre combinaisons **. Le terme *lyã* correspond au chiffre 3, le terme *gay* au chiffre 2. Ainsi, 3-3 est *lyã-lyã*, 2-2 est *gay-gay*, 3-2 est

* On aura remarqué que le procédé entraîne une perte d'énergie considérable. Le résultat souhaité pourrait être obtenu par un simple tirage au sort de type pile ou face. Dans une consultation moyenne, le devin répond à 200 questions environ et doit donc effectuer 3 200 tirages, chacun nécessitant une quinzaine de gestes d'écarter 2 à 2 les galets, soit environ 50 000 gestes par séance.
** S'agit-il de termes importés de l'extérieur ou de mots propres au système divinatoire moundang ? Nous l'ignorons. Il n'existe pas, par ailleurs, de langage divinatoire.

lyã-gay et 2-3 est *gay-lyã*. Plus exactement, lorsque le *pa-kindani* récapitule les résultats, il dit :

pour 3-3 : « *lyã-fa-žõ-lyã* » « *lyã fait lyã* »
pour 2-2 : « *gay-fa-žõ-gay* » « *gay* fait *gay* »
pour 3-2 : « *lyã-fa-žõ-gay* » « *lyã* fait *gay* »
pour 2-3 : « *gay-fa-žõ-pə-lyã* » ou « *gay-bəp-lyã* » (*gay* fait *lyã*).

Les devins et nos meilleurs informateurs ignorent le sens de ces deux termes *. Mais, ils admettent tous, sans exception, que les quatre figures prises une à une doivent être lues de la manière suivante :

Lyã-lyã (3-3) : mauvais, défavorable pour les êtres de sexe masculin;
Gay-gay (2-2) : mauvais, défavorable, pour les êtres de sexe féminin;
Lyã-gay (3-2) : bon, propice pour les êtres de sexe masculin;
Gay-lyã (2-3) : bon, propice pour les êtres de sexe féminin.

La règle fondamentale de lecture ou l'algorithme de la divination moundang peut donc être exprimée sous cette forme :

	+	−
Masculin	*Lyã-gay* (3-2)	*Lyã-lyã* (3-3)
Féminin	*Gay-lyã* (2-3)	*Gay-gay* (2-2)

Pour les Moundang, comme pour de nombreuses sociétés africaines, le pair est féminin et l'impair est masculin. La règle de lecture est donc fondée sur deux couples d'opposition : impair (masculin)/pair (féminin) et somme paire (négative)/somme impaire (positive). En cas de somme impaire, c'est l'ordre des chiffres qui détermine la lecture. Ainsi, *lyã-gay* est propice pour les hommes parce que le chiffre impair précède le chiffre pair et, inversement, *gay-lyã* est propice pour les femmes parce que le chiffre pair précède le chiffre impair.

Mais, il va de soi que cette règle de lecture ne rend pas compte de toutes les réponses concrètes que le *pa-kindani* fait à ses consultants. Sans parler de son art de commentateur, il donne des interprétations différentes des quatre figures selon la nature de la question posée.

* L'un d'entre eux nous dit que *lyã* signifie « seul, unique » ou « être seul » et *gay* « penser à des malheurs futurs ». Mais, c'est là une interprétation purement personnelle.

LES TROIS TYPES DE QUESTION

Type A

Le premier arc de cercle contient, on va le voir, des informations générales qui concernent toute la collectivité : temps, terres, eau, agents surnaturels, habitants... du village. Le *kindani* est interrogé par exemple sur l'état du chemin qui mène à la rivière *(təfaali-zabi)*. En théorie, les réponses possibles forment un ensemble à 4 éléments. Ce chemin est soit faste pour les hommes (3-2) ou pour les femmes (2-3), soit néfaste pour les hommes (3-3) ou pour les femmes (2-2). On notera cependant que si le devin énonce lequel des sexes est visé par la réponse négative (« un malheur va arriver à un garçon sur le chemin de la rivière »), il indique rarement le sexe des bénéficiaires de la réponse positive. Il ne dira pas qu' « une bonne chose va arriver à un homme sur les chemins de la rivière », il se contentera de répéter : « *apəsaay* » — « c'est bon, ça va ».

Sur le plan opérationnel, les réponses tendent donc à former un ensemble à 3 éléments : néfaste pour les hommes ou pour les femmes et faste sans distinction de sexe. Et quand nous disons faste, il faut entendre par là moins une annonce positive qu'une réponse « zéro », la garantie du maintien de l'état présent, l'absence de tout changement. Hommes ou femmes pourront emprunter les chemins de la rivière comme par le passé *.

Type B

La plupart des questions dont le *pa-kindani* enregistre les réponses dans le deuxième et le troisième arcs de cercle se réfèrent à la personne du consultant ou aux différents individus impliqués dans l'action rituelle que le *kindani* va prescrire et informer. Par conséquent, l'une des deux alternatives retenues par la règle de lecture est tranchée puisque la figure est interprétée selon le sexe de l'individu concerné par la question. En stricte logique, la réponse devrait être de type

* Selon un *pa-kindani* de Léré, l'interprétation des figures *lyã-gay* et *gay-lyã* serait inversée en saison sèche et en saison des pluies. Elles seraient lues, respectivement, « bonne » et « mauvaise » en saison sèche, « mauvaise » et « bonne » en saison des pluies. Nous pouvons affirmer qu'en consultation de saison sèche, la figure *gay-lyã* est toujours positive pour une femme et, que seule une règle d'interprétation marginale, donnée plus bas, la classe comme une réponse défavorable pour un homme.

binaire, « oui » ou « non », « bon » ou « mauvais », si la figure concerne les individus de sexe opposé. En fait, comme pour les questions de type A, la règle de lecture est transformée. Elle n'est pas binaire, mais ternaire et elle établit un ordre transitif.

Supposons que le *pa-kindani* consulte au sujet de la démarche, *balmur*, d'une femme qui désire voyager. Voici les interprétations possibles de chacune des quatre figures :

Gay-gay (2-2; — F) : la femme va se fracturer la jambe, sera mordue par un serpent, piquée par une épine... Elle fera mieux de s'abstenir de voyager ou alors elle devra adresser un sacrifice aux *čox-šinri* (génies de lieu), puis reconsulter le devin.

Lyã-lyã (3-3; — H) : pour la majorité des *pa-kindani*, cette réponse est non pertinente : « elle est seulement pour les garçons »; « il faut recommencer la consultation ». Cependant, un de nos informateurs sûrs affirme qu'elle est un signe néfaste pour un proche parent masculin de la consultante, en particulier son mari. Lui-même se fractura la jambe un jour où sa femme obtint pour sa démarche la figure *lyã-lyã.*

Lyã-gay (3-2; +H) : le *pa-kindani* ordinaire la considère comme une annonce positive : le voyage de la femme se passera bien. L'informateur cité y voit, au contraire, une annonce négative « moins grave » que *gay-gay* : alors que celle-ci indique, par exemple, la menace d'une paralysie, celle-là prévient d'une « difficulté légère », une démarche infructueuse, une visite sans résultat, etc.

Gay-lyã (2-3; +F) : selon l'un ou l'autre mode de lecture, elle est interprétée soit comme une annonce encore « meilleure » que *lyã-gay* (le voyage sera une « réussite ») soit comme une annonce positive tout court.

On peut résumer ainsi ces deux modes de lecture concurrents :

		2-2	3-3	3-2	2-3
F ⟶ (consultant)	I	–	o	+	++
	II	– –	– (H)	–	+

Légende :
++ = très propice
+ = propice
o = non pertinent
– = néfaste
– – = très néfaste

C'est le premier qui est utilisé, à notre connaissance, dans les consultations ordinaires en période de saison sèche. Il est du reste plus conforme aux principes généraux du *kindani* que le second puisque celui-ci affecte d'un signe négatif la combinaison *lyã-gay*. De toutes manières, l'opposition entre les deux modes de lecture est réductible. Du point de vue de l'individu qui consulte, l'un et l'autre se caractérisent par la même transformation d'une réponse binaire en une réponse ternaire et par l'établissement d'un ordre transitif. Dans les deux cas : 2-3 > 3-2 > 2-2 *.

Type C

Dans les consultations qui précèdent les rites thérapeutiques, près de la moitié des réponses énoncées par le *pa-kindani* ne sont pas enregistrées sur les arcs de cercle. Ces réponses ou indications sont données en deuxième partie de la consultation et concernent soit les différentes

* La transformation se fait par suppression de l'opposition masculin-féminin à *lyã-gay* s'il s'agit d'une femme, et à *gay-lyã* s'il s'agit d'un homme. Quel statut donner à cette opposition dans le *kindani?* Est-elle purement formelle ou traduit-elle quelque chose de l'antagonisme et de la complémentarité sociales de l'homme et de la femme ? On vient de voir que la réponse *lyã-lyã* obtenue par la femme peut se lire comme une annonce négative pour son mari. Selon le même informateur, la règle de lecture complète serait la suivante :

	2-2	3-3	3-2	2-3
Femme	– –	o	–	+
Mari	o	– –	+	–

« Si c'est *lyã-gay*, c'est bon pour l'homme et mauvais pour la femme. Si moi (homme), j'obtiens *lyã-gay*, c'est bon pour moi, mais mauvais pour ma femme. Si elle est enceinte, elle peut faire une fausse couche ».
Ce principe qui permet d'interpréter la figure masculine lorsqu'une femme consulte et vice versa, en rapportant la figure à un parent, ou le plus souvent au conjoint, est tout à fait remarquable. Que d'une personne à son conjoint la conclusion soit pertinente nous semble relever d'un effet de la structure sociale sur le système formel de la divination. Ainsi, chez les Moundang, l'alliance conduit à une forte intégration de l'épouse dans le groupe de son mari. Chez les Sara du Moyen-Chari (autre population tchadienne) un tel passage n'est pas possible : on trouve par ailleurs une détermination radicalement opposée dans la relation entre époux.
Mais, répétons-le, le mode de lecture des *pa-kindani* observés au travail est celui-ci (si l'individu qui consulte est une femme) :

	2-2	3-3	3-2	2-3
Femme	–	o	+	++
Mari	o	o	o	o

Autrement dit, les réponses obtenues par la femme ne donnent aucune indication sur l'état ou l'avenir de son mari.

opérations rituelles soit le choix entre les agents thérapeutiques disponibles.

Les réponses de type A et B discutées plus haut indiquent l'état présent ou futur d'une catégorie ou d'un élément *x* (le chemin de la rivière, la démarche de la malade) révélé par un simple tirage. Les réponses de type C désignent, quant à elles, le ou les éléments *x*, *y* ou *z* dont l'état est tel qu'ils sont appropriés pour remplir une fonction *f* donnée. Le choix est le résultat terminal de 2 à 4 tirages successifs. Les éléments *x*, *y*, *z*... forment un ensemble E théoriquement fini. Selon que le *pa-kindani* les passe en revue tous ou seulement une partie d'entre eux et selon qu'il opère un choix exclusif ou qu'il établit une relation d'ordre, on peut distinguer trois sous-types.

Sous-type 1

Il s'agit, par exemple, de désigner le *pa-fa-sak* (celui qui détient les médicaments anti-sorcellerie dits *fa-sak*) qui va soigner la malade. En accord avec ses consultants, le *pa-kindani* retient deux ou trois noms de *pa-fa-sak* connus. Par exemple, Pasale, Patale et Pafourmi. Supposons les résultats suivants :

	1er cas	*2e cas*	*3e cas*
Pasale	3-3 (—)	2-3 (+)	2-2 (—)
Patale	2-2 (—)	2-2 (—)	3-3 (—)
Pafourmi	3-2 (+)	3-2 (+)	2-2 (—)

Dans le premier cas, la malade va consulter Pafourmi, dans le second, elle pourra consulter Pasale ou Pafourmi, dans le troisième, elle ne pourra consulter aucun des trois et il faudra que les tirages soient recommencés avec d'autres noms de *pa-fa-sak*. Notons que le devin ne s'en tient pas au premier résultat positif, il examine les autres possibilités et si plusieurs sont « bonnes », il laisse le choix aux parents de la malade.

Dans cet exemple, l'ensemble E comprend théoriquement tous les *pa-fa-sak* moundang *. La différence *gay-lyã* (2-3), *lyã-gay* (3-2) ne

* En théorie, la malade peut consulter n'importe quel *pa-fa-sak* de n'importe quel village.

joue pas, ce qui est logique, puisque la consultation porte sur le rapport entre un homme, le *pa-fa-sak* et une femme, la malade. On a une réponse binaire par « oui » ou « non » :

	—	—	+	+	
F ——→ (malade)	3-3	2-2	2-3	3-2	——→ H (*pa-fa-sak*)
	« non »		« oui »		

Sous-type 2

Dans le rite thérapeutique féminin appelé *šin-fù*, les « âmes » ou « ombres » (*če*) des maladies (*šême*) ou plus exactement des *šinri* préalablement identifiés, sont enterrés dans des cols de poterie. Le sable qui sera versé dans l'ouverture de ces cols de poterie doit être ramassé dans un récipient désigné par le *pa-kindani*. L'alternative prévue par la coutume est : calebasse ancienne/calebasse neuve. Mais, si le tirage est négatif sur les deux termes, le *pa-kindani* peut en introduire un troisième : le *tekpele*, poterie petite et large. Voici, à titre d'exemple, les résultats suivants :

	1er cas	*2e cas*	*3e cas*
calebasse ancienne :	3-2 (+)	3-2 (+)	2-2
calebasse neuve	2-2	2-3 (++)	3-3
poterie *tekpele*	—	—	3-2 (+)

Dans le cas 1, le *pa-kindani* prescrira la calebasse ancienne. Dans le cas 2, il recommandera d'utiliser de préférence la calebasse neuve, puisque *gay-lyã* est « meilleur » pour les femmes que *lyã-gay*, mais il n'interdira pas la calebasse ancienne. Enfin, dans le cas 3, il prescrira la poterie *tekpele*.

Dans d'autres cas, nous avons un arbre dichotomique simple. Le *pa-kindani* doit par exemple décider du type de col de poterie que l'on utilisera pour « enterrer » tel ou tel *šinri*. La tradition prévoit une double alternative : *sol-čiri* (col de poterie large) neuf ou ancien ou *sol-daane* (col de poterie étroit) neuf ou ancien. Dans le cas le plus simple, on pourra avoir les résultats suivants :

	↗ *čiri :*	(+) 3-2	↗ neuf : 3-2 (+) ↘ ancien : 2-2 (—)
Sol	↘ *daane :*	(—) 2-2	↗ (neuf) ↘ (ancien)

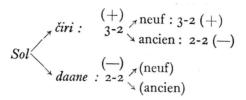

La réponse du devin sera : « un col de poterie *(sol)* large *(čiri)* et neuf *(fu)* ». Après le résultat *gay-gay* (2-2), le devin abandonne la branche inférieure car il serait absurde de consulter pour les prédicats, le terme auquel ils appartiennent ayant été rejeté. Nous avons ici un ensemble à 4 éléments.

Sous-type 3

L'opposition *lyã-gay/gay-lyã* est également pertinente lorsqu'il s'agit non seulement de choisir entre les éléments d'un ensemble celui qui informera une fonction rituelle donnée (la fonction « transport de sable » ou « enterrement du *šinri* dans un contenant »), mais de définir aussi une relation d'ordre entre les éléments obligés d'une séquence rituelle. On consulte par exemple sur le premier son émis au commencement du rite *šin-fu* .Trois sortes de sons sont généralement admis par la tradition : celui qu'émet la trompe-calebasse appelée *Wu ;* celui du tambour *Bulum* et le cri perçant, *tərdé*, poussé par une des femmes possédées. Le *pa-kindani* doit non seulement choisir parmi les 3 éléments de cet ensemble celui qui donnera forme à la fonction « émission du premier son », il devra aussi dire dans quel ordre ces différents sons devront se succéder. Nous avons observé les résultats suivants :

	1er cas	*2e cas*
wu (trompe)	2-3 (1)	2-3 (1)
bulum (tambour)	2-2 (3)	3-3 (2)
tərdé (cri)	3-2 (2)	2-3 (1)

Dans le premier cas, on doit commencer par le *wu*, continuer par le cri, puis faire battre le *bulum*. Le *pa-kindani* dira : « le cri est bon aussi, mais il faut commencer par le *wu* ». Dans le second cas, on doit commencer simultanément par le *wu* et par le cri, puis faire battre le tambour *.

En résumé, les sous-types 2 et 3 impliquent un choix entre les éléments x, y, z... d'un ensemble à n termes, ces termes étant posés comme les alternatives possibles du rituel. Pour transporter le sable, il n'est pas question d'utiliser d'autres récipients que la calebasse neuve ou ancienne ou bien la poterie *tekpele*. Il n'est pas question, non plus, d'émettre au début du *šin-fu* d'autres sons que celui du *wu*, du *bulum*, le cri (ou le claquement de mains). La relation d'ordre établie dans le dernier cas impose une contrainte de plus. Si la consultation donne un résultat négatif pour la calebasse neuve, on peut certes ne pas l'utiliser. Mais si elle donne un résultat négatif pour le *wu*, on devra quand même souffler dans cet instrument de musique.

Le procédé de tirage au sort et les règles d'interprétation que l'on vient d'indiquer sont les mêmes pour les *kindani* d'intérêt collectif et pour les *kindani* privés. Mais, les premiers comportent rarement des questions de type C et les seconds ne font pas toujours usage des trois possibilités évoquées au sujet des questions de type B. Lorsqu'il récapitule les résultats en fin de séance, le devin énonce, avant tout autre commentaire, une réponse propice ou défavorable. Il pointe et nomme les catégories, les unes après les autres, et il dit « *apəsaay* » (c'est bon, ça va) lorsque son bâton repose sur une figure positive, « *waya* » (c'est mauvais, ça ne va pas) lorsqu'il touche une figure négative.

L'on comprendra mieux la dynamique de ses interprétations après avoir pris connaissance des matières sur lesquelles elles portent.

CONCLUSION. LA GÉOMANCIE ET LE KINDANI

Mais auparavant, pour mieux faire ressortir la spécificité et le caractère dérivé du système divinatoire moundang, nous voudrions brièvement rappeler au lecteur les principes élémentaires du procédé géomantique.

La géomancie fonde ses interprétations non sur un algorithme

* Certains *pa-kindani* ajoutent un quatrième élément : les claquements de mains des assistantes. Dans une consultation, nous avons relevé la prescription suivante : « vous commencez le *šinri* (le rite) avec le *tərdé* (cri), après c'est le *kə̆žole* (les claquements de mains), ensuite le *wu* et le *bulum* ».

qu'elle applique au coup pour coup comme le font les Moundang, mais sur une table de signes préexistante. Ces signes correspondant à ceux que le *pa-kindani* forme avec ses cailloux, sont représentés par un ou deux éléments graphiques marquant respectivement l'impair et le pair. Chaque signe ou figure comprend un minimum de 4 points en colonne et un maximum de 8 points en 2 colonnes de 4; il est défini par un nom, une maison qui est son emplacement fixe dans la table et en outre, dans les géomancies arabes, par des correspondances astrologiques d'origine zodiacale.

Nous donnerons comme exemple la table * qui est présentée dans le traité de géomancie du Cheikh Mohammed ez Zenati, composé au XVIe siècle et depuis, largement diffusé en Afrique Noire.

NUMÉRO D'ORDRE	FIGURE	NOM ARABE TRADUCTION DU SIGNE	MAISON DU SIGNE	ÉLÉMENT ET ORIENTATION
I	• • • • •	Al Kusadji Le demandant	Youssoufa ** Demandeur	Feu et Est
II	• • • • • • •	Dahika Rire (joie)	Biens	Feu et Est
III	• • • • •	Khotba ed Dakhil Discours de pénétration	Famille, des frères des sœurs	Vent et Sud
IV	• • • • • • •	El Bayad La blancheur	Le pays	Eau et Nord
V	• • • •	Et Tariq La voie, la route	Enfants et nouvelles	Eau et Nord
VI	• • • • • •	Gabdja el Kahidja La peine extérieure (sortante)	Maladies et esclaves	Eau et Nord

* Reproduite dans l'article de Charles Monteil déjà cité; p. 89.
** A chaque maison est associé le nom d'un prophète. Il nous a paru inutile de le reproduire pour chaque figure.

NUMÉRO D'ORDRE	FIGURE	NOM ARABE TRADUCTION DU SIGNE	MAISON DU SIGNE	ÉLÉMENT ET ORIENTATION
VII	• • • • • • •	El Homra Le rouge	Mariage et époux	Vent et Sud
VIII	• • • • • • •	El Majusi Le païen	Mort et Angoisse	Terre et Ouest
IX	• • • • • •	Naçrat el Karidja Le triomphe extérieur	Voyages	Feu et Est
X	• • • • • •	El Tiqaf Sens d'arrêt, prison	Puissance publique Autorité	Terre et Ouest
XI	• • • • • •	El Raja Espérance, supplication	Tutelle des grands sur les humbles	Vent et Sud
XII	• • • • • •	Naçrat ed Dakel Triomphe intérieur (qui pénètre)	Ennemis	Terre et Ouest
XIII	• • • • •	Khotba el Khakhidja Discours (qui sort)	Renseignements divers	Eau et Nord
XIV	• • • • •	Naqi el Khaddi Pur de joue	Renseignements divers	Terre et Ouest
XV	• • • • • •	Gabda el dakhel La préhension pénétrante	Juge	Vent et Sud
XVI	• • • • • • • •	Al Djemaa L'assemblée des notables	Nouvelles de toute nature	Feu et Est

Les figures, on le voit, sont au nombre de seize, produit du vecteur binaire (les 2 signes pair et impair) par 2 fois répété (d'où $2^4 = 16$). Au cours d'une consultation, ces figures sont obtenues par trois opérations successives de nature différente. Les quatre premières ou figures-mères sont produites par un tirage au sort. L'opération matérielle effectuée en traçant du doigt des traits sur le sable, ou avec un stylo sur du papier est analogue à celle que nous avons décrite dans le *kindani*. Une série (une vingtaine environ) de traits étant tracée, le devin barre ou efface ces traits par groupe de deux et le reste, pair ou impair lui donne le premier élément de sa figure et ainsi de suite *. L'ensemble suivant ou quatre figures-filles est produit par transposition : le devin transcrit verticalement et de droite à gauche les points de chaque ligne horizontale des mères. Par exemple, si les figures-mères sont :

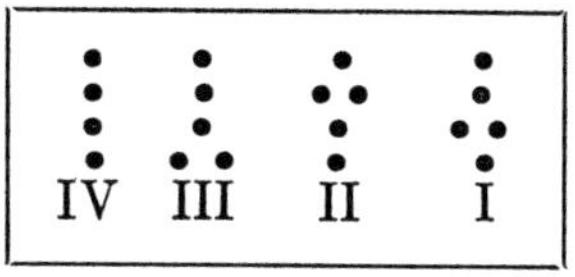

les filles seront

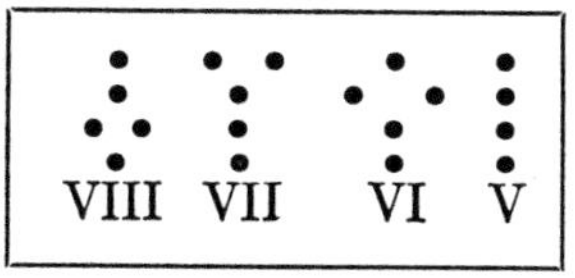

Les deux ensembles de quatre figures qui restent à former sont obtenus par addition de la façon suivante : I + II = IX; III + IV = X; V + VI = XI; VII + VIII = XII; IX + X = XIII; XI + XII = XIV; XIII + XIV = XV; XV + I = XVI.

L'addition, comme dans le kindani, obéit à la règle suivante :
Pair + Pair = Pair
Pair + Impair = Impair
Impair + Impair = Pair
Impair + Pair = Impair.

Nous résumerons ces opérations dans un tableau où les seize

* C'est exactement le procédé que les Moundang connaissent sous le nom de *ža-seri* mentionné dans le chapitre II.

figures sont disposées dans les maisons placées dans l'ordre « généalogique » conformément à la terminologie en usage.

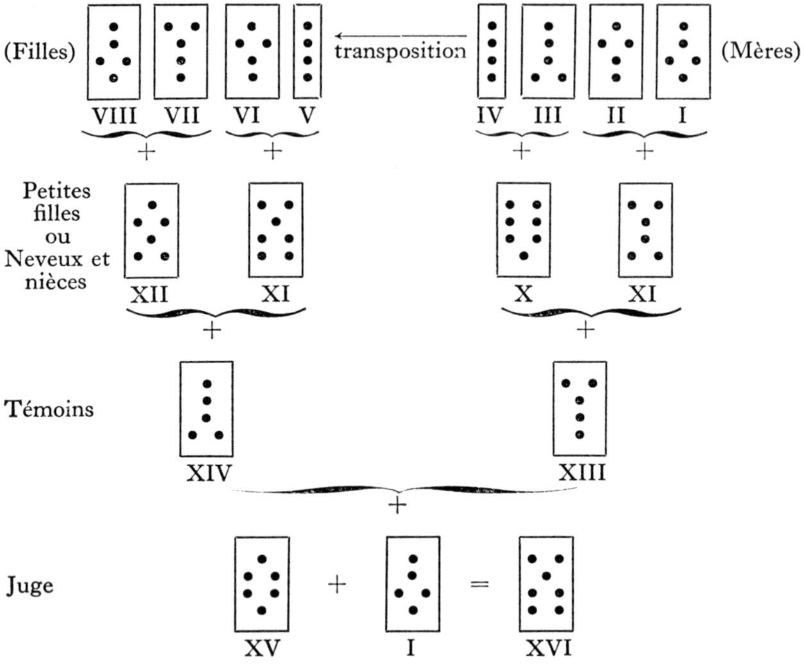

Cette disposition en arbre généalogique n'est pas pratiquée par toutes les géomancies. Il n'existe pas non plus un classement unique des figures. Celui que nous avons retenu ici est le classement mathématique savant calculé de telle manière que les seize figures puissent être groupées, deux à deux, pour que leur addition donne toujours un résultat identique, à savoir . La figure XV qui est précisément celle-ci et qui représente le Juge a une grande importance dans l'interprétation de tout tableau géomantique. Les problèmes posés par le classement savant et la théorie du système au repos qui s'y rattache ont été étudiés par Robert Jaulin dans l'ouvrage déjà cité. Nous y renvoyons le lecteur.

Si l'on accepte cette théorie du système au repos, l'énoncé divinatoire du géomancien repose donc sur l'association de deux groupements de ces seize figures, l'un fixe qui est la table de référence composée des maisons, l'autre aléatoire qui ne peut, par construction, que comprendre certaines de ces seize figures combinées selon les 65 536 (16^4) — 1 façons théoriquement possibles. Les règles d'interprétation d'une combinaison particulière dépendent évidemment des maisons que les figures produites par le hasard viennent occuper.

Dans la pratique géomantique, abstraction faite de toute référence à un système au repos qui, semble-t-il, n'a pas d'existence aux yeux du devin, l'énoncé divinatoire nécessite plusieurs opérations destinées à adapter le sens des figures à celui des maisons dans lesquelles elles tombent, en fonction du demandeur et de la nature de la question. Les maisons, dont le nom, la signification et l'importance peuvent fortement varier d'une culture à l'autre, constituent un cadre sémantique fixe dans lequel sont découpées les catégories qui subsument toutes les situations, individuelles et sociales, tous les cas que le devin aura à connaître. Les figures par contre, sont relativement, et à l'occasion, tout à fait libres par rapport à leur signification et leur lecture est soumise à des contraintes d'ordre formel.

Les mécanismes d'interprétation varient selon les écoles. Ainsi, en Europe et chez les Arabes, on tiendra compte, par exemple, des « aspects » c'est-à-dire du nombre de maisons qui sépare les figures entre elles. Chez les Malgaches les figures pertinentes tombant dans la maison du demandeur seront rapportées à une table de classement des seize figures en fonction des quatre points cardinaux.

Nous illustrerons le fonctionnement de ce type de divination par un exemple emprunté à la géomancie des Gourmantché de Haute-Volta *. Celle-ci comporte un système de maisons dont les noms sont dérivés des termes arabes qu'on vient de lire mais dont les sens sont différents. Les règles d'interprétations sont soumises notamment à ces trois principes :

1) La maison dans laquelle vient s'inscrire la figure.

2) Les « passations » ou les occurrences d'une même figure dans diverses maisons.

* Nous devons cet exemple à Michel Cartry qui prépare un ouvrage sur la géomancie gourmantché.

3) Le calcul des points : totaux pairs ou impairs, totaux donnant un chiffre magique comme 96, 115, 136 etc.

Considérons la formation d'un énoncé géomantique particulier au moyen de la règle des passations. A la maison II d'Ez Zenati (Biens) correspond chez les gourmantché la maison des vieilles femmes. A la maison VI (maladies, esclaves) correspond la maison du mal, de la maladie, du surnaturel et de la magie. Enfin à la maison X (puissance publique, autorité) correspond un ensemble de déterminations de temps et de lieu (chez toi, dans ta maison, aujourd'hui, cette année). ni la figure appelée en gourmantché Nassaldi  et signifiant « cœur Soir » (en arabe, figure XII : Naçrat ed Dakel, triomphe intérieur) apparaît dans les trois maisons que nous venons de mentionner, le devin dira au client venu le consulter au sujet de sa maladie ou de celle d'une personne de sa famille : une vieille femme au « cœur noir » (sorcière ?) a pris un « fétiche » (*bulo*) lié à la sorcellerie et l'a déposé dans ta maison. Telle est la cause de la maladie. Le remède ainsi que le nom du détenteur du remède seront déterminés par un nouveau tableau géomantique. Quant aux sacrifices à prescrire, il existe un code très précis (par exemple : type de poulet, couleur du plumage, ergots, etc.) lié aux figures.

Cet exemple fort simple et qui ne nous donne qu'une bien faible idée des ressources du procédé géomantique nous permet cependanr de mesurer toute la distance qui le sépare du *kindani*. Ce dernier, nout l'avons vu, fournit un algorithme que le devin applique au coup pous coup. Ayant dans l'esprit d'une part, les catégories générales et particulières que nous exposerons plus loin et qui sont fonctionnellement mais non formellement équivalentes des maisons et d'autre part, l'ensemble des questions à passer en revue en fonction de la demande du consultant, il procède à autant de tirages qu'il est nécessaire pour déterminer les valeurs ou, mieux encore, les valences positives ou négatives des réponses et leur application à l'un des deux sexes. La distinction des sexes retenue dans le classement des quatre figures de l'algorithme se fonde sur l'attribution, générale en Afrique, du prédicat mâle à l'impair et du prédicat femelle au pair. Il en résulte pour le devin l'exigence d'une sorte de choix a priori pour savoir si ce qui est dit d'un sexe vaut pour l'autre ou non. C'est l'unique complication ou difficulté logique sur laquelle les *pa-kindani* peuvent se diviser, comme on l'a vu, avec peut-être aussi l'inversion des valeurs selon la saison sèche ou humide. Mais le système ne permet pas lui-même de fabriquer des phrases et il utilise pour ainsi dire au minimum sa faculté de mémoire et partant les ressources combinatoires du procédé. Nous avons affaire à un outil très simplifié, un dispositif faisant apparaître un signal favorable ou défavorable — selon l'unique dimension du sexe — et qui s'applique tel quel au langage naturel encore que réduit pour les besoins de la cause.

La géomancie par contre, est un langage artificiel qui possède ses propriétés formelles et une syntaxe souple. Cette syntaxe est si souple, en vérité, qu'on pourrait la nommer syntaxe de caoutchouc et toute l'efficacité du procédé tient dans l'art du devin car comme l'écrit Hébert * : « tous les systèmes de classement des figures... qu'ils aient recours au symbolisme des figures, aux lois de la symétrie ou aux règles harmoniques des nombres, ne sont en fait que des procédés mnémotechniques ». Le système des liaisons et le classement des figures constituent en tout état de cause une espèce de mémoire et une combinaison donnée produit un message après avoir suivi une série d'instructions. C'est ce qui explique la remarquable économie de gestes et de temps que réalise un tableau géomantique par rapport à une consultation du *kindani* qui doit à chaque fois construire sa classe d'objets pour sélectionner ensuite les éléments pertinents. Cette différence de rentabilité entre les deux systèmes divinatoires n'a pourtant qu'une médiocre importance du point de vue ethnologique car ce genre d'avantage entre pour peu dans les préoccupations des devins africains. Mais si nous considérons le fait que les Moundang connaissent à tout le moins les rudiments de la géomancie — et la technique du *ža-səri* est là pour l'attester — on peut se demander pourquoi ils ne l'ont pas développée, pourquoi ils n'ont pas créé leur version de ce système comme l'ont fait d'autres sociétés noires mais lui ont préféré le *kindani*. Cette question d'apparence fort abstraite — car peut-on vraiment expliquer l'absence de telle ou telle institution dans une société donnée ? — prend tout son sens si nous repensons aux ambiguités de la légende d'origine que nous rapportions plus haut et au commentaire que nous fit Mangai. L'hypothèse selon

* Hébert J. C. « Analyse structurale des géomancies malgaches et africaines », *Journal de la Société des Africanistes*, Tome XXXI, fasc. II, 1961.

laquelle les Moundang auraient rejeté un système de pensée procédant de la civilisation islamique de leurs ennemis Peuls est alors à envisager. Bien entendu cela ne constitue nullement une explication de valeur générale : les Gourmantché dont nous venons de parler, sont de fameux géomanciens, réputés dans toute la boucle du Niger; ils furent et sont tout autant sinon plus que les Moundang, rétifs à l'Islam.

Qu'on nous permette donc d'avancer une autre hypothèse d'ordre historique. L'organisation de la société moundang autour du pouvoir central de Léré est de date relativement récente (fin du dix-huitième siècle) et le caractère hétérogène des groupes qui constituent sa population est encore fortement marqué. Elle offre l'image d'un ensemble composite dans lequel système clanique et système monarchique sont encore à la recherche de leur équilibre et dont le cadre territorial est encore mouvant. Les hiérarchies n'y sont pas parfaitement assurées, les statuts et les fonctions politiques et religieuses n'y ont pas la rigidité que confère seule une tradition très ancienne. On comprend dans ces conditions qu'une telle société ait préféré, pour se définir et se réfléchir un système divinatoire pourvu des contraintes les plus faibles et apte à décrire et à analyser dans le menu détail les éléments, les parties d'un tout en lui-même mal défini.

Deuxième partie

LA DIVINATION ET LA MALADIE

IV. APERÇU SUR LA MÉDECINE TRADITIONNELLE

La maladie est le motif le plus courant qui amène un particulier à consulter le devin. Pour des raisons qu'il n'y a pas lieu de développer ici, l' « hôpital » qui assure des soins médicaux dans la sous-préfecture de Léré est loin de pouvoir satisfaire aux besoins d'assistance les plus élémentaires et urgents des quelques quatre-vingt mille paysans qui relèvent de sa compétence administrative. Pénurie grave et constante de médicaments, absence de médecin, et partant absence d'encadrement du corps des infirmiers, méfiance du paysan... la situation sanitaire de ce pays isolé serait qualifiée de très précaire s'il avait la chance de se trouver sur le chemin des experts internationaux. Nous ne sommes pas de ces experts et, pour nous, il n'est pas question de nier, de minimiser ou d'exalter l'efficacité de la médecine traditionnelle. En fait, nous en savons peu de chose et notre seule certitude est que la plupart des Moundang se font soigner par les moyens, bons ou mauvais, que cette médecine leur propose. Dans bon nombre de villages, on ne connaît d'autres thérapeutes que le guérisseur, d'autre diagnosticien que le devin. C'est là une des raisons pour laquelle il est difficile de donner une estimation de la nature exacte et de l'importance réelle des maladies les plus répandues. Disons seulement que les statistiques administratives portant sur les quatre premiers mois de l'année 1969 donnent comme les dix « affections » les plus fréquentes : les diarrhées (dysenteries) (753 cas); le paludisme; les maladies broncho-pulmonaires aiguës et chroniques; les lésions des parties molles; les rhumes et les angines; les vomissements; les maladies de la bouche et des dents; les rhumatismes et les douleurs articulaires; la bilharziose vésicale et intestinale; les maladies des yeux et des paupières (178 cas *). Au cours de la recherche que nous avons menée sur la médecine traditionnelle et les rites de possession, nous avons rencontré toutes ces « affections » et maints autres syndromes et symptômes **. Nous les avons rencontrés sous la forme des catégories médicales moundang et notre but n'était pas d'identifier et de classer celles-ci en termes scientifiques, mais d'étudier le système de représentations qu'elles constituent et l'organisation rituelle qu'elles commandent. Ce n'est certes pas le lieu d'analyser ici les concepts de maladie et les rites thérapeutiques moundang. Une brève esquisse des conceptions médicales est néanmoins nécessaire si l'on veut comprendre les consultations du devin.

Dans le chapitre premier, nous avons analysé les caractéristiques et les fonctions des quatre composantes essentielles de la personne : sa force vitale *(ma-zwə̃-su)* son *masəŋ-byãne*, sa grande-âme *(čê-li)* et sa petite-âme *(čê-lãne)*. Nous avons rapidement évoqué les périls qui menacent la petite-âme pendant le sommeil, lors de l'attaque de sorcellerie et dans la possession. Nous avons indiqué la manière dont on conçoit le destin du *čê-lãne* après la mort. Enfin, nous avons mis en place les deux notions-clé de la religion : l'esprit ancestral *(mozum)* et le génie de lieu *(čox-šin)*. L'aperçu que nous proposons ici prolonge et étaye cet ensemble de définitions.

La nomenclature médicale des Moundang combine des termes descriptifs et des concepts étiologiques. Certains noms de maladie désignent des tableaux cliniques clairement définis et facilement identifiables en termes scientifiques. Ainsi, il n'y a aucun doute que la rougeole est nommée *zu-čoro*, que la coqueluche est appelée *tekẽkẽ* †, que l'urticaire et l'eczéma sont désignés par le terme *tədəri*, que la syphilis est *moo* et ainsi de suite. On verra que la plupart de ces maladies sur l'identité desquelles il ne subsiste aucune équivoque ne figurent pas dans les consultations « médicales » du devin. Elles apparaîtront en revanche dans les *kindani* collectifs car elles seront

* Pendant la même période, il n'y aurait eu aucun cas de : variole, méningite cérébro-spinale, pian, paralysie, épilepsie et troubles mentaux... et quelques cas seulement de : varicelle, rougeole, coqueluche, tétanos, syphilis, tuberculose, etc. Il est inutile de dire pourquoi ces statistiques n'ont qu'une faible valeur indicative.

** Cette enquête a été effectuée en collaboration avec M. J. Pineau qui a recueilli une partie des protocoles de consultation dont nous faisons état par la suite. Nous la remercions d'avoir bien voulu les mettre à notre disposition.

† De *kẽ-kẽ* : toux stridente.

considérées alors comme des fléaux qui mettent en cause l'intégrité de toute la communauté.

Une série de termes, toujours descriptifs, se réfèrent à un symptôme principal qui peut caractériser plusieurs syndromes. Nous retrouvons ici un mode de nomination amplement décrit par Evans-Pritchard chez les Zande de l'Afrique Centrale *. On nomme, par exemple, *tətəm-šyẽ* (urine rouge) toute maladie des voies urinaires caractérisée par l'hématurie, en particulier les formes les plus simples de la bilharziose vésicale.

Mais, ces termes descriptifs ne constituent qu'une faible proportion des noms de maladie moundang. Les entités pathologiques les plus importantes sont étroitement articulées avec les concepts religieux et magiques. La maladie n'est pas conçue comme un phénomène de la nature dont les limites seraient tracées par ses signes objectifs et par ses causes premières que l'on a pu observer ou inférer, elle est d'emblée une expérience socio-religieuse complexe et totalisante. Prenons un premier exemple. Les douleurs articulaires et toutes les variétés de rhumatisme sont appelées *ʒaxe* et ce terme signifie par ailleurs vent, tourbillon. Mais cette fois-ci, on accole souvent un qualificatif étiologique au terme principal. Ainsi, on parlera du *ʒaxe* de la pluie *(ʒax-bame)* ou du *ʒaxe* des arbres *(ʒax-kpu)*. Il peut s'agir alors de troubles bien plus graves que les simples maux d'articulation. Voici le récit d'un vieil homme qui a connu le *ʒaxe* de la pluie dans toutes ses implications. Nous résumons.

> Mangay, notable de Léré, a contracté cette maladie en manipulant les pierres de pluie *(tesal-bame)* qu'en temps ordinaire seuls les esclaves ont le droit de toucher en état d'abstinence sexuelle totale. Cela s'est passé sous le règne du roi Sahulba, ancien premier ministre du Tchad (vers les années cinquante). Mangay habitait alors à Sohaya et Taomazaši, le chef de pluie de Lampto était son ami. Un jour, il demanda à Tao de lui apprendre l'art de faire la pluie. Son ami ainsi que le chef de Guélo, l'oncle de Mangay à qui ils finirent par soumettre la question, essayèrent de lui montrer les dangers de l'entreprise. « Nous ne faisons pas la pluie nous-mêmes, lui dit son oncle, nous nous faisons remplacer par nos esclaves. Tu es encore jeune, tu as plusieurs femmes... si tu ramasses les pierres, tu vas à la mort. » Mais, Mangay ne suivit pas leurs conseils. Le lendemain matin, il rapporta quatre cail-

* Evans-Pritchard E. E., *Witchcraft, Oracles and Magic among the Azande*, Oxford, 1937, Partie IV, chapitre III, Leechcraft.

loux, deux mâles et deux femelles, à proximité de sa maison et il les mit dans une jarre. Après avoir absorbé des médicaments, il sacrifia une chèvre et il se fit initier par Tao à la technique des faiseurs de pluie. Ils eurent à peine le temps d'achever leur repas lorsqu'une tornade très violente s'abattit sur la région. Il plut toute la journée. Mangay fut content de son premier exploit et le lendemain il toucha de nouveau aux pierres de pluie. De nouveau, il plut. Enhardi, il ne cessa alors de manipuler les *tesal-bame* et vers la fin de la semaine les gens ne sortaient plus de leur maison tant la pluie était abondante. Mil, haricots, coton ... toutes les plantes germèrent et poussèrent rapidement.

Un jour, alors qu'il venait de rentrer des champs, Mangay eut mal à la tête. Il pensa que les travaux de la journée l'avaient fatigué. Mais, le jour suivant, ses articulations commencèrent à lui faire mal « comme si on avait mis des cailloux dans ses genoux et dans son cou ». Il se coucha. Pendant plusieurs jours, il éprouva des maux de tête très violents, puis un soir il se rendit compte qu'il était impuissant. Inquiet, il consulta alors un *pa-kindani* qui devina la cause de sa maladie et lui demanda de se souvenir du moment où il a pu toucher la main d'un chef de pluie ou manipuler les médicaments de pluie *(šin-bame)*. Mais, Mangay ne voulut point avouer la véritable cause de sa maladie et se fit simplement prescrire des *fa-ʒax-bame* c'est-à-dire des médicaments du *ʒaxe* de la pluie. C'est Tao, son ami, qui lui administra les médicaments et son état s'améliora nettement.

Quelques semaines plus tard, le roi Sahulba rentra de Fort-Lamy et il convoqua les notables pour leur distribuer les présents auxquels ils avaient droit chaque année. A la suite de cette cérémonie, Mangay passa la nuit chez un autre notable de la cour. Le matin, il se réveilla avec des maux de tête. Il était neuf heures passées quand il prit congé de son hôte et partit en direction de sa maison. En traversant la plaine qui sépare Léré de Sohaya, son corps devint glacé, ses jambes s'alourdirent et il fut pris de tremblements. Il n'eut pas la force de se traîner jusqu'à sa case, il entra dans la cour de sa maison, s'affaissa sur le sol et se laissa transporter par ses femmes. Les jours suivants, sa maladie devint de plus en plus grave. Sur l'ordre du roi, on l'amena au dispensaire de Léré, mais les piqûres qu'il y reçût n'eurent aucun effet. « Jour et nuit, dit Mangay, je criais comme un enfant à cause des douleurs que j'avais aux reins. Je refusais toute nourriture. Je voyais à peine... ». Il resta dans cet état pendant toute la saison des pluies. Il consulta plusieurs *pa-kindani* du pays et comme il était lui-même expert en médicaments, les devins pensèrent que ses propres *šinri* l'avaient rendu malade ou alors qu'il avait été attaqué par les médicaments de ses adversaires. Mais, les traitements qu'on lui administra n'améliorèrent en rien son état.

Lassé, prêt à mourir, il ordonna alors à sa famille de ne plus rien faire pour lui. Mais, une de ses belles-mères s'en fut consulter à son insu le *pa-kindani* de Labsay et ce devin découvrit enfin la vérité : « tu as ramassé les pierres de pluie — dit-il à Mangay — c'est ce qui te rend malade. Il faut que tu donnes un pagne blanc à celui chez qui tu les a prises et il faut que tu les rapportes à l'endroit où tu les a prises. Sinon, tu vas mourir ». Cette fois-ci, Mangay suivit les conseils. Il remit un pagne blanc à Tao, il lui rendit les quatre pierres en disant : « voici ta chose, emporte-la ! ». Puis, pendant quatre mois, il prit les médicaments *(fa-ʒax-bame)* que lui apportait son ami. Ce n'est que vers le début de la saison des pluies de l'année suivante qu'il put se lever et marcher peu à peu à l'aide d'une canne. Mais, nous dit-il en terminant son récit, il n'a jamais retrouvé sa santé normale. Depuis cette époque, sa tête, son cou, ses reins lui font souvent mal. Il n'a jamais récupéré toute sa puissance sexuelle. Et, bien qu'il soit maintenant vieux et capable de soigner ceux qui ont le *ʒax-bame,* il n'est pas question qu'il touche aux médicaments et aux pierres de pluie.

L'analyse détaillée de ce riche récit nous conduirait loin de notre sujet. Remarquons seulement que l'histoire de la maladie se greffe sur un arrière-fond de crise politique. Mangay est actuellement un des *zasaé* c'est-à-dire membre du collège formé par les représentants des clans autochtones auxquels le roi moundang doit son pouvoir et qui exercent un contrôle religieux sur lui en leur qualité d'alliés symboliques. Or, nous le verrons dans les chapitres qui suivent, le souverain de Léré est le premier maître et responsable de la pluie. Il n'est donc point indifférent que l'apprenti-sorcier ait agi sous le règne troublé du roi Sahulba et en l'absence de celui-ci. Il n'est pas sans signification non plus que sa rechute ait eu lieu juste au moment où le roi, rentré à Léré, marque avec éclat sa puissance de souverain en distribuant aux notables de sa cour, dont le narrateur, des présents rituels. Tout se passe comme si la seconde phase de sa maladie était vécue par Mangay comme une sanction. Sanction imaginaire, dirons-nous, liée à la trangression d'une prérogative royale. C'est ce que semblent lui suggérer les devins du pays quand ils affirment qu'il est agressé par les médicaments de ses ennemis. Dès lors, on commence à comprendre les raisons du malade à garder si longtemps le silence sur la véritable cause de sa maladie. Il faut qu'il soit sur le point de renoncer à toute ambition, de songer à sa mort prochaine pour que la vérité puisse être enfin mise au jour sur l'initiative d'une alliée et par un devin étranger. On remarquera encore que ses troubles ne cessent qu'à la prochaine saison des pluies c'est-à-dire au moment où la puissance de la magie de pluie légitime est réaffirmée par ses effets.

Mais, revenons à la terminologie des maladies. Nous venons de le voir, le *ʒax-bame* est à la fois une catégorie descriptive (rhumatismes, maux d'articulation) et un concept étiologique (la pluie, la magie de pluie). La plupart des unités pathologiques moundang sont nommées et classées selon les critères d'une étiologie magico-religieuse. Ainsi en est-il d'une seconde triade de maladies que le devin interroge souvent sous le terme générique *Masəŋ* : Dieu. Les trois maladies se nomment *Masəŋ-Čome* littéralement « Dieu soleil », *Masəŋ-Swere* c'est-à-dire « Dieu fourmi *swere* » et *Masəŋ-Li* qui signifie simplement « grand Dieu ». Nous avons fréquenté des guérisseurs spécialisés dans le traitement de chacune de ces maladies. Mais, aucun d'entre eux, pas plus que les devins, ne nous a donné une explication tout à fait plausible de ces noms surprenants. Le vocable *Masəŋ* serait comme le signifiant du caractère grave et de l'origine obscure de ces affections. *Čome*, le soleil, et *Swere*, la fourmi noire, sont considérés comme les agents des deux premières maladies et leurs caractéristiques propres se reflètent dans la symptomatologie. Car il s'agit de tableaux cliniques précis et peu variables d'un malade à l'autre, d'un guérisseur à l'autre. *Masəŋ-Swere* est considéré comme une affection contagieuse et se caractérise essentiellement par des petites plaies ou boutons purulents qui envahissent, comme des fourmis, toutes les parties du corps, bras, jambes, visage, gorge, organes génitaux. Selon les infirmiers moundang, il s'agirait souvent du pian. *Masəŋ-Čome* est une affection plus complexe dont les signes cliniques principaux sont l'anémie et parfois la géophagie, les troubles digestifs de toutes sortes et l'amaigrissement, la décoloration de la peau qui devient « jaune » ou « rouge » et l'apparition d'oedèmes sur les jambes et sur le visage. Les infirmiers auraient souvent diagnostiqué l'ankylostomiase.

La plupart de ces signes décrits par les guérisseurs sont présents chez Bernard, un garçon de 7 ans que son père nous présente au cours d'un de nos séjours à Dissing. Il a le teint décoloré, le visage enflé, les yeux bornés de cernes jaunes, l'air endormi. Sa maladie a commencé deux mois plus tôt par des maux de ventre récurrents, une douleur persistante au *zaʒili (sternum)* et une grande difficulté à respirer. Actuellement, il a la respiration saccadée, il tousse pendant la nuit, il vomit dès qu'il absorbe de la nourriture, il a du sang dans les selles et il est considérablement amaigri. Le père aurait eu la même maladie vers l'âge de 10 ans et se serait soigné par ses propres moyens.

Bame, la pluie, *Čome*, le soleil et *Swere*, la fourmi noire, les trois agents que nous avons jusqu'à présent évoqués, sont des *šinri*. Dans le premier chapitre, nous avons rapidement défini ce concept-clé de la religion, de la magie et de la médecine moundang. Nous avons dit que les *šinri*, ce sont d'abord les médicaments et les objets magiques. Les Moundang détiennent et « construisent » *(žõ)*, « cuisent » *(kə)* et administrent des *šinri*. Mais, en un second sens, le *šin* se définit aussi comme sacrifice, offrande ou prière. Ainsi, les Moundang « versent » *(sə)* le *šin* c'est-à-dire la bière de mil à leurs esprits ancestraux et « disent » *(fa)* le *šin* c'est-à-dire la prière lorsqu'ils sacrifient un poulet. Enfin, les *šinri* sont aussi les agents de certaines maladies et c'est en ce troisième sens que la pluie, le soleil ou la fourmi noire sont des *šinri*. Il faut ajouter maintenant que les devins distinguent une trentaine de *šinri* de cette sorte. La plupart sont des animaux, terrestres ou aquatiques, à l'exclusion des animaux domestiques et des rongeurs. Dans les consultations qui suivent, on rencontrera le plus souvent le boa *(masù)*, la tortue *(kpəkpəle)*, le silure *(swale)*, le crocodile *(ši)*, le varan *(tã)*, la salamandre *(pi)*, le singe *(piŋni)*, le capitaine *(čaxšin)*. Mais, on rencontrera aussi des arbres comme le cailcédrat *(bare)*, des phénomènes « naturels » comme la pluie, et même des objets comme la forge *(čoke)* ou la meule *(nine)*. Tous ces *šinri* peuvent attaquer l'individu, le « prendre » *(baŋ)*, le « frapper » *(mane)*, l' « amener » *(ne)* autrement dit le posséder. Nous l'avons déjà noté, leurs âmes *(čê-šinri)* cherchent à se substituer à la petite-âme de la personne.

Les rites thérapeutiques adressés aux *šinri* sont pratiqués exclusivement par des femmes, anciennes malades, organisées en congrégations de possédées. Aussi, certaines maladies dont on les rend responsables sont des affections spécifiquement féminines. En théorie, chaque *šin* est associé à une maladie ou à un type de maladie. Ainsi, quand on parle de la maladie de *masù* (boa), on se réfère généralement à la catégorie étendue des ictères. Les troubles de l'appareil digestif (constipation, diarrhée, gonflement, maux de ventre), la couleur sombre des urines, les nausées et les vomissements (« comme si on avait la queue du boa dans la gorge »), l'enflement des joues et le jaunissement du fond d'œil sont autant de symptômes catalogués. De même, quand on parle de la maladie de la tortue *(kpəkpəle)*, il y a de fortes chances que l'on se réfère aux fibromyomes (tumeurs utérines volumineuses, mais bénignes). La « dureté » c'est-à-dire la tumeur qui se développe dans le ventre de la femme est comme la carapace de la tortue. Elle provoque une irritation « comme si l'animal marchait à l'intérieur ». Les urines contiennent d'abord du sang, puis du pus et si la maladie n'est pas convenablement traitée elle provoque des désordres graves de la fécondité. D'autres affections sont plus difficiles à identifier. Celle par exemple que l'on associe au poisson appelé capitaine *(čaxšin)* n'est certainement pas sans rapport avec les maladies pulmonaires très fréquentes selon les statistiques administratives. On a mal à la poitrine et aux côtes, on a la fièvre, on respire vite « comme le poisson », on tousse constamment, on maigrit et parfois on vomit.

> P... était un grand pécheur. Un jour, il a tué un capitaine dans le lac de Léré. Il a tiré le poisson jusqu'au rivage, mais il n'a pas pu le sortir de l'eau tellement il était gros. Il a fallu plusieurs hommes pour le retirer et pour le dépecer. Chacun a reçu une part de la chair. Une semaine plus tard, le premier fils de P... tomba malade. Puis, ses filles et ses femmes devinrent, elles aussi, malades. Elles avaient de l'écume à la bouche et leurs côtes se gonflaient et se dégonflaient comme les branchies du capitaine. On pouvait entendre leur respiration, euh... euh... euh..., très loin de la maison. P... consulta le *pa-kindani* qui indiqua la cause de ces maladies, en prédit d'autres pour ceux qui avaient participé au dépeçage et prescrit un sacrifice de mouton blanc au lieu où le capitaine fut péché. On appela une *maswa-šinri* (maîtresse de collège de possédées) de Lampto et toutes les filles se soumirent à la danse des *šinri*. Elles guérirent les unes après les autres, mais leurs mères qui restèrent en dehors de la danse moururent une à une. Les filles donnèrent naissance à des enfants qui furent atteints, eux aussi, par la maladie du capitaine et soignés par les *maswa-šinri*. Depuis lors, les femmes de la famille de P... ne mangent plus la chair de ce poisson.

Nous pensons que les tableaux cliniques qui viennent d'être évoqués correspondent à des catégories médicales bien définies. Mais, il faut souligner aussi que les troubles associés aux *šinri* secondaires, comme le singe, la panthère ou la meule, ne sont pas toujours aussi précis. Bien souvent, les descriptions se contredisent ou se réduisent à de vagues indications. De toutes façons, le devin identifie toujours plusieurs *šinri* chez la même malade. On verra qu'il ne saurait procéder autrement car son diagnostic n'est pas fondé sur l'observation des symptômes du malade, mais sur les résultats de ses propres tirages au sort.

En résumé, les *šinri* sont donc à la fois des maladies *, les agents qui provoquent ces maladies et les médicaments qui les guérissent. Pour qui s'étonnerait de cette polysémie, nous signalons qu'elle caractérise les concepts médicaux d'autres peuples africains et en particulier la notion d'*akombo* chez les Tiv **. Mais, examinons maintenant le second concept de base de la médecine moundang. La croyance veut qu'à l'époque actuelle les *šinri* s'attaquent rarement aux hommes. Le père ou le frère à qui telle chose arrive ne peut pas se soumettre aux rites de possession, mais moyennant une petite cérémonie il peut transférer ses *šinri* sur sa sœur ou sur sa fille. Sans vouloir parler d'une véritable bi-partition sexuelle des maladies, les hommes se disent plus exposés à ce qu'ils nomment les *təgware* †. Nous ne pouvons pas donner ici l'analyse complète de cette notion. Disons seulement que le *təgware* n'est pas un avatar de la petite-âme *(čê-lãne)* et encore moins de la grande-âme *(cê-li)*, mais une force maléfique qui se libère à la mort des êtres vivants et se propage par contamination. Ainsi, on contracte le *təgware* en touchant un animal tué à la chasse, un arbre abattu dans la brousse ou le cadavre d'un homme. Mais, on peut en être affecté aussi en marchant sur un objet abandonné par un individu contaminé ou encore en manipulant un médicament qui a servi à prévenir le danger. Tout chasseur professionnel se protège par des *šinri* spécifiques contre le *təgware* de son gibier préféré. Lorsqu'il rentre au village, il prévient les habitants par un sifflement aigu car une poignée de main suffit pour qu'il communique le mal à ses parents ou à ses voisins. Il en va de même pour ceux qui ont été au contact d'un cadavre humain. En manipulant celui-ci, on s'expose au *təgware-dəbfu* c'est-à-dire au *təgware* de la personne. Le danger subsiste semble-t-il bien après l'enterrement car l'endroit où les chefs de famille sont ensevelis, le seuil de la maison, est toujours hanté par le *təgware-pə-yãn*, le *təgware* de l'entrée ou de la porte. Tout se passe comme si la personne défunte dont la petite-âme *(čê-lãne)* s'est déjà métamorphosée en *mozum* (esprit ancestral) laissait à l'endroit de sa sépulture une force résiduelle maléfique. Parmi les animaux, les espèces que l'on chasse et pêche sont citées le plus souvent. Ainsi,

* Les termes *šin* et *šême* (maladie) sont interchangeables dans les rites de possession.

** Price-Williams, D. R., « A case study of ideas concerning disease among the Tiv », *Africa*, 1962, XXXII, n° 2, pp. 123-131.

† Un linguiste pense que ce mot pourrait être une contraction de *tətəl*, tête, et *gway*, léger.

le *təgware* de l'antilope-cheval *(Boβo)*, du phacochère *(bili)*, du céphalophe *(pwəpwə)*, de l'âne sauvage *(bane)*, du lamantin *(nəbi)* sont les plus redoutés. La plupart de ces animaux ne sont pas considérés comme des *šinri*. Mais, certains *šinri*, par exemple le varan, le crocodile ou le cailcédrat peuvent provoquer des *təgware*. Ceux-ci sont, on l'aura compris, non seulement des forces qui agressent l'individu, mais aussi des maladies qui l'affectent. Cependant, les troubles dont il est question ne sont pas aussi différenciés que certaines affections associées aux *šinri*. Ils se caractérisent dans la plupart des cas par trois symptômes majeurs : les maux de tête, les vertiges et les troubles de la vision. Il reste que certains *təgware* correspondent à des affections bien définies. Par exemple, celui de l'outarde *(mapuə)* n'est rien de moins que l'épilepsie.

Les représentations que l'on vient de résumer — maladies *masəŋ*, *šinri* et *təgware* — constituent le noyau principal de la nosologie et de l'étiologie moundang. Il nous reste à les articuler avec les registres étiologiques dont nous avons traité dans le premier chapitre.

Rappelons d'abord que la maladie est considérée comme la sanction la plus courante de l'inobservance de la règle d'échange qui lie chaque individu à son *masəŋ-byãne* et à ses *mozumri* personnels. Principe constituant de la personne en laquelle il représente le destin individuel alloué par Dieu, le *masəŋ-byãne*, tout comme le *mozum*, est une instance ambiguë. Tant que l'individu s'acquitte régulièrement de ses devoirs de sacrifice envers son « esprit gardien », celui-ci le protège des maladies et rend fastes toutes ses actions. S'il le néglige pendant quelque temps, le gardien lève sa protection et il devient vulnérable à toutes sortes d'affections. Enfin, s'il oublie jusqu'à l'existence de la dette originelle qu'il a contractée envers cette composante divine de son propre être, le *masəŋ-byãne* se retourne contre son corps, le rend malade et ce clivage interne de sa personne peut le conduire au bord de la mort. C'est pourquoi la disposition bonne ou mauvaise du *masəŋ-byãne* — est-il encore « avec » ou déjà « contre » le malade ? — est un des éléments essentiels du diagnostic du devin. Les maladies dont il est question ici, pas plus que celles dont on rend responsables les esprits ancestraux, ne correspondent à des tableaux cliniques précis.

Il en est autrement des génies de lieu, *čox-šinri*, qui provoquent des désordres aigus caractérisés. La sensation d'être « mouillé » ou

« glacé », les tremblements et les pleurs, une douleur violente à s'enfuir en brousse, à se dénuder, l'agitation agressive et les monologues anxieux, le refus de toute nourriture, la désorientation temporo-spatiale et le délire sont les signes les plus couramment décrits de l'état de crise que leur contact est censé provoquer. La plupart des accès de paludisme, les délires toxi-infectieux et certains troubles mentaux aigus sont interprétés par l'intervention, toujours maléfique des génies de lieu.

Malourma, jeune femme de 16 ou de 17 ans, est la fille d'une guérisseuse que nous connaissons bien. Elle est enceinte pour la seconde fois. Sa mère nous apprend qu'elle a déjà eu une crise de *čox-šinri* lors de sa première grossesse qui s'est terminée par une fausse-couche. Sa maladie a débuté il y a quatre jours. Elle avait des maux de tête et des frissons, son ventre lui faisait mal, elle ressentait des douleurs articulaires.

Le second jour, vendredi, ses maux de ventre semblaient s'apaiser. Mais, ses urines ont pris une couleur jaune foncée. Pensant à la maladie de *masu* (boa), la mère a préparé une décoction d'herbes et l'a fait boire à sa fille. Mais, Malourma a vomi aussitôt le médicament.

Hier, dimanche, elle a mangé un peu de manioc, puis elle s'est couchée. Elle ne savait plus de quoi elle parlait. Sa mère lui a demandé une gourde d'eau qui se trouvait à côté d'elle, mais elle a répondu qu'il n'y avait pas de gourde. Ensuite, elle a commencé à réciter les noms de ses frères et de ses sœurs. « Otez-vous de là, pourquoi vous me regardez ! ? », répétait-elle et plusieurs fois elle a tenté de se lever et de s'enfuir dans la brousse. Elle refusait désormais toute nourriture ou boisson.

Lorsqu'elle a commencé à énumérer des noms inconnus de tous, la mère a consulté le devin de Fouli. Celui-ci a diagnostiqué une attaque de *čox-šinri* et il a parlé aussi de sorcellerie *(sak)*. On a donné alors à Malourma des *fa-sak* et grâce à ces médicaments, nous dit la mère, elle a retrouvé la parole.

Lorsque nous la voyons pour la première fois, elle reconnaît à peine ceux qui l'entourent. Elle nous confond avec Pafourmi, notre interprète, et quand celui-ci lui demande la cause de sa maladie, elle répond : « j'ai le *sak* ». Mais, Pafourmi ne veut pas poursuivre la conversation. Il nous avoue sa peur d'être accusé par la famille car lorsqu'il était encore à l'école, sa mère voulait le marier à Malourma, il a même « payé quelque chose », mais il a fini par refuser. Lors de la précédente fausse couche, on a déjà parlé de ses anciens rapports avec la jeune femme. Si maintenant elle venait à mourir, il serait certainement accusé de lui avoir fait quelque chose.

Mardi, la malade se porte un peu mieux. Elle reconnaît les gens et elle parle normalement. On nous apprend qu'un guérisseur lui a administré de nouveaux médicaments contre les *čox-šinri*. Le matin, la mère a consulté une seconde fois le devin de Fouli qui a confirmé son diagnostic précédent. Malourma est attaquée par les *čox-šinri ;* son mari, instituteur, travaille dans un village réputé dangereux; elle-même est allée dans ce village; et au moment de sa première fausse-couche, elle a déjà eu la « même folie ».

Mercredi, son état s'aggrave : elle a de la fièvre, elle est agitée, elle délire. La mère est désemparée et nous proposons d'amener Malourma au centre médical. Après quelques recherches, les infirmiers diagnostiquent une hépatite virale. Mais, il n'y a pas de sérum glucosé à l'hôpital et il nous faut aller jusqu'au Cameroun pour en trouver quelques flacons. Lors de notre retour, la malade est veillée par plusieurs femmes. On nous apprend qu'elle vient de faire une crise. Elle a pleuré et crié : « mes parents vont mourir ! » La mère est très angoissée.

Le lendemain, nous dûmes quitter Léré. C'est par une lettre de Pafourmi que nous apprîmes la mort de la jeune femme.

On le voit, l'évolution rapide de la maladie fait vaciller les interprétations qui commandent les actes thérapeutiques. Au départ de cette histoire tragique, l'ictère est le signe qui justifie le diagnostic de la maladie de *masu* (boa). Mais, ce diagnostic devient caduc dès que la malade commence à ne plus reconnaître ses parents, à réciter des noms étrangers, à vouloir s'enfuir en brousse, à dialoguer avec des êtres invisibles. Ce « délire », confirme le devin, est le signe bien plus grave d'une agression des *čox-šinri* ou d'une attaque de sorcellerie. Mais, la malade a beau affirmer encore qu' « elle a le *sak* », cette hypothèse est à son tour abandonnée. A l'approche de la mort, disent les Moundang, le *cê-lãne*, la petite-âme du malade « voit » les *čox-šinri*. Dans le coma, elle est déjà en compagnie de ces êtres invisibles qu'elle rejoindra après la mort physique.

La sorcellerie et l'attaque des génies de lieu sont les deux mises en formes dominantes sinon exclusives des troubles somatiques et psychiques aigus. Nous avons déjà évoqué le mode d'action de la *ma-sak*, la sorcière. Rappelons seulement que son activité malfaisante est réalisée par ses « enfants de *sak* » *(wê-sak)* c'est-à-dire ses petits mais puissants familiers qui agissent souvent au mépris des sentiments conscients de leur « mère » et se conduisent comme des magiciens invisibles. Il leur faut exercer des violences cachées sur l'objet qu'ils ont dérobé à leur victime pour que celle-ci éprouve les premiers signes de son mal. Là encore, nous retrouvons des syndromes caractérisés par une entrée abrupte et une évolution aiguë. La crise de sorcellerie commence généralement par des maux de tête violents, des tremblements généralisés et des sensations d'oppression. Elle se poursuit dans l'alternance rapide des phases d'agitation anxieuse, de mutisme et d'immobilité. Elle aboutit à un état de désorientation et de stupeur. Les premiers soins du guérisseur (généralement, des injections sous-cutanées du jus irritant d'une euphorbiacée nommée *žên*) visent à faire sortir la victime de cet état de stupeur. Dès que la malade a retrouvé l'usage de la parole, un dialogue s'engage * :

> « Qui t'a fait du mal ? Qui t'a prise ? — c'est le *sak* qui m'a prise — Qui est-ce ? Même si c'est ta mère, dis-le moi ! Même si c'est ta sœur, dis-le moi ! Qui est-ce ?... » Mais, les *we-sak* invisibles frappent la victime pour qu'elle ne les dénonce point... « Est-ce qu'elle t'a tuée ? — non, elle ne m'a pas tuée — est-ce que ton *čê-lãne* (petite-âme) est là ? — oui, elle est là — est-ce que tu vas la retrouver ? — ... — où est-elle enterrée ? — ... — est-ce que tu peux te lever ? — ... — lève-toi ! ... »

La répétition lancinante de ces ordres et de ces questions, les médicaments ingérés ou injectés sous la peau finissent par vaincre l'état d'apathie de la victime. Elle se lève et sur l'ordre du guérisseur elle part à la recherche de sa petite-âme. Celle-ci, on l'a vu, est représentée par un objet ** qu'elle ramasse soit en fouillant la maison de la *ma-sak*, soit en creusant des trous dans le sol de la brousse. L'objet sera introduit dans la calebasse du guérisseur et incorporé aux médicaments que la malade absorbera pendant la cure. Il va de soi que les premiers soins n'aboutissent pas toujours au résultat souhaité. Si la victime commence à délirer, si elle reste inerte et comateuse, c'est que les *wê-sak* ont déjà remis sa petite-âme aux *čox-šinri*. Alors, ses gestes, ses paroles incompréhensibles, ses mimiques ne s'adressent plus au monde des vivants, ils sont autant de signes annonciateurs de son arrivée dans l'autre monde.

***

Tels sont les principaux registres étiologiques qui constituent le système d'interprétation de la maladie chez les Moundang. Des

* Traduction d'un dialogue reproduit par un *pa-fa-sak*.

** N'ayant pu assister à aucun rite de cette sorte, nous ne pouvons pas indiquer la nature exacte de l'objet en question. Signalons cependant que dans les rites de possession, les âmes de *šinri (čê-šinri)* sont « ramassées » sous la forme d'une graine de sésame ou d'une brindille de paille.

techniques et des rites de guérison précis correspondent à chacun de ces registres. Nous ne les examinerons pas ici car leur sens ne saurait être restitué sans une analyse détaillée des mythes thérapeutiques. Mais, il nous faut présenter pour finir les thérapeutes masculins et féminins que l'on rencontrera au cours des consultations du devin.

Du côté des hommes, on constate une dispersion remarquable des fonctions thérapeutiques. Tout guérisseur est appelé *pa-šinri*, celui qui possède et administre des médicaments. Mais, dans les récits de maladies et dans les consultations divinatoires, chaque thérapeute est nommé selon sa compétence propre et selon la nature des *šinri* qu'il détient. Citons-en seulement quelques-uns. Le *pa-fa-Masəŋ-li* est celui qui possède et maîtrise *(pa)* les choses *(fa)* c'est-à-dire les médicaments et les procédés thérapeutiques, qui lui permettent de guérir la maladie *Masəŋ-li*. Le *pa-fa-sak*, on vient de le voir, détient les secrets et les *šinri* qui l'habilitent à lutter contre la sorcellerie. Le *pa-fa-čox-šinri* est spécialisé dans le traitement des crises provoquées par les génies de lieu. Le *pa-fa-təgware-dəbfu* apaise le *təgware* de l'homme décédé, etc. Tous ces guérisseurs, qui sont souvent d'anciennes victimes de la maladie qu'ils savent traiter, opèrent à titre individuel. Ils ne constituent aucune corporation ou société et leur cure une fois terminée, ils ne maintiennent aucune relation spécifique avec leurs anciens malades.

Il en est tout autrement des thérapeutes féminins. Homologue du *pa-šinri*, la *ma-swa-šinri* est celle qui possède *(ma)* le pouvoir *(swa)* de soigner toute affection imputée aux *šinri* de toute espèce. Elle est la maîtresse plus ou moins entreprenante d'un collège formé par ses anciennes malades. De tels collèges qui peuvent réunir jusqu'à soixante membres attitrés, existent dans la plupart des villages moundang. Ils sont des institutions sociales stables et indépendantes de l'organisation lignagère, clanique ou politique. Sous la direction de la *ma-swa-šinri* et de ses adjointes, ils organisent selon la demande, trois sortes de rites de possession. Le moins coûteux est le simple *ga-ʒ̃* (enterrement de la poterie) au cours duquel les âmes des *šinri* qui ont investi la malade sont extraites de son corps et transférées, « enterrées » dans les autels collectifs du collège situés à la périphérie du village. A la différence de cette cérémonie de guérison modeste qui ne modifie en rien le statut de la femme malade, le rite appelé *šin*-noir *(šin-fu)* entraîne son intégration dans le collège de possédées où elle portera d'abord le titre d' « enfant-de-*šin*-noir » *(wê-šin-fu)*. Les novices qui portent le même titre constituent le tronc du collège. Il leur faut économiser pendant plusieurs années pour pouvoir faire face aux frais élevés du rite de consécration et de prestige nommé *šin*-rouge *(šin-šyẽ)* à la suite duquel elles auront droit au titre envié d' « enfant-de-*šin*-rouge » *(wê-šin-šyẽ)*. La *ma-swa-šinri* et ses deux adjointes appartiennent bien entendu à cette dernière catégorie. Mais, la maîtresse du collège a quelque chose de plus que ses compagnes les plus anciennes. Son pouvoir thérapeutique et son autorité sont symbolisés par son *ə̃ŋbwoẽ*, c'est-à-dire par une calebasse qui contient ses médicaments et qui lui sert à transporter les âmes des *šinri* pendant les rituels. Elle l'a acquise soit par héritage (en ligne paternelle) soit par achat à la *ma-swa-šinri* dont elle-même était l'élève. Sa possession est la condition sine qua non de la constitution d'un nouveau collège. La calebasse confère à celle qui la détient un pouvoir magique ambigu. La *ma-swa-šinri* est considérée comme la « mère » de toutes les « enfants-de-*šinri* » *(wê-šinri)* qui forment son groupe congrégationnel. Celles-ci sont tenues à témoigner du respect à son égard et à lui fournir certaines prestations en produits et en travaux agricoles. En cas de désobéissance, elle pourrait libérer les âmes de *šinri* enterrées dans les autels du collège ou enfermées dans sa calebasse. Alors, ses « enfants » ne manqueraient pas de redevenir malades.

Mais, la *ma-swa-šinri*, pas plus que ses collègues masculins, ne peut exercer ses pouvoirs au seul service de ses projets personnels. En réalité, ses activités thérapeutiques et rituelles sont soumises à un contrôle minutieux : celui du devin.

V. DIVINATION ET MALADIE

Les quelques récits de maladie que nous avons pu rapporter dans les chapitres qui précèdent ne restituent que le résultat ultime de l'intervention du devin c'est-à-dire son diagnostic proprement dit et ses indications thérapeutiques. A lire ces récits, la séance de divination se réduirait à la recherche d'une réponse positive et ponctuelle aux deux questions essentielles que le malade poserait au devin : pourquoi suis-je malade ? qui va me soigner et par quels moyens ? Or il n'en est rien. Qu'il s'agisse de trouver les causes et les remèdes d'une maladie qui vient de se déclarer ou de préparer un rite thérapeutique important comme le *šin-fu*, la consultation du devin moundang n'est jamais une expertise purement individuelle. Le motif particulier qui la déclenche et l'objectif spécifique qui la guide ne circonscrivent pas, loin de là, le champ dans les limites duquel ses messages sont pertinents et l'ensemble des fonctions qu'elle remplit. Ces messages et ces fonctions concernent le groupe social tout entier, la famille, le quartier, le village, auquel le malade appartient. Pour le dire autrement, l'état présent et futur du consultant est étroitement solidaire de la disposition faste ou néfaste de chacun des éléments qui quadrillent et constituent le champ symbolique collectif au sein duquel sa maladie éclôt.

Cette conception est confirmée par l'enchaînement des catégories examinées par le devin. Ses consultations sont toujours divisées en deux parties bien distinctes. La première, celle que nous appellerons la phase diagnostique au sens le plus large que l'on puisse donner à ce terme, consiste en une interrogation minutieuse des différentes catégories d'agents humains et surnaturels, d'espaces et de temps, d'objets et de lieux, d'êtres et de choses qui forment l'univers socio-religieux dans lequel le consultant se trouve inséré. L'examen divinatoire de l'individu malade lui-même, enfin le diagnostic de ses troubles n'interviennent qu'au terme de cette analyse générale de l'état de son milieu villageois, familial et domestique. Nous avons expliqué plus haut (chapitre III) le procédé aléatoire par lequel le devin moundang obtient des réponses tantôt négatives, tantôt positives aux questions qu'il pose dans un ordre fixé, non pas par ses clients qui restent silencieux, mais par le code divinatoire dont il est le détenteur. Toutes les réponses qu'il recueille pendant cette première phase de sa consultation sont inscrites sur le sol sous la forme des cercles de cailloux qui entourent l'espace lisse sur lequel il effectue ses tirages au sort

Lorsqu'il a achevé son dernier arc de cercle qui représente les maladies du consultant, il est en possession de toutes les informations requises pour aborder la question de la thérapie. Pendant la seconde partie de la séance, celle que nous appellerons la phase prescriptive, il indique les modalités de la cure et détermine de manière remarquablement minutieuse tous les détails des rites thérapeutiques. Mais, à la différence de ses indications diagnostiques, ses prescriptions ne sont jamais enregistrées sur sa table divinatoire. Au fur et à mesure qu'il les déduit de ses tirages au sort, il les communique oralement à ses clients. Ceux-ci peuvent alors lui poser librement des questions, solliciter ses commentaires, voire lui rappeler les détails qu'il aurait omis.

Notre analyse suivra cet ordre chronologique et logique des séances de divination privées. En nous appuyant sur une consultation de référence, nous examinerons d'abord les catégories inscrites sur le sol. Nous analyserons ensuite à l'aide de quelques exemples précis, les prescriptions qui organisent et guident les rites thérapeutiques féminins.

La préparation de ces rituels était le but d'une bonne moitié des quinze consultations dont nous allons faire état par la suite. Nous les avons observées et enregistrées en fréquentant cinq devins, deux à Léré et trois dans les villages d'alentour *. Les autres consultations avaient pour motif une maladie déclenchée peu de temps avant la visite rendue au *pa-kindani*. Parmi les plaintes les plus communes, citons les troubles digestifs (diarrhées, maux de ventre), les migraines, les ménorragies, les désordres de la fécondité et, chez les enfants, les troubles nutritionnels, notamment l'anorexie des nourrissons. Mais, on y reviendra, la plupart de ces plaintes sont assez imprécises en tant qu'informations communiquées au devin. La séance de divina-

* Ce sont les devins des villages de Cotonfran et de Teubara et surtout Pasale, *pa-kindani*, de Fouli, qui nous ont instruit avec la plus grande patience et intelligence.

tion moundang laisse peu de place à l'expression des sensations et des symptômes du malade. Nous avons assisté à des *kindani* qui n'avaient d'autre motif ou contenu médical que l'état indéterminé de « maladie » *(šêmê)* du sujet.

LE DIAGNOSTIC OU LES CATÉGORIES DIVINATOIRES INSCRITES SUR LE SOL

Afin de donner une vue d'ensemble de la première partie de la séance, nous allons présenter d'abord les catégories retenues dans une consultation à laquelle nous assistâmes dans le village de Teubara au mois d'avril 1969. La malade était une jeune femme, Mačaxin, née à Teubara mais domiciliée à Fouli où son mari remplissait les fonctions de chef de quartier. Au moment du *kindani*, elle était enceinte d'environ six mois et depuis quelque temps, elle avait des maux de ventre. Elle éprouvait aussi des douleurs au sternum, aux reins, aux articulations. Mais surtout, elle craignait de perdre l'enfant qu'elle portait. Parmi les cinq filles et garçons qu'elle avait mis au monde, deux étaient morts en bas âge, et elle-même n'en était pas à sa première maladie. Avant qu'elle eût ses premières règles, elle avait déjà été attaquée par les *šinri* — la tortue, le boa, le crocodile et le varan — et avait déjà subi deux rites de *ga-ǝ̃ṛe* (enterrement des poteries). Deux semaines avant le *kindani* dont nous parlons, son mari avait consulté pour une première fois le devin de Teubara. Celui-ci avait décidé alors qu'elle devait se soumettre au rite de possession *šin-fu* (*šin*-noir) dans la maison de son frère aîné à Teubara. Les deux buts de la consultation furent donc l'identification des *šinri* qui rendaient malade la jeune femme et la préparation du rite de guérison qui devait débuter le lendemain.

La séance eut lieu au *hale* du village situé au sommet d'une colline dénudée qui dominait tout le village. Sous l'arbre du devin qui les protégeait à peine d'un soleil de plomb, les personnes suivantes prirent place : le mari de la malade qui remit le prix de la consultation (une boule de tabac, une jarre de bière de mil et une pièce de 25 francs); la *ma-swa-šinri* qui devait diriger le rituel; ses deux adjointes qui apportèrent sa calebasse de médicaments *(ǝŋbwoẽ)* et sa lance *(zǝ-šinri)*; enfin, homme âgé et maigre, le devin de Teubara lui-même et son assistant. Pendant les six heures que dura la séance, bien des habitants du village vinrent rendre visite à ceux qui y participaient. Mais, comme il est de coutume, la malade, Mačaxin elle-même, n'y mit point les pieds.

Durant la première partie du *kindani*, celle qui nous intéresse ici, les participants firent de nombreuses plaisanteries, mais ne posèrent que deux ou trois questions au devin. Selon le procédé que l'on connaît déjà, celui-ci effectua ses tirages au sort, reporta périodiquement les résultats *gay-gay* (2-2), *gay-lyã* (2-3), *lyã-lyã* (3-3) ou *lyã-gay* (3-2) sur les arcs de cercle disposés autour de sa table et récapitula à plusieurs reprises les résultats de chaque arc avec l'aide de son assistant. Au terme de son travail entrecoupé par des pauses qui lui permirent de se rafraîchir, cent-dix-sept figures furent alignées sur le sol. Elles se distribuaient en trois arcs de cercle.

Le premier se composait de quarante trois figures regroupées en sept sections ou tranches nettement séparées par de petits espaces laissés entre les figures terminales et initiales. Chacune de ces tranches comprenait une séquence d'informations qui concernaient l'état de la communauté villageoise.

Le second arc de cercle, entouré par le précédent, était de loin le plus fourni. Il se composait de soixante-deux figures réparties en huit tranches. Mais, notons-le dès maintenant, les quatre premières sections se référaient à un champ sémantique commun : l'état de la maison du frère de la malade où le rite de possession devait avoir lieu. La cinquième tranche, la plus importante, comprenait toutes les indications sur l'état du corps, des organes, des constituants spirituels de la malade. Enfin, les trois dernières tranches indiquaient d'une part l'état de la *ma-swa-šinri* et sa capacité rituelle (sa calebasse, ses médicaments, sa lance), d'autre part, l'état de ses deux adjointes. Dans son ensemble, cet arc de cercle ne concernait plus le village tout entier, mais apportait des informations appropriées sur la disposition des différents individus, agents, lieux et objets qui devaient entrer en interaction pendant le rituel.

Enfin, le troisième arc de cercle, le plus proche de la table du devin, comprenait seulement douze figures représentant les *šinri* qui rendaient malade Mačaxin. Le devin les a marqués sous la forme d'une rangée de douze cailloux simples, car parmi la vingtaine de *šinri* qu'il avait passés en revue, il n'a retenu que ceux pour lesquels le résultat de ses tirages au sort s'est avéré négatif.

LE PREMIER ARC DE CERCLE

TRANCHES	CATÉGORIES		TERMES MOUNDANG
LA CONSULTATION (1-4)	L'ombre, l'âme du hale		cê-hale
	Le commencement de la consultation		gbə-kindando
	La parole du kindani		Bə-fa-zae
	Ce qui est révélé (vu) par le kindani		iə-nə-kindani
LE TEMPS (5-13)	Aujourd'hui	matinée	zatnən-tətna
		soirée	čom-lilae
		nuit	suŋfuae
	Demain	matinée	zatnən-tətnane
		soirée	čom-lilae
		nuit	suŋfuae
	Après-demain	matinée	zatnən-tətnanhə
		soirée	čom-lilae
		nuit	suŋfuae
LA TERRE, L'ESPACE (14-19)	La Terre, à l'intérieur de la Terre		mur-seri
	Les chemins de la Terre		fali-bu-təlae
	Le milieu du village, les fondateurs		mu-war-yã
	La périphérie du village, les nouveaux-venus		tu-war-yã
	La terre du village, le côté de la terre		kala-seri
	Les chemins du village		fali-šêlae
L'EAU (20-23)	Le chemin de la rivière		tə-faali-za-bi
	Le creux où les femmes puisent l'eau		čox-bye-bi
	L'eau puisée à cet endroit		bi-pwel-ko
	La jarre avec laquelle l'eau est puisée		dan-bye-bi

TRANCHES	CATÉGORIES	TERMES MOUNDANG
LES GÉNIES DE LIEU ET LA SORCIÈRE (24-29)	Le grand čox-šin	čox-šin-pə-li
	La paume de sa main	lam-žolae
	Le petit čox-šin	čox-šin-pə-lãne
	La paume de sa main	lam-žolae
	La sorcière	ma-sak
	La paume de sa main	lam-žolae
LES CATÉGORIES DE PERSONNES (30-37)	Les femmes (de Teubara)	dəfu-pu-wə̃re
	Leurs âmes	čê-wul-bərê
	Les hommes (de Teubara)	dəfu-pu-wore
	Leurs âmes	čê-wul-bərê
	L'envoyé du chef	žaoro
	Sa parole	Bə-fa-záé
	Les petites filles (de Teubara)	yu-ma-wə̃re
	Leurs âmes	čê-wul-bərê
LA LUNE ET LA PLUIE (38-43)	La lune obscure	rum-fĩ
	La pluie de la lune obscure	za-bam-čê-təlae
	La nouvelle lune	fĩ-təfale
	Sa pluie	za-bam-čê-təlae
	La pleine lune	sə̃-fĩ
	Sa pluie	za-bam-čê-təlae

LE SECOND ARC DE CERCLE

TRANCHES	CATÉGORIES	TERMES MOUNDANG
LA MAISON (44-51)	L'intérieur, l'ensemble de la maison	ma-kə-šil-yã
	Les murs de la maison	vur-yã
	La porte d'entrée	zatəgə-bêle
	Les choses reçues de l'extérieur	fa-dəpə-láé
	La cour de la maison	kə-šil-pičêle
	L'endroit pour se laver	fa-bi-mur-yã
	Le foyer	šyãr-bər-yã
	La nourriture préparée sur le foyer	ryel-mo-žõ
LES PRINCIPES SPIRITUELS LIÉS AU CHEF DE FAMILLE (52-55)	Le mozum du père	mozum-pame
	Le mozum de la mère	mozum-mame
	Les mozumri errants	tilim-mozumri
	L' « esprit gardien »	masəŋ-byãne
LES NOURRITURES ET LES BOISSONS (56-62)	La bière de mil préparée à la maison	yim-bi-žõ-yãáé
	La bière de mil reçue de l'extérieur	yim-bi-gigen-lale
	Les poulets	kažu
	La viande rouge	gõši
	La viande séchée	nəsu
	Le poisson frais	šĩ-pə-šəki
	Le poisson séché	šĩ-pə-sũ
L'ÉTAT DES FEMMES DU CHEF DE FAMILLE (63-69)	La démarche (de ses femmes)	balmur
	la chair de leur corps	manə-su-gbə
	Leur grande-âme (cê-li)	čê-wul-bəre
	La paume de leur main	lam-žoláé
	Leur petite-âme (cê-lãne)	čê-lãn-žogbə
	Leurs paroles ordinaires, bonnes	za-žiŋ-fa-Bə
	Leurs paroles de colère	za-gworáé

TRANCHES	CATÉGORIES	TERMES MOUNDANG
L'ÉTAT DU CORPS, DES ORGANES, DES PRINCIPES SPIRITUELS ET DE L'ENFANT DE LA MALADE (70-84) *	La démarche de la malade	balmur-ma-šem-ko
	La chair de son corps	manə-suáé
	Sa grande-ame (čê-li)	čê-wuláé
	La paume de sa main	lam-žoláé
	Sa petite-âme (litt. l'âme sur la paume de la main)	čê-tə-lam-žole
	Son estomac (ventre de son manger)	pəči-bər-ryeláé
	Ses intestins (ventre de ses intestins)	pəči-bər-ma-sə̃yi
	Son sternum (calebasse de son zaʒili)	təfa-zaʒilaé
	Sa vessie (le sac de ses urines)	gulox-təčumáé
	Ses trompes (?)	za-byã
	Son utérus (ventre de la naissance)	pəči-bər-byã
	Le mozum de sa personne (son enfant)	mozum-dəfuáé
	Le col de l'utérus	za-byã-kə-lalko
	Sa parole ordinaire	za-žiŋ-fa-Bə
	Sa parole de colère	za-gworáé
L'ÉTAT ET LES POUVOIRS THÉRAPEUTIQUES DE LA MA-SWA-ŠINRI (85-93)	Sa démarche	balmuráé
	La chair de son corps	manə-suáé
	Son âme	čê-wuláé
	La paume de sa main	lam-žoláé
	La lance de šinri qu'elle tient	zə-šin-žol
	Les calebasses de médicaments qu'elle tient	ə̃re-šin-žol
	Les médicaments dans son ə̃ŋbwoẽ **	šin-pə-ə̃ŋbwoẽ
	Sa parole ordinaire (bonne)	za-žiŋ-fa-Bə
	Sa parole de colère	za-gworáé

* L'expression « âme-sur-la-paume-de-la-main » désigne ici la petite-âme comme nous l'avons indiqué dans le premier chapitre. Le « *mozum* de sa personne » est l'enfant porté par la malade.
** La calebasse appelée *ə̃nbwoẽ* est rappelons-le le symbole de la puissance thérapeutique de la *ma-swa-šinri*. Elle contient ses médicaments; pendant la consultation du devin la guérisseuse la tient à la main.

TRANCHES	CATÉGORIES	TERMES MOUNDANG
L'ÉTAT DES DEUX ADJOINTES DE LA MA-SWA-ŠINRI (94-99 et 100-105)	Sa démarche	balmuráé
	La chair de son corps	manə-suáé
	Son âme	čê-wuláé
	La paume de sa main	lam-žoláé
	Sa parole ordinaire	za-žiŋ-fa-Bə
	Sa parole de colère	za-gworáé

LE TROISIÈME ARC DE CERCLE

TRANCHES	CATÉGORIES	TERMES MOUNDANG
LES ŠINRI QUI ATTAQUENT LA MALADE, LES MALADIES DE MA-ČAXIN (106-117)	La tortue	kpəkpəle
	Le boa	masu
	Le capitaine	we-čax-šin
	Le silure	swale
	Le varan	tã
	La salamandre	pi
	Le génie de l'eau mâle	mozum-bi
	Le singe	piŋni
	La meule à écraser le grain	nine
	La pluie	bame
	Le soleil	čome

Le lecteur aura une vue complète de la consultation en examinant la figure ci-contre. Elle représente les cent-dix-sept catégories énumérées dans les tableaux précédents sous la forme où elles étaient inscrites sur la table divinatoire du *pa-kindani* de Teubara. Chaque croix correspond à une figure, celle-ci pouvant être une réponse positive masculine (3-2) ou féminine (2-3) ou bien une réponse négative masculine (3-3) ou féminine (2-2). Les points noirs du troisième arc de cercle représentent les cailloux simples qui indiquent les *šinri* diagnostiqués.

Ce *kindani* nous servira de référence pour l'analyse des séances de divination privées. Nous en examinerons chacune des tranches, mais nous ne nous en tiendrons pas à la discussion de la situation particulière qu'il informe de ses réponses. Il nous servira de fil conduc-

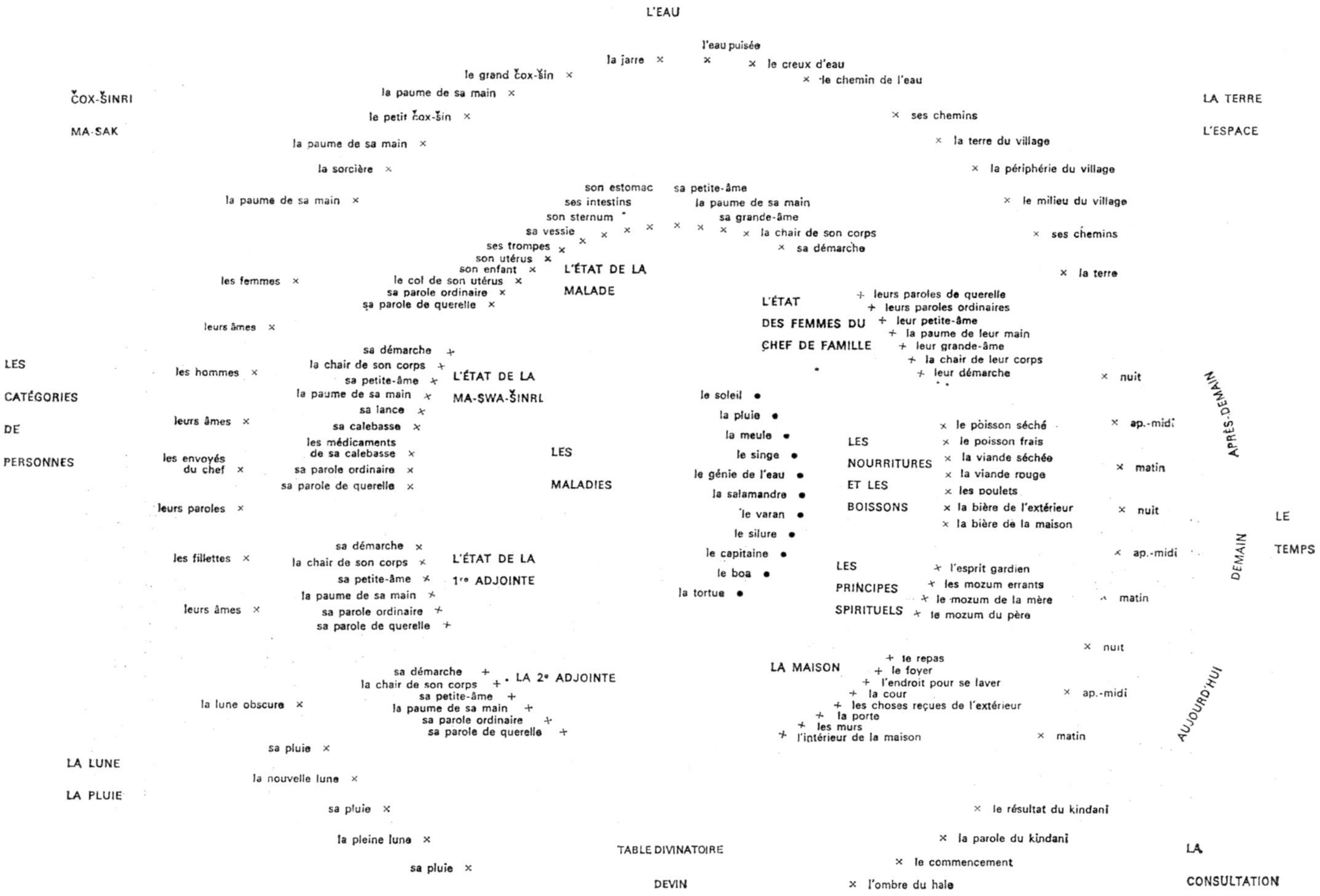

L'EAU
l'eau puisée
la jarre
le creux d'eau
le chemin de l'eau
le grand čox-šin
la paume de sa main
le petit čox-šin
la paume de sa main
la sorcière
la paume de sa main
ČOX-ŠINRI
MA-SAK
LA TERRE
L'ESPACE
ses chemins
la terre du village
la périphérie du village
le milieu du village
ses chemins
la terre
son estomac
ses intestins
son sternum
sa vessie
ses trompes
son utérus
son enfant
le col de son utérus
sa parole ordinaire
sa parole de querelle
sa petite-âme
la paume de sa main
sa grande-âme
la chair de son corps
sa démarche
L'ÉTAT DE LA MALADE
les femmes
leurs âmes
L'ÉTAT DES FEMMES DU CHEF DE FAMILLE
leurs paroles de querelle
leurs paroles ordinaires
leur petite-âme
la paume de leur main
leur grande-âme
la chair de leur corps
leur démarche
LES CATÉGORIES DE PERSONNES
les hommes
leurs âmes
les envoyés du chef
leurs paroles
sa démarche
la chair de son corps
sa petite-âme
la paume de sa main
sa lance
sa calebasse
les médicaments de sa calebasse
sa parole ordinaire
sa parole de querelle
L'ÉTAT DE LA MA-SWA-ŠINRI
LES MALADIES
le soleil
la pluie
la meule
le singe
le génie de l'eau
la salamandre
le varan
le silure
le capitaine
le boa
la tortue
LES NOURRITURES ET LES BOISSONS
le poisson séché
le poisson frais
la viande séchée
la viande rouge
les poulets
la bière de l'extérieur
la bière de la maison
nuit
ap.-midi
matin
APRÈS-DEMAIN
nuit
ap.-midi
matin
DEMAIN
LE TEMPS
les fillettes
leurs âmes
sa démarche
la chair de son corps
sa petite-âme
la paume de sa main
sa parole ordinaire
sa parole de querelle
L'ÉTAT DE LA 1re ADJOINTE
LES PRINCIPES SPIRITUELS
l'esprit gardien
les mozum errants
le mozum de la mère
le mozum du père
sa démarche
la chair de son corps
sa petite-âme
la paume de sa main
sa parole ordinaire
sa parole de querelle
LA 2e ADJOINTE
LA MAISON
le repas
le foyer
l'endroit pour se laver
la cour
les choses reçues de l'extérieur
la porte
les murs
l'intérieur de la maison
nuit
ap.-midi
matin
AUJOURD'HUI
la lune obscure
sa pluie
la nouvelle lune
sa pluie
la pleine lune
sa pluie
LA LUNE
LA PLUIE
TABLE DIVINATOIRE
DEVIN
le résultat du kindani
la parole du kindani
le commencement
l'ombre du hale
LA CONSULTATION

teur pour cerner la nature des informations que sa consultation apporte au devin et des messages que celui-ci transmet à ses clients. En examinant chacune des séquences qui contiennent ces informations et engendrent ces messages, nous indiquerons les écarts entre les consultations des différents devins que nous avons fréquentés. Enfin, tout au long de cette analyse, nous chercherons à dégager les traits pertinents du discours du *pa-kindani* et à définir le processus au terme duquel il pose son diagnostic proprement dit.

LE PREMIER ARC DE CERCLE OU L'ÉTAT DE LA COMMUNAUTÉ VILLAGEOISE

L'ordre dans lequel les catégories sont inscrites sur le sol est un des traits essentiels de la démarche divinatoire. Celles qui sont enregistrées dans le premier arc de cercle apportent des messages dont les destinataires ne sont pas les particuliers qui assistent à la séance, mais la communauté à laquelle le devin et ses clients appartiennent. La série présentée plus haut — l'état du village, son temps, ses terres, son eau, ses protecteurs et ennemis invisibles, les personnes qui l'habitent et sa fertilité dans le proche avenir — est la plus développée parmi celles que nous avons pu observer dans des *kindani* de même nature. D'un devin à l'autre, certaines catégories sont omises ou remplacées par d'autres. Le même devin peut allonger ou raccourcir la série selon l'importance de sa consultation. Parfois, les catégories distribuées ici dans le premier et le second arcs de cercle sont regroupées en une seule série. Mais, quels que soient son ampleur ou son mode d'inscription, ce diagnostic ou constat analytique de l'état du village vient en tête de toute séance de divination privée ou publique. Il est souvent communiqué au chef du village ou à un de ses notables — c'est ce qui s'est passé à Teubara — car il concerne la collectivité toute entière qui peut s'en inspirer pour prendre certaines décisions plus ou moins étrangères au motif initial de la consultation. Si, par exemple, le *kindani* s'ouvre sur une longue série de réponses néfastes pour les hommes (3-3), le chef du village peut ordonner l'annulation des rites de possession.

Les principes généraux d'interprétation qui découlent du caractère collectif des messages apportés par cette première chaîne de figures enregistrées sur le sol peuvent être résumés de la manière suivante. En premier lieu, les résultats obtenus par le devin concernent ses clients pour autant qu'ils sont membres de la collectivité et non en tant que simples individus. Si par exemple, le chemin de la rivière est néfaste pour les femmes (2-2), Mačaxin, la malade, ne sera pas nécessairement blessée sur ce chemin. Elle sera exposée à ce danger ou à d'autres, au même titre que toutes les femmes du village qui s'en iront puiser de l'eau dans le lit de la rivière. En second lieu, les indications générales obtenues ici par le devin ne peuvent pas servir de prédicats à une donnée obtenue ultérieurement pour un particulier. Supposons que la soirée de demain et le chemin de la rivière soient néfastes pour les femmes et que par la suite, la démarche de Mačaxin *(balmur)* s'avère, elle aussi, « mauvaise ». Le devin n'en déduit point que la malade se blessera aux pieds demain soir sur le chemin de la rivière. Une telle interprétation lui semblerait naïve. Comme il le dit, le chemin de l'eau et la soirée du lendemain sont « néfastes pour tous les habitants de sexe féminin ». Leur mauvaise disposition ne concerne nullement la malade en tant qu'individu. Néanmoins, les deux principes d'interprétation que l'on vient d'évoquer sont tempérés par un troisième. Les messages à caractère collectif dont nous parlons pourront servir de référence au devin lorsqu'il déterminera les conditions fastes pour réaliser un rite ou un acte thérapeutique individuel. S'il constate par exemple que la nuit d'aujourd'hui est néfaste et que le reste de la journée est favorable, il pourra ordonner d'achever le rite ou d'administrer les médicaments avant le coucher du soleil.

Ces principes généraux donnés, suivons, maillon par maillon, la chaîne des signifiants examinés par le devin.

Les figures d'ouverture : la parole du kindani

Les quatre figures d'ouverture concernent l'état *hic et nunc* du dispositif et de la parole divinatoires et l'issue de la consultation subséquente. La plupart des devins se contentent de deux catégories : l'ombre du hale *(če hale)* et la parole de sa bouche *(Bə-fa-zae)*. Les cailloux ronds et polis qui marquent ces catégories d'ouverture ne sont pas interchangeables avec les autres. Dans les consultations importantes, le *pa-kindani* les enduit d'un mélange de *sale*, poudre rouge, et de jus de *šin-žu*, (*vitis quad.*) avec lequel il se marque aussi lui-même sur les tempes, les clavicules, le sternum et les chevilles.

Les résultats du *kindani*, peuvent conduire à deux types d'action rituelle. Celles qui visent à propitier les agents dont la défaveur a été révélée par les réponses divinatoires et celles qui cherchent à modifier les réponses divinatoires elles-mêmes. La possibilité que s'offre le *kindani* de se remettre en cause lui-même — mais dont il ne saurait abuser sans se nier — est conforme à l'idéologie qui le sous-tend. La parole du *hale*, tout comme par exemple la puissance thérapeutique des médicaments, peut être infléchie, faussée par les *mozumri* ou les *čox-šinri* * dont le devin cherche précisément à sonder les intentions. Les figures d'ouverture éprouvent et garantissent la justesse et l'efficacité de la parole du *kindani*. Elles cautionnent le travail du devin. Si elles sont toutes négatives, le *pa-kindani* peut les effacer et procéder à une nouvelle série de tirages. Dans l'une des consultations dont nous avons été témoin, les quatre premières figures ont été ainsi réalignées. Mais, la seconde série reproduisit, case par case, la première. Le devin décida alors d'arrêter la consultation. Cependant, sous la pression de son client, il finit par adresser une offrande aux *mozumri* en prononçant cette prière : « Voyez, c'est un cas urgent ! Il faut que je sache ce qui se passe. Permettez-moi de faire la consultation, je vous en prie ! » Alors, il se remit au travail et la série devint acceptable.

La parole du *kindani* n'est pas celle des *čox-šinri* ou des *mozumri*. Ceux-ci peuvent cependant embrouiller les tirages au sort du devin. C'est pourquoi la consultation est généralement précédée d'offrandes de tabac, de sésame ou de bière de mil.

Le temps

Les neuf catégories qui suivent sont des divisions de temps. Généralement, on consulte sur la matinée, le crépuscule et la nuit du jour de la consultation et du lendemain. Les indications données ultérieurement demeurent vraies ou efficaces pendant l'intervalle ainsi défini. Aussi, le *kindani* précède-t-il de près la thérapie ou le rite qu'il informe de ses réponses. Si les trois divisions de la journée sont néfastes, le rite est remis au lendemain. Si les deux journées sont entièrement défavorables, la consultation elle-même peut être annulée. Une réponse négative isolée est l'annonce générique d'un événement néfaste : « demain soir, il y aura une mort de sexe féminin, une vache, une

* Il est d'usage de mettre une branche d'épineux sur les calebasses de médicaments, de façon à dissuader les *mozumri* d'y « plonger la main » et de rendre inefficaces les *šinri*.

chèvre ou une femme », dira, par exemple, le devin. Mais, le cadran de périodes fastes et néfastes qu'il établit ici, lui servira surtout à orienter ses indications d'action dans le temps (tel médicament doit être pris juste à l'aube, tel rite doit être achevé avant le crépuscule...) et dans l'espace, les réponses sur la matinée et le crépuscule indiquant la disposition de l'est et de l'ouest.

La terre, les chemins et l'eau du village

Après le temps, la terre, les chemins, les espaces et l'eau sont interrogés en dix catégories. Plus ou moins différenciées selon les devins et l'importance de la consultation, ces catégories sont généralement ordonnées en paires. Dans le *kindani* de Teubara, nous avons trois paires pour la terre et pour l'espace : *

La Terre (*mur-seri*)
Ses chemins (*fali-bu-təlaé*)

Le centre du village (*mu-war-yã*)
La périphérie du village (*tu-war-yã*)

La terre du village (*kala-seri*)
Ses chemins (*fali-šəlàè*).

Mur-seri désigne la terre en tant qu'espace de référence de la communauté villageoise. Il s'agit de l'espace de fréquentation et d'habitation considéré à l'intérieur de ses limites. Cette catégorie est rigoureusement indépendante de l'opposition terre cultivée/brousse inculte qui apparaît dans les *kindani* d'intérêt collectif.

L'opposition entre le centre et la périphérie du village correspond, selon les devins, à l'opposition entre fondateurs et nouveaux arrivants. Mais, il faut le souligner, elle n'est pas pertinente sur le plan de la distribution spatiale de la population villageoise. Le village moundang est un ensemble de quartiers relativement dispersés et si l'on peut, à la rigueur, parler de centre il ne peut s'agir que du quartier habité par le chef du village dont la lignée est par principe étrangère à celle du fondateur.

* Le devin de Cotonfran interroge les deux couples suivants : la Terre (*mur-seri*) — la terre de son village (*maxal-seri*) et la plaine cultivée (*kala-ser-kəpi*) — la plaine du côté de la brousse (*kala-ser-kəlale*). Dans ce dernier cas, il s'agit des deux côtés opposés du village de Cotonfran divisé par une route.

Mais, revenons à la démarche du devin. Un résultat négatif à *mur-seri* a la même valeur d'annonce générique néfaste qu'une division de temps défavorable. Cependant, si la réponse négative concerne par exemple le chemin de la rivière *(tə-fali-za-bi)*, l'énoncé du devin permet déjà une conduite d'évitement. Seuls les hommes ou les femmes qui se hasardent sur le chemin de la rivière pourront être exposés au malheur.

Au cadran précédemment établi, le *pa-kindani* vient ainsi d'ajouter une sorte de mappe des lieux et des chemins fastes et néfastes. Il s'en servira également dans ses prescriptions dans la mesure où les séquences qui constituent les rites thérapeutiques laissent ouvertes certaines alternatives.

Les génies de lieu et la sorcière

Après les catégories de terre, certains devins interrogent les *mozum* de la terre *(mozum-seri)* et les *čox-šinri* de la terre *(čox-šin-seri)*. D'autres, comme le devin de Teubara, passent directement au grand *čox-šin (čox-šin-pə-li)*, puis au petit *čox-šin (čox-šin-pə-lãne)*, ou alors se contentent d'interroger les *čox-šinri* sans autre distinction. Dans le premier chapitre, nous avons longuement analysé les notions de *čox-šin* et de *mozum*. Nous avons montré que dans le discours religieux *mozum* de la terre et *čox-šin* de la terre apparaissent souvent comme des synonymes. Nous avons parlé aussi de concaténation et de fusion partielle des esprits ancestraux *(mozumri)* et des génies de lieu. Enfin, nous avons avancé l'hypothèse que la distinction entre grand et petit *čox-šin* pourrait se référer à la division mythique des génies de lieu en deux groupes : les âmes des aïeux morts il y a longtemps et les *čox-šinri* monstrueux créés par Dieu.

Quoi qu'il en soit, les génies de lieu sont interrogés à ce point de la chaîne divinatoire en tant que propriétaires mystiques du sol et non comme agents possibles des troubles du malade. En théorie, les réponses du *kindani* n'ont pas de valeur diagnostique et n'engendrent pas d'actes thérapeutiques. De même que *ma-sak*, la sorcière, les *čox-šinri* devront être réintérrogés par la suite si l'on veut connaître leur responsabilité dans les troubles du client. Par les lois du hasard, la consultation de Teubara fit exception à cette règle en raison des six réponses masculines négatives obtenues pour les six catégories interrogées par le devin. Voici ce que furent les commentaires successifs du *pa-kindani* :

Catégories	Résultats	Commentaires du devin
Le grand *čox-šin*	3-3	Il veut faire du mal à *un* garçon
La paume de sa main	3-3	Sans commentaire
Le petit *čox-šin*	3-3	Sans commentaire
La paume de sa main	3-3	Il lève sa main pour attraper *un* garçon au bord de l'eau * *Ma-sak* n'hésitera pas à faire du mal *au* petit garçon qu'elle (la malade) a dans son ventre. La *ma-swa-šinri :* « va-t-elle laisser tranquille son enfant au moment des pluies ? — non ! — le laissera-t-elle tranquille à la première semence ? — non ! »
Ma-sak (sorcière)	3-3	
La paume de sa main	3-3	La main de *ma-sak* a attrapé l'âme *(čê)* du petit garçon et l'a donnée aux *čox-šinri* **

Tout se passe comme si la répétition insistante du signe masculin négatif rendait ici plausible l'hypothèse (posée par définition) d'une intervention non plus générique, mais particulière des génies, de lieu et de la sorcière. On aura remarqué qu'à mesure que ce signe revient, l'interprétation du devin se fait plus individualisante. D'abord, il s'agit d'un garçon, puis du petit garçon, enfin de l'âme du petit garçon portée par la malade.

Les consultations privées dont nous rendons compte ici ne sont pas bloquées par de telles séries négatives puisque le motif même de la consultation suppose une éventuelle défaveur des *čox-šinri.* Il n'en est pas de même dans les *kindani* d'intérêt collectif dont il sera

* Combinaison avec le résultat négatif pour le chemin de la rivière *(təfaali-za-bi)*.

** Combinaison avec les réponses précédentes. Les familiers de la sorcière *(wê-sak)*, nous l'avons expliqué, confient l'âme de leur victime aux *čox-šinri*.

question plus loin. Le mécontentement massif des génies de lieu, cités alors nommément dans l'ordre de leur préséance, peut contraindre les devins du roi à interrompre la séance, à effectuer un sacrifice et à réaligner les figures.

Mais, revenons pour finir à la catégorie *lam-žoláé* (la paume de sa main) qui suit chacun des trois agents interrogés par le devin de Teubara. Dans la conception moundang, nous l'avons dit plus haut, la paume de la main est associée au *masəŋ-byãne* c'est-à-dire à ce principe spirituel, porteur du destin, que Dieu inscrit en chaque individu dès avant sa naissance et que l'on peut appeler son « esprit gardien ». Mais, on chercherait en vain une relation quelconque entre ce constituant de la personne humaine et la catégorie dont nous parlons. En un sens plus courant, la paume de la main représente les capacités de don de l'individu et à ce titre elle peut être interrogée par le devin. Mais, dans le cas présent cette interprétation n'est pas plus pertinente que la précédente. Reste alors l'explication réaliste qui nous a été donnée par le *pa-kindani* lui-même : les génies de lieu et la sorcière saisissent l'âme de leurs victimes avec leurs mains, c'est pourquoi il faut interroger leur état ou leur disposition. On conviendra que cette version ne peut être retenue non plus sans réserve. Faute de pouvoir expliciter la signification de la catégorie en question, nous nous contenterons donc de marquer la fonction qu'elle remplit sur le plan formel. Elle permet de regrouper en trois paires les éléments examinés par le devin :

Le grand *čox-šin* La paume de sa main	Le petit *čox-šin* La paume de sa main	La sorcière La paume de sa main

Les habitants du village, la lune et la pluie

Nous retrouvons des paires similaires dans les deux dernières tranches de la consultation de Teubara *. Elles comprennent quatorze catégories couplées qui indiquent d'une part, l'état des habitants du village et d'autre part, la disposition de la lune et de la pluie **.

* Celles-ci sont absentes dans les autres consultations privées auxquelles nous avons assisté.
** La consultation eut lieu au mois d'avril c'est-à-dire deux mois avant la chute des premières pluies.

Ainsi, on peut dire que la paume de la main est à telle catégorie de *čox-šin*, ce qu'est l'âme *(čê)* à telle catégorie de personne, la pluie à telle phase de la lune ou alors le chemin à telle catégorie de terre. Tout se passe comme si, formellement, et dans les limites de la consultation examinée, on avait la série suivante : *

La terre : ses chemins :: le génie de lieu : la paume de ma main :: la sorcière : la paume de sa main :: l'envoyé du chef : sa parole :: la lune obscure : sa pluie etc.

Le rapport entre la seconde et la première catégorie de chaque paire est celui de la partie au tout, de l'inscription à la surface, du possédé au possédant, du contenu au contenant, de l'agissant à l'agent. Soulignons que le devin exprime souvent ces rapports par le génitif. Ainsi, il dit : la terre et ses chemins *(fali-bu-təláé)*, le génie de lieu et la paume de sa main *(lam-žoláé)*, l'envoyé du chef et sa parole *(Bə-fa-záé)*, la nouvelle lune et sa pluie *(za-bam-čê-tə-láé)*. Au point où nous en sommes dans l'analyse de la séance de divination, il serait prématuré de donner une interprétation de la fonction de ces appariements régis par le principe de la métonymie. Allons d'abord plus loin en suivant toujours notre consultation de référence.

LE SECOND ARC DE CERCLE : LA MAISON, LA MALADE ET L'ÉTAT DE SES THÉRAPEUTES

Du premier au second arc de cercle on passe du genre à l'espèce, des catégories générales aux groupes sociaux et aux individus. On remarquera d'abord que la représentation spatiale des résultats est, à elle seule, indicative des relations d'inclusion entre les champs sémantiques successivement explorés par le devin.

La structure logique du *kindani* est celle d'une série d'ensembles dont chacun est le sous-ensemble de celui qui le précède. La maison particulière où le rite de possession a lieu est dans le village qui comprend d'autres maisons. La malade et ses thérapeutes sont appelées à agir dans cette maison qui abrite d'autres habitants. Les mala-

* : est à :: comme . le signe :: exprime un rapport d'homologie.

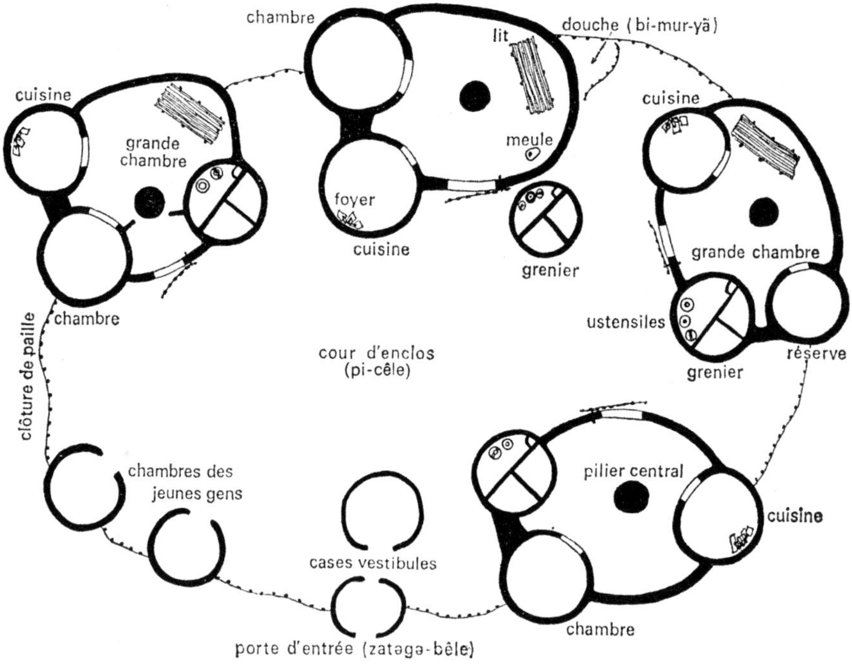

LA MAISON MOUNDANG (YÃ)

Habitation comprenant ici quatre logements d'épouses

dies, en l'occurrence, les âmes des *šinri* qui possèdent la malade, sont à l'intérieur de sa personne. Le champ de pertinence de l'énoncé divinatoire est fonction de la position de l'objet de l'énonciation à l'intérieur des ensembles ainsi emboîtés les uns dans les autres. Prenons l'exemple le plus simple. La disposition néfaste des chemins du village est un danger pour tous les êtres de l'un ou de l'autre sexe qui y résident. Mais, il va de soi que l'état défavorable de la cour de la maison ne signifie une menace que pour ceux ou celles qui l'habitent en permanence ou la fréquentent pendant la période rituelle. L'annonce du devin n'est plus générique et elle n'est pas encore individuelle. Elle concerne un groupe social bien défini par les règles de résidence et par les conventions rituelles.

La maison

Les Moundang nomment *yã* aussi bien le village que l'ensemble architectural décrit dans notre introduction c'est-à-dire ce que le jargon colonial appelle « concession » et que le terme anglais *compound* exprime de manière plus satisfaisante. Mais, la maison examinée par le devin est bien plus que l'ensemble architectural en question. Elle est une totalité symbolique constituée par des espaces et des lieux privilégiés, par les êtres masculins et féminins — humains, animaux, esprits ancestraux — qui occupent ces espaces et ces lieux, enfin, par des objets, boissons et nourritures périssables * qui y sont préparés ou entreposés. L'examen de ces catégories est obligatoire dans toute séance de divination privée. A Teubara, le devin a inspecté la maison du frère de la malade car elle était l'endroit prévu pour les rites thérapeutiques. Dans les consultations ordinaires, le *pa-kindani* examine la maison où le malade lui-même habite.

Le tableau suivant récapitule les catégories retenues par les devins de Teubara, de Fouli et de Cotonfran dans trois consultations destinées à préparer le même rite *šin-fu :*

* Le poisson, la viande et la bière de mil sont seuls examinés, jamais le mil qui se trouve dans le grenier. On remarquera l'exception notable que constituent le grenier et le mil du Roi dans les consultations d'intérêt collectif.

TEUBARA (N° 1)	FOULI (N° 5)	COTONFRAN (N° 2)
L'intérieur de la maison	La maison (*yã*) de N...	Les murs de la maison
Les murs de la maison	Le foyer	L'intérieur de la maison
La porte d'entrée	Les repas préparés sur le foyer	Le foyer
Les choses reçues du dehors	La cour de la maison	Les repas préparés sur le foyer
La cour de la maison	Les gens qui s'y trouvent	La cour de la maison
L'endroit pour se laver	Le *təgware* de la porte	Les gens qui s'y trouvent
Le foyer	Le *mozum* paternel	L'endroit pour se laver
Les repas préparés sur le foyer	Le *mozum* maternel	Le *təgware* de la porte
Le *mozum* paternel	Les *mozumri* des grands-parents	Le seuil de la maison
Le *mozum* maternel	Les *mozumri* errants	L'espace devant la porte
Les *mozumri* errants	Le *masəŋ-byãne* (esprit gardien)	Les poulets
Le *masəŋ-byãne* du frère	Les choses reçues du dehors	Les chèvres
La bière de mil du dedans		La bière de mil de la maison
La bière de mil du dehors		La bière de mil de l'extérieur
Les poulets		*Tədə-fãi* (boisson à base de mil)
La viande rouge		
La viande séchée		
Le poisson frais		
Le poisson séché		

On le voit, le *pa-kindani* de Fouli (qui reproduit la même série de catégories dans toutes ses consultations) laisse de côté les animaux, les boissons et les nourritures. Celui de Cotonfran n'interroge pas les *mozumri* et l'esprit gardien du chef de famille. D'un devin à l'autre, l'ordre des catégories est différent. Assurément, la plupart des éléments sont toujours groupés en paires : les murs et l'intérieur de la maison; la cour et les gens qui s'y trouvent; le foyer et les repas préparés sur le foyer; la viande rouge et la viande séchée; la bière de mil de la maison et la bière de mil de l'extérieur etc. Mais, ce principe ne nous permet pas de rendre compte de la distribution de toutes les catégories.

Comment le devin annonce-t-il la disposition faste ou néfaste des éléments qui constituent la maison ? Nous l'avons dit, il parle peu tandis qu'il effectue ses tirages au sort. Selon ses habitudes personnelles, il commente les résultat obtenus tantôt sur le champ, tantôt au moment où il récapitule une tranche ou un arc de cercle. A la grande déception de l'observateur, ce commentaire se réduit le plus souvent à un « *apəsaé* » (c'est bon) ou à un « *waya* » (c'est mauvais) laconiques. Mais, le bâton qui passe rapidement d'un groupe de cailloux à l'autre s'immobilise parfois sur une figure, le temps d'une annonce concise et généralement négative. Sans parler des constats qui ne font que redoubler les résultats enregistrés (« la démarche des femmes est mauvaise »), ces annonces sont des prédictions plus ou moins précises :

> *Les mozumri errants :* « ils ne sont pas bons pour la maison, ils vont s'attaquer à un être de sexe masculin » (3-3); *le corps des femmes :* « la chair de leur corps est mauvaise, tôt ou tard, elles seront malades » (2-2); *leur petite-âme :* « une de ses femmes sera bientôt malade à cause du *sak* (sorcellerie). Il va réunir ses femmes » (2-2) etc.

Dans certains cas, la prédiction est suivie d'un avertissement qui permet aux consultants de prendre leurs précautions :

> *Le chemin de l'eau* (dans la maison) : « il est néfaste pour les femmes, elles ne devront pas emprunter ce chemin » (2-2); *le poisson séché :* « si les femmes ne prennent pas garde en mangeant du poisson séché, les arêtes leur feront mal. C'est par là que leur maladie commencera » (2-2) etc.

Enfin, les annonces sont parfois des prophéties immédiatement confirmées par les consultants :

Les chèvres : « tôt ou tard, une des chèvres de la maison va se perdre » — « oui, G... vient de perdre une de ses chèvres » (3-3).

Ces annonces ponctuelles traduisent la disposition de certaines catégories en potentialités d'événements néfastes. Le devin ne les enchaîne pas les unes aux autres dans ce qui pourrait être un fragment de récit sur l'état présent ou futur de la maison. Aussi est-il difficile de déterminer les critères selon lesquels il choisit d'expliciter telle réponse négative plutôt que telle autre. S'il est certain que ses choix ne sont pas dictés par une règle d'interprétation rigide, il est également sûr que ses commentaires ne se font pas au hsard de son inspiration. Pour autant que nous puissions le savoir, ses critères implicites sont de trois ordres.

La répétition insistante du même signe négatif dans une tranche donnée, nous l'avons déjà vu, le pousse à avancer des interprétations de plus en plus précises. Ainsi, le devin de Teubara constate d'abord que « la démarche des femmes est mauvaise », puis il annonce que « tôt ou tard elles seront malades » et enfin, il prédit qu' « une des femmes sera malade à cause du *sak* ». Dans d'autres cas, le motif évident de l'annonce est la convergence des résultats obtenus pour deux catégories intimement liées par la pensée religieuse. Si par exemple le signe 2-2 apparaît pour la sorcellerie et pour la petite-âme des femmes, le devin pourra avertir celles-ci du danger particulier d'une attaque de sorcellerie.

Mais, il nous semble que les critères les plus importants ne sont pas à chercher dans la logique divinatoire elle-même, mais plutôt dans la situation des consultants et, plus largement, du milieu familial et villageois auquel ils appartiennent. Nous nous expliquons. Les énoncés du devin se réfèrent à un double contexte. Appelons l'un « divinatoire », l'autre « réel ». Le premier est constitué par les résultats objectivement obtenus et inscrits sur le sol que les consultants eux-mêmes sont capables de lire. A cet égard, on peut dire que le devin est comme le maître d'école qui souligne et interprète les passages essentiels d'un texte plus ou moins compris par ses élèves. Mais, en interprétant ce texte, il se réfère nécessairement à un autre contexte, ou si l'on veut à un savoir implicite qu'il partage avec ses clients. Ce savoir commun est un ensemble d'informations sur les événements passés et attendus du village, sur les habitudes, les dispositions, les projets des parents et des voisins... en bref, l'ensemble des éléments que retient une mémoire collective d'autant plus riche en nuances qu'elle est de faible extension.

Or l'ajustement des données de ce contexte « réel » aux informations divinatoires inscrites sur le sol est une tâche à laquelle le devin moundang semble contraint par la nature de son système. Sans vouloir épuiser ici cette question sur laquelle nous reviendrons, disons que ses annonces constituent un des moyens pour réaliser cet ajustement. On peut penser alors que l'observateur ne saisit pas leur portée et leur fonction parce qu'il connaît mal les finesses du contexte « réel » auquel elles font allusion. Sait-il si l'une des femmes de X... éprouve des soucis au sujet de sa santé ? Comprend-il que l'insistance sur la disposition néfaste du foyer est en rapport avec un accident récent ? Est-il au courant des rumeurs au sujet de la disparition de la chèvre de G... ? Sans doute l'idéal serait-il qu'il se présente à la consultation dans le même état d'esprit que les clients du devin. Mais, les données réelles de sa propre situation s'accommodent difficilement d'une telle exigence. Et même s'il était en possession de toutes ces informations, il resterait toujours troublé par certains énoncés du devin. Nous verrons bientôt lesquels.

Terminons d'abord la série qui représente la maison. Celle-ci, on l'aura compris, est un espace symbolique qui totalise les influences fastes et néfastes des parties qui le composent. Les *mozumri* liés au chef de famille appartiennent à cet espace symbolique. Leur mauvaise disposition est parfois déchiffrée comme une indication étiologique. Dans une de nos consultations, le devin a désigné l'esprit du père mort *(mozum-pame)* comme le seul agent des troubles du malade. L'état néfaste de certains lieux, notamment du foyer et de la porte d'entrée, peut également conduire à une hypothèse étiologique. Dans un cas il s'agit des actes magiques féminins qui ont généralement pour lieu le foyer *, dans l'autre cas du *təgware* de l'entrée *(təgware-pə-yã)* c'est-à-dire de la maladie que l'on associe au corps du chef de famille enseveli près du seuil.

Enfin, les résultats inscrits sur le sol, et ceci est important pour comprendre leur portée, guideront le devin dans la phase prescriptive de sa séance. Pour employer la terminologie de Lewin, la maison

* La fumée que dégage l'assemblage magique caché dans le foyer peut, dit-on, rendre aveugle la femme lorsqu'elle allume le feu.

ainsi examinée est un champ topologique divisé en zones auxquelles la divination affecte des valences positives ou négatives. Or, ce champ est aussi, et surtout, celui de l'action thérapeutique et rituelle à venir. Dans la seconde partie de sa consultation, le devin se référera à ces valences positives ou négatives pour déterminer avec minutie l'organisation des rites thérapeutiques. Voici un exemple simple. Dans une consultation pour *šin-fu*, l'espace devant l'entrée de la maison *(zabel-kale)* fut néfaste pour les hommes, tandis que la porte d'entrée leur fut propice. Or la tradition veut que les musiciens — des hommes — s'installent sur le pourtour de l'espace en question où se déroulent les danses de possession. Ayant constaté les résultats, le devin de Fouli recommanda de placer les joueurs à proximité immédiate de la porte d'entrée. Nous constatâmes que son conseil fut suivi.

La personne malade : ses organes, ses fonctions, ses constituants spirituels

En passant du village à la maison, le devin a certes rétréci le champ de pertinence de ses énoncés. Mais, l'objet de ces énoncés était toujours une classe, un objet ou un lieu collectif et non un individu. Lorsqu'il aborde l'interrogation détaillée des organes, des fonctions (parole, démarche) de la malade, son discours se centre sur un individu particulier et sur les éléments indécomposables qui constituent ce dernier. En quoi ce changement influe-t-il sur sa démarche et la nature de ses énoncés ?

Rappelons d'abord que le malade n'est généralement pas présent pendant la consultation. Son état divinatoire est défini en son absence. La liste des organes et des fonctions interrogés par le devin ne semble pas établie en fonction de ses plaintes ou de ses symptômes. Les indices de son état « réel » semblent avoir peu d'influence sur les choix du devin *. Tel un médecin généraliste en début de visite, le *pa-kindani* passe en revue systématiquement une série de catégories. Son *checklist* n'est pas nécessaiermen t le même que celui de ses collègues. Il peut subir de légères modifications d'une consultation à une autre. Mais, ces modifications ne nous semblent en aucun cas

* Il existe des exceptions : voir notamment les catégories traduites « col de l'utérus » et « trompes » dans la consultation de Teubara.

Consultants réunis sous l'arbre du devin de Teubara

Les deux rangées de petits cailloux obtenus par les tirages au sort

Les arcs de cercle représentant les résultats

Devin énonçant les résultats de la consultation

destinées à faire dire aux pierres divinatoires ce qui a été communiqué par ailleurs au devin.

Les renseignements obtenus par cet examen systématique de la personne du malade ne sont jamais utilisées pour désigner nommément les troubles. Disons qu'ils sont aux informations obtenues par la suite ce qu'est la symptomatologie à la nosologie ou à l'étiologie. Ils constituent un tableau analytique des « symptômes » présents ou futurs, ceux-ci pouvant appartenir à plusieurs entités cliniques ou s'expliquer par l'intervention de plusieurs agents étiologiques.

S'il en est ainsi, de quelle manière le devin communique-t-il les résultats à ses clients ? Quelles sortes d'informations ont donc une chance de parvenir aux oreilles du malade ? Là encore, les devins sont plutôt laconiques lorsqu'ils effectuent leurs tirages au sort. Leurs énoncés se réfèrent parfois à une réponse divinatoire obtenue lors d'une consultation précédente. Ils font parfois allusion à l'état présent ou passé du malade et à son histoire thérapeutique. On peut les classer de la manière suivante :

Les énoncés simples où le devin se contente de constater un résultat positif ou négatif ou alors se fait le porte-parole de l'organe examiné :

> « La paume de la main, c'est bon »; « son tronc, c'est mauvais »; « son estomac est bon, mais son utérus n'est pas bon »; « sa vessie a dit : « je suis là, rien ne m'a touchée ».

Les annonces d'une évolution favorable où le devin se réfère à un état antérieur — divinatoire ou « réel », il n'est pas toujours facile de le savoir — pour constater un progrès et, éventuellement, pour souligner l'effet bénéfique d'un rite thérapeutique.

> « La dernière fois, son *təfa* (récipient qui contient, pense-t-on, le sang menstruel) était bouché, maintenant il est ouvert »; « sa démarche est bonne, elle est *déjà* debout, elle marche »; « ses yeux sont bons, la dernière fois j'ai dit de faire une offrande, elle a été bien faite. »

Les annonces de la persistance d'un état défavorable où le devin se réfère encore à un état antérieur, mais pour constater l'absence de toute évolution ou sa lenteur :

> « Son estomac est mauvais, sa maladie y est *encore* »; « son *masəŋ-byãne* n'est pas bon, sa maladie ne l'a pas totalement quittée. »

Les énoncés négatifs au futur où la réponse défavorable n'est plus le signe d'un désordre actuel, ancien ou récent, mais celui d'un désordre futur :

> « Elle *aura* mal aux yeux pendant la saison des pluies »; « elle *dira* qu'elle a mal au sternum »; « la maladie *va* attaquer l'enfant qu'elle porte ».

Les énoncés conditionnels où la réalisation de l'annonce néfaste est soumise à une condition que le consultant a pouvoir de modifier ou de maîtriser :

> « Si elle ne prend pas des médicaments, elle sera paralysée pendant la saison des pluies »; « il y aura une mauvaise parole, mais si elle parle avec douceur (sic), ce ne sera pas grave ».

Toutes les réponses divinatoires ne sont donc pas communiquées aux consultants sous la forme d'un énoncé négatif sur l'état du malade. Il serait absurde que le devin dise systématiquement à ses clients : « sa vessie est malade », « elle a mal aux yeux », « elle a des douleurs dans l'estomac ». Il se réfère au passé et au futur, de sorte que ses jugements s'inscrivent dans un devenir susceptible de modifier les conditions mêmes sur lesquelles ses énoncés sont fondés. Cependant, il ne nous semble guère assuré que son mode d'interprétation soit toujours commandé par la nature des informations qu'il possède sur l'état présent ou passé du malade. Lorsqu'il dit que « rien n'a touché la vessie », sait-il si le malade *n'a pas* mal à la vessie ? Lorsqu'il annonce que « la maladie *est encore* dans l'estomac », sait-il si le malade *a toujours* mal à l'estomac ? Quand il prédit qu'il « *aura* mal aux yeux », sait-il s'il *n'a pas déjà* mal aux yeux ?

On peut estimer que ces questions sont secondaires et quelque peu pointilleuses. Il nous paraît d'autant plus important de les poser que rien ne semble fait avant et pendant la consultation pour éclairer le devin sur l'état du malade qu'il « examine ». Ce dernier, nous l'avons déjà répété, est maintenu à l'écart de la séance. A notre connaissance, il ne s'entretient pas au préalable avec le *pa-kindani*. Enfin, l'état de son corps n'est pas l'objet des échanges d'information qui ont lieu au cours de la consultation. Si le but du devin était de réduire les écarts entre les verdicts favorables ou défavorables de son dispositif et les vecteurs de l'expérience pathologique du sujet, il est vraisemblable qu'il s'en donnerait les moyens. Contentons-nous de poser là une nouvelle question : là où il s'agit d'articuler l'état divinatoire et les données de l'expérience de l'individu, quelle est la fonction des énoncés du devin ?

L'état des thérapeutes

Du point de vue que l'on vient d'évoquer, l'interrogation succincte de la personne et des objets rituels des thérapeutes présentes pendant la consultation n'est pas sans intérêt. Elle nous permet d'entrevoir les modes de réaction de l'individu quand il reçoit directement certaines informations sur son propre état corporel et spirituel. Voici deux dialogues très différents dans leur contenu et leur tonalité entre la *ma-swa-šinri* et le devin. Le premier a été enregistré au cours d'une consultation du devin de Cotonfran :

> « Ta démarche et ton corps, vois-tu, c'est bon — j'ai été un peu malade, mais à présent je me porte bien, je suis robuste — la paume de la main, c'est bon, les médicaments que tu prendras avec les mains, c'est bon aussi — tu n'es pas le seul à me féliciter. Quand je soigne des femmes, elles me complimentent parce que je les guéris. L'autre jour, j'ai été appelée à Guélo pour soigner une femme. Elle a guéri — tu penses beaucoup à ta petite-fille (la malade) — oui, jusqu'à présent c'est moi qui l'ai soignée — la parole ordinaire, c'est bon pour les garçons — ... — la parole de querelle, c'est bon aussi. Tu travailleras bien pendant la saison des pluies — oui, je l'espère. »

Dans ce cas, l'état favorable, présent et futur, de la *ma-swa-šinri* est attesté par les résultats divinatoires et souligné par le devin. L'incertitude de départ (« j'ai été un peu malade... ») est levée et cède la place à l'expression d'une satisfaction professionnelle soutenue par les paroles du devin. Mais, que se serait-il passé si les tirages au sort avaient décidé que la démarche et le corps de la thérapeute étaient néfastes ? Voici une seconde séquence qui commence par un monologue du devin :

> « Ta démarche est mauvaise, elle est paralysée. La paume de la main, c'est bon. La calebasse est bonne aussi. Elle est très bonne pour ramasser les médicaments. Ta lance est bonne. Ta parole (de querelle) n'est pas bonne. Les musiciens ne t'aimeront pas — je m'en moque s'ils ne m'aiment pas, je suis vieille, ça m'est égal — en ce moment, tu es malade, on ne devrait pas t'appeler pour organiser le *šin-fu* de N... »

Arrivé à ce point, le devin effaça toutes les figures inscrites sur le sol et recommença ses tirages au sort. La démarche fut à nouveau défavorable, la main une fois de plus propice. Mais, le signe de la calebasse changea de 2-3 en 2-2 (F—) :

> « En ce moment, il n'y a rien dans ta calebasse — si! il y a du sésame là-dedans — s'il n'y a rien dans la calebasse, c'est très mauvais — ... — ton corps est malade, mais ta lance est bonne — (réfléchit) il me faut du poisson frais pour faire une offrande — il faut de la bière de mil pour le *kindani* ».

On le voit, la *ma-swa-šinri* n'accepte pas de bonne grâce les indications défavorables sur l'état de sa démarche et de sa parole. Dans sa mauvaise humeur, elle se laisse aller à l'expression de son agacement (« je m'en moque... ») et la réaction du devin est immédiate (« en ce moment, tu est malade »). Mais, pour tempérer semble-t-il cette réaction, il prend l'initiative de vérifier les réponses du *kindani*. L'inversion du signe de la calebasse, c'est-à-dire du réceptacle du pouvoir de la *ma-swa-šinri*, est probablement le moment crucial où celle-ci prend elle-même conscience de son état et se décide à faire une offrande de poisson. Enfin, le devin propose une libation sur son dispositif divinatoire, peut-être pour se disculper de ses conclusions déplaisantes *. Nous pouvons témoigner que celles-ci ont été entendues par la *ma-swa-šinri* en question. Quelque temps après ce *kindani*, elle se fit traiter par un rite plus important que prévu. Ce rite avait été précédé d'une seconde consultation.

Les constituants de la personne

Nous venons de parler des organes et des fonctions examinés par le devin. Mais la personne moundang se définit aussi par ses constituants spirituels, nommément sa force vitale *(mạ-zwə̃-su)*, sa grande-âme *(čê-li)*, sa petite-âme *(čê-lãne)* et son « esprit gardien *(masəŋ-byãne)*. A l'exception de la force vitale qui n'est jamais consultée par le devin, ces constituants spirituels sont interrogés dans la série des organes et des fonctions. La plupart des *pa-kindani* se

* Le sens de sa démarche serait celui-ci : « ou bien tu es malade et ce que je viens de dire est juste, ou bien la parole du *kindani* est troublée et alors il faut propitier les esprits qui influent sur elle ».

contentent de consulter le *čê* du malade et, dans ce cas, ils se réfèrent à sa petite-âme. On a vu que cette dernière est à la fois l'instance puissante et agile qui commande l'action consciente et la réflexion et une substance vulnérable capturée par la sorcière et attaquée par les génies de lieu. Il n'est donc pas étonnant que l'interprétation de son état divinatoire révélé par le tirage au sort soit à plusieurs facettes. Selon le cas, la réponse faste peut présager d'un diagnostic relativement bénin ou bien d'un pronostic favorable. La réponse néfaste est tantôt signe de la gravité des troubles — quelle qu'en soit l'origine — tantôt indice de la nature des agents qui provoquent ces troubles. Illustrons le second cas par l'exemple de Teubara.

On se souvient qu'en constatant la répétition du signe masculin négatif (3-3) dans la tranche « génies de lieu — sorcière », le devin finit par émettre l'hypothèse de la capture de l'âme de l'enfant de la malade par *ma-sak*, la sorcière. Or, la grande-âme et la petite-âme de la patiente se présentèrent, elles aussi, sous un signe néfaste, mais cette fois-ci féminin (2-2). Le dialogue suivant s'engagea alors entre le devin et le mari.

> « Il faut que tu soignes ta femme avec des *fa-sak* pour enlever le *sak* (sorcellerie) qui l'attaque. La sorcière ne l'a pas laissée en paix. Les *čox-šinri* ne la laisseront pas tranquille — ... — a-t-on déjà donné du *fa-sak* à ta femme ? — oui, elle en a pris chez un guérisseur de Léré — même si elle a pris du médicament, je vois qu'elle n'a pas encore son âme. »

L'interprétation de la disposition de l'esprit gardien est également à plusieurs facettes. Rappelons que ce principe qui est un des constituants spirituels de la personne, est aussi un être autonome qui peut se retourner contre elle. S'il est satisfait des offrandes que son maître lui adresse, il le protège des maladies et il rend fastes son existence et ses actions. Sa réponse divinatoire positive est le présage d'un pronostic favorable. Mais, sa réponse négative est un signe hautement ambigu. Indique-t-elle l'état de dépérissement de la personne dont il est partie intégrante ? Signifie-t-elle qu'il a levé sa protection, voire qu'il est l'un des agents possibles de la maladie ? En tous les cas, la réponse négative du *masəŋ-byãne* est doublement néfaste pour le pronostic. Aussi, l'offrande propitiatoire qu'on lui adresse est-elle souvent un préalable de la thérapie.

LE TROISIÈME ARC DE CERCLE : LE DIAGNOSTIC DES MALADIES

Le processus de diagnostic, conçu à la façon moundang, est donc largement entamé lorsque le devin commence à construire l'arc de cercle qui représente les « maladies ». Que s'est-il passé ? En appliquant son procédé aléatoire à chacune des catégories que comporte son code, le devin a marqué de valences positives ou négatives les trois ensembles d'éléments qui constituent les contextes inclusifs de la maladie : le champ de son apparition c'est-à-dire le village, le lieu de sa manifestation et de son traitement futur c'est-à-dire la maison, enfin, le terrain de son éclosion c'est-à-dire le corps du malade. L'examen de chacun de ces contextes lui a fourni certains indices au sujet des agents possibles de la maladie. Il s'est enquis de l'état faste ou néfaste, présent ou futur, des fonctions et des organes du malade et il a vérifié la disposition des constituants de sa personne.

Son diagnostic proprement dit consistera à désigner avec précision la nature et les agents de l'état qu'il vient de mettre au jour. Il faut distinguer deux types de consultation. Dans celle qui nous sert ici de référence (Teubara) et toutes celles qui précèdent les rites de possession, le registre étiologique est déjà connu. Au cours d'une précédente consultation, le devin a déjà posé le diagnostic d'agression par les *šinri*. Sa tâche consiste à déterminer *lesquels* de ces *šinri* compromettent actuellement la santé de la malade. Il en est autrement dans les consultations ordinaires, celles dont le motif est une maladie qui vient de se déclarer. Dans ce cas, le devin ignore non seulement la nature de la maladie, mais aussi la catégorie étiologique dont elle relève. Examinons d'abord ces consultations ordinaires.

A première vue, le devin ne modifie en rien son procédé pour diagnostiquer la maladie. Il interroge une série d'agents et d'entités pathologiques qu'il ne semble pas choisir en fonction de ses informations sur les troubles du malade, mais qu'il décline dans un ordre fixé par son code divinatoire. Voici le cas d'une fillette qui souffre de maux de ventre. Sa grand-mère consulte le devin de Fouli :

> Selon son habitude, le devin passe en revue les catégories relatives au village, y compris les *čox-šinri*, puis il examine la maison du père de la fillette et, ce faisant, il consulte les *mozumri* et le *təgware* de la porte d'entrée. Ensuite, il interroge les organes et les fonctions de la mère de la fillette et de la fillette elle-même. Le *masəŋ-byãne* de celle-ci figure dans la série. Enfin, il passe au diagnostic des maladies :

D'abord, il soumet au tirage au sort les catégories suivantes : les *təgware*; les *ʒaxe* c'est-à-dire les maux d'articulation; les *masəŋ*, autrement dit les trois maladies que nous avons définies plus haut *; le *sak*, la sorcellerie; enfin, les *čox-šinri*.

Pour finir, il identifie six *šinri* : le boa *(masu)*, la salamandre *(pi)*, le varan *(tã)*, le crocodile *(ši)*, la tortue *(kpəkpəle)*, le capitaine *(čax-šin)* / Consultation N° 5 /.

Examinons la gamme des catégories soumises au tirage au sort. On constate d'abord l'absence totale des entités descriptives. Sauf exception, le devin ne consulte pas sur les catégories cliniques bien définies comme la coqueluche, l'eczéma, la rougeole etc. Ces maladies sont bien connues, elles ne requièrent pas une décision divinatoire quand il s'agit d'un individu **.

On remarque ensuite qu'à l'exception de la magie, tous les registres étiologiques moundang sont passés en revue. Le devin consulte tous les agents concevables de la maladie.

Mais, sa démarche nous frappe surtout par le fait que, hormis les *šinri*, il n'interroge pas telle maladie particulière ou tel agent nommé, il examine des classes et non des éléments individualisés. Ainsi, il demande à ses cailloux si la fillette a le *təgware*, il ne leur demande pas si elle a le *təgware* du lamantin, du céphalophe ou de la personne décédée. De même, il les interroge au sujet des maladies *masəŋ* et non au sujet de l'une des trois affections que les Moundang regroupent sous ce terme générique.

On peut concevoir aisément les avantages de cette démarche. Le diagnostic obtenu — autrement dit la somme des catégories pour lesquelles le résultat du tirage au sort est négatif compte tenu du sexe du malade — est suffisamment vague pour ne pas se trouver en contradiction avec les données de l'expérience, celle de la famille et celle du malade. Il est, semble-t-il, des consultations de routine où le devin n'est pas disposé à aller plus loin et se contente de prescrire des médicaments associés aux classes étiologiques dont il vient de mettre au jour la disposition néfaste. Voyons le cas d'un autre enfant, un garçon d'un an, qui souffre de vomissements répétés et de diarrhées. C'est son père qui consulte le devin :

* *Masən-Côme* (Dieu-Soleil), *Masən-swəre* (Dieu-fourmi noire), *Masən-li* (Dieu-grand).

** Certaines de ces maladies sont par contre interrogées dans les séances de divination d'intérêt collectif car elles sont considérées alors comme des fléaux qui peuvent s'abattre sur toute la communauté.

Le premier signe que la *pa-kindani* retient est la figure masculine négative qui apparaît pour le *masəŋ-byãne* de la mère de l'enfant : « c'est lui qui dérange sa santé », dit-il, puis il ajoute : « mais, l'enfant ne mourra pas à cause de cette maladie ».

Ensuite, il soumet au tirage au sort la série de catégories énumérées dans la consultation présentée plus haut et il constate que l'esprit-gardien de la mère n'est pas le seul responsable de la maladie. Les résultats sont également néfastes pour la sorcellerie *(sak)*, les génies de lieu *(čox-šinri)* et le *ʒaxe* (les maux d'articulation).

Ses indications thérapeutiques permettent de vérifier qu'il a bien retenu les quatre catégories dans son diagnostic. En effet, il prescrit d'abord une offrande de poisson frais à l'intention de l'esprit-gardien de la mère, puis il ordonne au père de se procurer des médicaments contre la sorcellerie *(fa-sak)* et les génies de lieu *(fa-čox-šinri)*, enfin, il recommande de terminer la cure par des lavages avec une décoction de *fa-ʒaxe* / Consultation N° 3, Fouli /.

Les résultats obtenus au sujet des fonctions et des organes du malade semblent avoir une incidence limitée sur ce type de diagnostic. Tout se passe comme si le devin considérait les deux séries, les parties de la personne et ses « maladies », comme deux ensembles de signes relativement indépendants.

Cependant, les exemples qui précèdent ne nous donnent qu'une image première et assez floue des modes de diagnostic du *pa-kindani*. L'expérience pathologique, telle que la conçoivent les Moundang, ne se réduit pas aux symptômes et aux plaintes du malade à partir desquels il serait possible d'inférer une maladie particulière. Elle comprend aussi un ensemble de faits et d'événements que l'idéologie médicale associe à chacun des concepts de maladie. Ces faits et ces événements peuvent être connus ou ignorés par les consultants et, surtout, par le devin lui-même. Leur connaissance est assurément une des conditions de la différenciation des catégories soumises aux tirages au sort. Voici un cas simple observé par M. J. Pineau :

Pendant une consultation qui a pour but de préparer un rite de possession, une jeune femme se présente devant Idaane, devin de Léré. Elle souffre de maux de ventre et elle désire savoir la cause de sa maladie.

Le devin identifie d'abord le *təgware-dəfu* en expliquant qu'elle a contracté cette maladie parce que son mari est *mort couché sur ses genoux*.

Il découvre ensuite le *təgware* de l'âne sauvage *(bane)* tout en précisant que le *frère* de la malade est *chasseur* et que l'odeur des animaux qu'il a tués a contaminé sa sœur.

Enfin, il interroge le *ʒaxe* (maux d'articulation) et il ajoute que la consultante a été prise par cette maladie après avoir *coupé les branches* d'un grand grand arbre renversé par le vent. / Consultation N° 9, Léré /.

Nous nous garderons de tirer argument de cette consultation à laquelle nous n'avons pas assisté. Notons seulement que le devin fait état de trois informations qui justifient ses réponses négatives et expliquent peut-être le choix de ses questions. La première comporte un élément confidentiel (le mari mort sur les genoux), mais les deux autres sont à la portée de tout le monde. Dans le village, chacun sait que le frère de cette femme est chasseur et il arrive à tout le monde de couper les branches d'un arbre renversé par le vent.

Si des informations ou des indices similaires rendent théoriquement possible le diagnostic différentiel, leur utilisation nous semble nécessairement limitée en raison des contraintes séméiologiques. Il est vrai que les entités pathologiques moundang sont fluides. Est-ce une raison suffisante pour qu'elles soient mises en rapport avec n'importe quel symptôme, parce qu'un indice quelconque (le frère chasseur, le parent mort...) permet d'inférer leur présence chez le malade ? Le diagnostic divinatoire est de toute évidence plus complexe, ne fût-ce qu'en raison d'une autre contrainte à laquelle il est soumis : celle du procédé probabiliste utilisé par le devin. En présentant l'histoire complète d'une consultation relativement simple, nous pourrons saisir quelques-uns de ses mécanismes élémentaires.

Caractéristique par sa démarche tâtonnante, cette consultation s'appuie, elle aussi, sur trois indices : le décès du père de la malade les *šinri* de sa mère et enfin, la nature de ses troubles :

Il s'agit d'une fillette d'un an et demi qui vomit après chaque tétée le lait de sa mère, Makaše. Celle-ci l'a amenée plusieurs fois au dispensaire de Léré, mais sans résultat. C'est la grand'mère maternelle qui consulte le devin de Fouli, Pasale. De toute évidence, elle connaît bien le *pa-kindani* car ils habitent dans deux quartiers proches du village et en tant que *ma-swa-šinri*, elle le rencontre fréquemment. Le devin semble au courant des événements de sa famille. Au début de la séance, il dit à la consultante : « ta fille vient de perdre son mari, il n'y a pas encore d'héritier, n'est-ce pas ? » Il sait par ailleurs que la mère, Makaše, est *wê-šinri* (membre de collège de possédées) et il évoque une consultation antérieure à son sujet dont les résultats « n'étaient pas très graves ».

Pour donner une vue d'ensemble de la consultation, nous reproduisons ici toutes les catégories examinées, les résultats obtenus et les commentaires du devin.

CATÉGORIES	RÉSULTATS *	COMMENTAIRES
Le commencement de la consultation	M —	Prochainement, un malheur va frapper un garçon
La parole du *hale*	M +	—
La soirée d'aujourd'hui	F —	Un malheur peut arriver à une femme, une vache ou à une brebis
La nuit d'aujourd'hui	F +	—
La matinée de demain	F —	Demain, il va pleuvoir, sinon il y aura un décès d'un être de sexe féminin
La Terre de Fouli	M —	A Fouli, il y aura un décès d'un être de sexe masculin
Les *mozum* de la terre	M +	—
Les *čox-šinri* de la terre	M +	Mais, eux, ils ne veulent pas de cette mort

Après le village, le devin examine la maison où habite Makaše, la mère :

La maison de Makaše	M —	—
Le foyer de la maison	F —	—
La nourriture préparée sur le foyer	M +	—
La cour de la maison	M +	—
Les gens qui s'y trouvent	F —	C'est mauvais pour les filles
Le *təgware* de l'entrée	F +	—
Le *mozum* paternel (du mari mort)	M —	—
Le *mozum* des grands-parents	M +	—
Le *masəŋ-byãne* (de la mère)	M —	—
Le *mozum* du mari mort *(wordé **)*	F —	C'est le *mozum* de son père qui cherche à faire du mal à la fillette

* Les résultats doivent se lire ainsi : masculin faste (M+) et néfaste (M—); féminin faste (F+) et néfaste (F—). C'est-à-dire, respectivement, 2-3, 3-3; 2-3 et 2-2

** On remarquera que le *mozum* maternel n'est pas consulté puisque c'est la mère de Makaše qui assiste au *kindani* et que les *mozumri* errants *(tilim-mozumri)* sont omis puisque la mort du chef de famille entraîne le déplacement suivant : désormais, son esprit est dans la position de *mozum* paternel; celui de son père devient *mozum-dəli ;* enfin, le *mozum* de son grand-père est appelé à se fondre dans la vague catégorie des esprits errants. La mort est semble-t-il trop récente pour que le devin marque ce déplacement.

Une première indication diagnostique a été énoncée : *c'est l'esprit du mari mort qui est la cause des troubles de l'enfant.*

Mais, l'interrogation se poursuit. Elle porte maintenant sur le corps de la mère.

La chair de son corps	F —	Elle ne devrait pas rester dans la maison où son mari est mort
Sa démarche	F +	Sa démarche est très bonne
La paume de sa main	M +	—
Sa nourriture	M —	Sa démarche est bonne, mais elle ne mange pas très bien

La tranche qui représente les fonctions et les organes de la fillette malade est très courte, car — nous dit le devin — celle-ci est « trop jeune » pour qu'il interroge sa démarche et la paume de sa main (elle ne marche pas encore et elle ne « donne » pas encore).

La chair de son corps	M +	—
Son *masəŋ-byãne*	M +	Son *masəŋ-byãne* ne l'a pas abandonnée
Son estomac	M +	—
Sa boîte crânienne	M +	—

Tous les résultats sont positifs, mais ils concernent les êtres masculins. Néanmoins, le devin souligne la disposition favorable de l'esprit-gardien.

Les sept figures suivantes sont interrogées dans l'hypothèse implicite que ce sont les *šinri* de Makaše, la mère, qui rendent malade sa fille. Sont-elles bien enfermées dans leurs poteries ? Ne se sont-elles pas libérées pour attaquer, non pas leur ancienne victime, mais cet être plus vulnérable qui fait encore partie de son corps, l'enfant qu'elle allaite ? Le devin se pose toujours cette question quand il cherche les causes de la maladie d'un enfant de possédée. Ici, c'est la grand'mère qui énumère les quatre *šinri*, enterrés, de la mère.

Les poteries des *šinri*	M —	—
L'ensemble des *šinri*	F +	Ce ne sont pas les *šinri* de sa mère qui la rendent malade
Le boa *(masu)*	F —	—
Le silure *(swale)*	M +	—
Le crocodile *(ši)*	M —	—
La tortue *(kpəkpəle)*	M —	—
Les objets liés aux *šinri*	F —	—

On le voit, malgré les deux signes féminins néfastes de la série, le devin s'en tient au verdict de non-lieu que lui suggère la disposition favorable de l' « ensemble des *šinri* ». Mais, sa consultante, experte en la matière, lui fait cette remarque : « la poterie de *masu* (boa) est cassée, est-ce qu'il ne dérange pas l'enfant ? » Le devin répond à cet euphémisme en procédant à un nouveau tirage au sort concernant le boa. Mais, cette fois-ci, le résultat est faste pour la fillette. Les *šinri* maternels ne sont pas en cause.

Tout se passe alors comme si l'incertitude des réponses obtenues rendait perplexe le devin. Sans rien demander à la grand'mère, il prend l'initiative de consulter les éléments suivants :

La maladie *masəŋ-li*	F —	C'est *masəŋ-li* qui rend malade la fillette
Le lait de la mère	M +	Le lait de sa mère est bon
L'oiseau *lyake* (engoulevent)	F +	—

Une seconde indication diagnostique a été donnée : la fillette souffre de *la maladie masəŋ-li*. La question sur le lait de la mère est évidemment en rapport avec les troubles de l'enfant : ses vomissements. Il en est de même de l'engoulevent. Dans la croyance moundang, il suffit que la mère aperçoive cet oiseau pour que son enfant *vomisse son lait*. Mais, dans l'un et l'autre cas, la réponse du *kindani* est négative.

La consultation se termine sur deux prescriptions qui confirment encore la structure du diagnostic. Premièrement, la mère doit faire soigner sa fille par les médicaments de Douo, un des experts de la maladie *masəŋ-li* qui réside dans le village. Deuxièmement, elle doit effectuer une offrande propitiatoire en brûlant du poisson frais dans la cour de sa maison (M+) et non pas sur le foyer (F—). En dispersant les cendres, elle doit dire : « je ne suis qu'une simple femme, je n'ai rien fait, je veux rester en paix avec mes enfants ! »

Il est clair que cette offrande qui doit être faite dans la cour, faste pour les hommes, est adressée à l'esprit du père mort (F—) et peut-être aussi au *mozum* du grand-père paternel (M—) de la fillette. / Consultation N° 1 /.

La consultation que l'on vient de lire illustre bien la nature des contraintes que son procédé probabiliste impose au devin. Il adhère, et c'est peu dire, à la pensée médicale de sa société. Aussi, sa connaissance plus ou moins approfondie de la situation du malade lui suggère-t-elle certaines hypothèses qui lui semblent plausibles. En l'occurrence, les intentions ambiguës de l'esprit du père mort, la mauvaise qualité du lait maternel et l'éventualité d'une rencontre entre l'oiseau engoulevent et la mère sont de telles hypothèses plausibles. Mais, le devin moundang n'est pas un sage. La vérité de sa parole n'est pas gagée sur la profondeur de l'expérience qu'on lui attribue. La pertinence de ses hypothèses, quelles qu'en soient la plausibilité, la pénétration et la cohérence, est jugée au vu des résultats de ses tirages au sort. Sur le chemin qui le conduit de ses jugements intuitifs à ses énoncés définitifs sur les causes de la maladie, il rencontre la coupure inéluctable de son propre procédé probabiliste. Ainsi, dans l'exemple que nous venons de voir, la réponse néfaste de l'esprit du père mort confirme l'une de ses hypothèses, mais les résultats fastes au sujet des *šinri*, du lait de la mère et de l'engoulevent le contraignent à abandonner ses autres hypothèses, celles, en particulier, qui renvoient de manière privilégiée aux symptômes de l'enfant.

Le diagnostic des šinri

Pour finir, nous indiquerons rapidement la démarche diagnostique dans les consultations qui précèdent les rites de possession. Dans ce cas, avons-nous dit, la tâche du devin consiste à choisir parmi les *šinri* ceux qui rendent actuellement malade sa cliente, ceux par conséquent que l'on doit « enterrer » lors du rite qui suit la consultation. Voici les deux démarches les plus courantes.

Si la malade en est à son deuxième ou troisième *šin-fu*, ses « maladies » sont déjà connues. En théorie, les *šinri* sont enfermés dans les poteries de l'autel du collège de possédées. Le devin se fait énumérer leurs noms par la maîtresse du collège qui assiste à la consultation, les interroge, un à un, et il inscrit sur le sol ceux qui sont mal disposés envers la malade. Le cas échéant, il effectue quelques tirages au sort supplémentaires pour voir si de nouveaux *šinri (šin-ma-fu)* ne se sont pas manifestés dans l'intervalle.

S'il s'agit d'un premier *šin-fu*, sa démarche est sensiblement différente. Il interroge alors la plupart des *šinri* connus — une trentaine à notre connaissance — et il enregistre ceux dont ses tirages au sort indiquent les intentions maléfiques. Ainsi, pour prendre l'exemple de la consultation de référence, le devin de Teubara a passé en revue plus de vingt agents et finit par inscrire sur le sol les douze *šinri* que nous avons mentionnés dans nos tableaux. Ce faisant, il a posé une seule question au mari de la malade au sujet du singe *(piŋni)* qui figure parmi les agents retenus.

Cependant, si le choix des *šinri* à interroger incombe surtout au devin, la *ma-swa-šinri* n'est pas nécessairement le témoin passif de ses découvertes. Dans bien des consultations, elle intervient pour orienter et pour compléter les choix du *pa-kindani*. Le résumé suivant donnera une idée de la nature de ses interventions :

Le mari et la mère de la malade, la *ma-swa-šinri* et ses deux adjointes sont les cinq consultants du devin.

Celui-ci commence par identifier * le boa, le soleil et la pluie femelles. La maîtresse du collège lui demande alors d'interroger le soleil et le boa mâles. Le devin s'exécute et pose, à son tour, une question : « où a-t-elle (la malade) trouvé *bame* (la pluie) ? — elle se promène souvent en brousse, répond la mère, — c'est *bame* qui est la cause de son avortement », conclut le devin.

Les tirages au sort concernant le boa mâle, le boa rouge, le boa noir et le boa blanc ** donnent des résultats favorables. Le devin en déduit que c'est le boa femelle qui rend malade sa cliente. Puis, il consulte sur la pluie mâle et puisque sa réponse est néfaste, il recommande d'enterrer la pluie mâle et femelle dans la même poterie. Ses consultants plaisantent : les voyageurs qui partent pour le Nigeria devraient emporter *bame* (la pluie) dans leurs bagages. Mais, le douanier le leur prendra à la frontière...

Après avoir identifié, sans commentaire, le capitaine mâle et femelle, le devin annonce qu'il doit consulter maintenant le crocodile, le varan et le génie de l'eau *(mozumbi)*. Le varan est bien disposé et pourtant, il commente ainsi le résultat : « M... est malade depuis longtemps, c'est pourquoi elle a beaucoup de maladies ».

Malgré son annonce précédente, il n'interroge ni le crocodile ni le génie de l'eau, mais passe au silure dont la réponse est néfaste. Sans y faire attention, la *ma-swa-šinri* intervient à nouveau et comme hors propos : « si tu as trouvé le boa, il faut aussi chercher la tortue ». Une fois de plus, le devin s'exécute et constate la mauvaise disposi-

* Pour faciliter la lecture de ce récit, voici l'ordre dans lequel les catégories ont été interrogées. Les signes + et — indiquent respectivement un résultat faste et néfaste pour la malade : 1. Boa femelle (—), 2. Soleil femelle (—), 3. Pluie Femelle (—), 4. Soleil mâle (—), 5. Boa mâle (+), 6. Boa rouge (—), 7. Boa noir (+), 8. Boa blanc (+), 9. Pluie mâle (—), 10. Capitaine mâle (—), 11. Capitaine femelle (—), 12. Varan (+), 13. Silure (—), 14. Tortue (—), 15. Cailcédrat (—), 16. Arbre *zore* (—).

** Dans aucune autre consultation nous n'avons rencontré ces distinctions de couleur.

† Mâle et femelle, rouge, noir et blanc, ne sont pas comptés séparément.

tion de la tortue. Il jette alors un coup d'œil sur l'ensemble des figures et il déclare : « j'ai déjà trouvé six *šinri* †, maintenant il faut voir les arbres ». La réponse néfaste du cailcédrat et de l'arbre *zore* est commentée : « M... a coupé les branches du cailcédrat, c'est pourquoi elle a cette maladie ».

Le diagnostic est achevé. En conclusion, le devin récapitule les huit *šinri* qui sont responsables de la maladie : le boa, le soleil, la pluie, le capitaine, le silure, la tortue, le cailcédrat et l'arbre *zore* / Consultation N° 10 /.

On le voit, le choix des *šinri* à consulter n'est pas l'apanage du devin. Si les parents de la malade n'y interviennent point, la *ma-swa-šinri* peut l'orienter par ses questions et par ses rappels. Mais, dans les brefs dialogues au fil desquels la liste est constituée, aucune référence précise n'est faite aux troubles actuels de la malade. Les rares allusions à ses conduites (couper du bois, se promener en brousse) ne sont nullement spécifiques.

***

Nous venons de présenter la partie la plus substantielle, la phase diagnostique, de la séance de divination moundang. Nous nous sommes donnés un fil conducteur en suivant la chaîne des catégories inscrites sur le sol lors du *kindani* de Teubara. Le lecteur peut nous reprocher d'avoir plus d'une fois perdu ce fil ténu et d'avoir davantage posé de questions que donné de réponses. Mais, il a peut-être remarqué aussi que nos interrogations se sont centrées autour de quelques thèmes récurrents.

Une donnée qu'il n'aura pas manqué de relever dans la dernière consultation nous permettra de rappeler un de ces thèmes. Le dédoublement des *šinri* en mâle et femelle est un fait divinatoire sans pertinence sur le plan de l'idéologie médicale. Celle-ci insiste en revanche sur les rapports dyadiques qui unissent les principaux *šinri*. Le boa et la tortue, le crocodile et la salamandre, le silure et le capitaine, le soleil et la pluie ... forment des couples. Si l'un est interrogé par le devin, l'autre doit l'être aussi *. En combinant les deux critères,

* C'est ce qui autorise la *ma-saw-šinri* de la consultation précédente à dire au devin : « si tu as trouvé le boa, il faut chercher aussi la tortue ».

dédoublement et appariement, on a quatre catégories divinatoires liées :

	Dédoublement	
Appariement	Pluie mâle	Pluie femelle
	Soleil mâle	Soleil femelle

Gardons-nous d'interpréter pour l'instant ces combinaisons curieuses. Rappelons plutôt les phénomènes d'appariement formellement identiques mais sémantiquement dissemblables que nous avons relevés tout au long de notre analyse : la terre et ses chemins, la sorcière et la paume de sa main, les femmes du village et leurs âmes, la lune et sa pluie, la cour de la maison et ses occupants, le poisson frais et le poisson séché, etc. Quelle est la fonction de ces appariements et de ces dédoublements dans le procédé divinatoire moundang ? Voici une première question à laquelle il nous faudra répondre.

La démarche du devin nous a frappé d'abord par son caractère mécanique et analytique, par sa prudence pour ne pas dire son indifférence envers les potentialités d'une combinatoire dont elle laisse la trace sur le sol mais qu'elle semble réticente à exploiter. En passant d'une séquence à une autre, nous avons constaté que cette démarche tend à se réduire à l'application coup par coup d'un procédé probabiliste aux éléments somme toute peu variables d'un code divinatoire. Il nous est apparu clairement que les résultats divinatoires sont rarement intégrés dans des énoncés synthétiques et encore moins dans un récit ou des fragments de récit. Nous nous sommes demandés si la connaissance du motif de la consultation n'était pas, à la limite, logiquement suffisante pour mener une « consultation » en l'absence de tout consultant. Malgré les nuances que nous dûmes introduire par la suite en examinant les catégories relatives au village, à la maison, au corps du malade et à ses maladies, la priorité nous a semblé toujours réservée au code par rapport aux données de l'expérience, collective ou individuelle, des clients, du malade et du devin lui-même.

Notre interrogation s'est portée alors sur la nature du clivage entre ces données de l'expérience et les informations obtenues par les tirages au sort. L'articulation des deux états, l'un divinatoire, l'autre appelé provisoirement « réel » nous est apparue comme le véri-

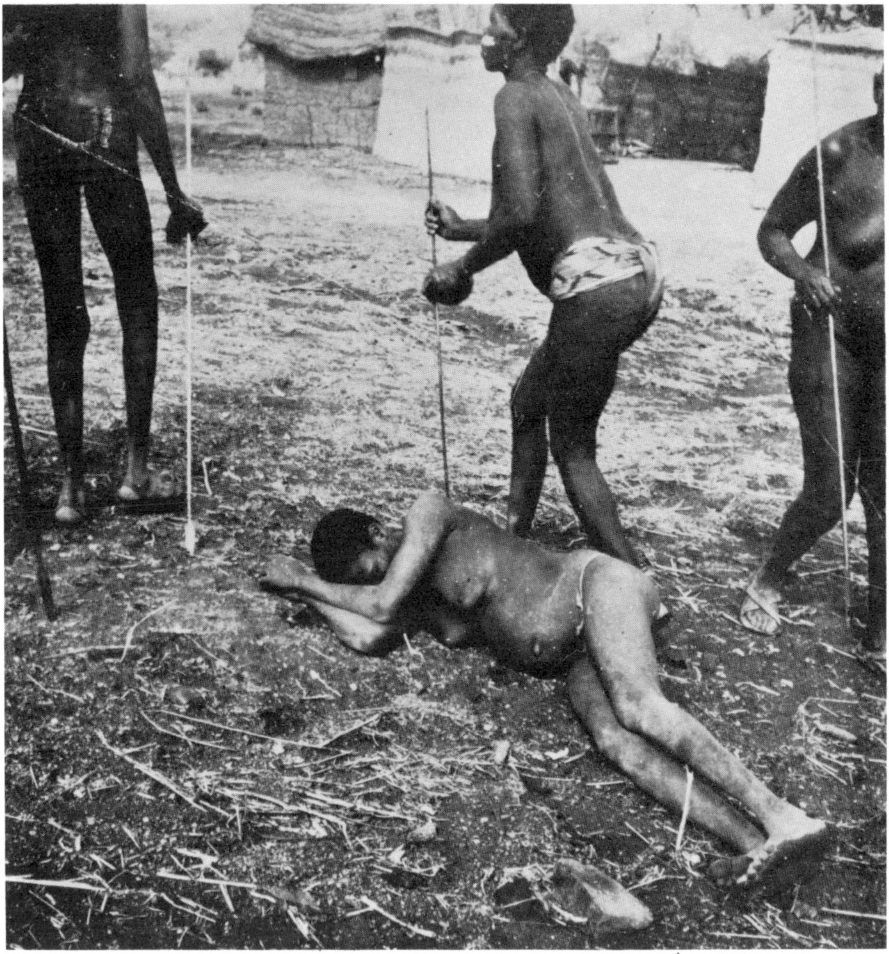

« Tombée sur l'eau »... La maîtresse du collège va « ramasser » l'âme du šin *qui possède la malade*

Autels d'un collège : Les šinri *sont « enterrés » dans des cols de poterie*

Danse de possession : mime de la forge (au milieu); wu, *trompe-calebasse (à droite); posture caractéristique des* wê-šinri *pendant la danse*

Les âmes des šinri doivent quitter le corps de la possédée une fois la danse terminée. C'est pourquoi la maswa-šinri *et ses adjointes tapotent sur le dos des* wê-šinri *prosternées devant les musiciens*

table problème logique et psychologique que le système du *kindani* pose à ceux qui le pratiquent. Nous avons cherché les moyens que le devin met en œuvre pour résoudre ce problème. Le choix des catégories dont il fait l'objet de ses commentaires (maison), la forme grammaticale qu'il donne à ses énoncés (corps du malade) et parfois la modification qu'il introduit dans son code (maladies) sont, nous l'avons montré, autant de procédés qui lui permettent d'ajuster les verdicts de son appareil probabiliste avec les informations, plus ou moins précises, qu'il possède sur la situation de ses consultants et sur l'état du malade.

Mais, il va de soi que l'efficacité de ces procédés d'ajustement, ou si l'on veut des ruses du devin, est limitée en raison des contraintes majeures du système divinatoire. La priorité qu'il accorde au code par rapport à l'expérience, la restriction qu'il impose aux communications entre malade, consultants et devin, le tri aléatoire auquel il soumet les jugements intuitifs du *pa-kindani*, enfin le caractère analytique des messages qu'il produit sont les traits constitutifs du *kindani* et, en tant que tels, ils requièrent une interprétation globale. C'est ce que nous tenterons dans le chapitre VI en comparant la divination moundang avec d'autres systèmes divinatoires africains. Auparavant, il nous faut analyser brièvement la démarche prescriptive du devin.

LES PRESCRIPTIONS : LE GUIDAGE DIVINATOIRE DES RITES DE POSSESSION

Pendant la seconde partie de sa consultation, la phase prescriptive, le devin indique les modalités de la thérapie. Ses prescriptions, rappelons-le, ne sont pas inscrites sur le sol. Elles sont communiquées aux consultants qui peuvent poser maintenant des questions et sollicitent les commentaires du devin. Il serait inutile de revenir ici sur les indications thérapeutiques relativement simples par lesquelles s'achèvent les consultations ordinaires. Nous centrerons notre analyse sur les prescriptions qui précèdent les rites de possession. Le lecteur comprendra bientôt pour quelles raisons nous avons choisi ces rites.

A la fin du chapitre précédent, nous avons brièvement caractérisé ces institutions féminines autonomes que sont les collèges de possédées dirigés par la *ma-swa-šinri*. Nous avons dit que ces groupes congrégationnels organisent trois sortes de rites : le simple *ga-ɔ̄re* (enterrement des poteries), le *šin*-noir *(šin-fu)* à la suite duquel la malade est intégrée dans le collège et le *šin*-rouge *(šin-šyẽ)*, rite de prestige et de consécration qui permet aux « enfants-de-šin-noir » *(wê-šin-fu)* d'accéder au titre envié d' « enfant-de-šin-rouge » *(wê-šin-šyẽ)*. Nous avons indiqué aussi que le pouvoir thérapeutique de la maîtresse du collège, la « mère » de ces deux catégories d' « enfants-de-*šinri* » *(wê-šinri)* est symbolisée par sa calebasse qu'elle peut avoir héritée d'une de ses ascendantes paternelles ou achetée à une autre maîtresse de collège.

Afin d'illustrer la manière dont les prescriptions du devin guident l'action thérapeutique de la *ma-swa-šinri* et de ses adjointes, nous donnerons un résumé très succinct du rite dont nous avons le plus souvent parlé dans les pages qui précèdent : le *šin-fu* *. Cette cérémonie commence généralement dans la soirée de lundi, se poursuit pendant la journée de mardi et s'achève mercredi en fin de matinée.

Le premier rite que l'on appelle « mettre les *šinri* » ou « commencer le *šinri* » se déroule à l'intérieur de la maison. Entourée de ses « enfants » vêtues d'un simple cache-sexe, la maîtresse du collège saisit la malade par la taille, lui fait effectuer plusieurs flexions, la fait asseoir par terre, puis elle passe des graines de sésame sur son corps, de la tête aux pieds. Lorsque le cri perçant d'une des possédées ou le son du tambour en donne le signal, les assistantes se mettent à claquer des mains, tandis que la *ma-swa-šinri* tend sa calebasse devant le visage de la malade, puis la recule en zigzagant. Comme attirée par la calebasse, la malade la suit en se traînant sur le derrière. Mais, brusquement, elle s'arrête dans son avance, elle s'affale sur le côté droit et elle se roule quatre fois dans la poussière. Cette opération est répétée selon le nombre des *šinri* identifiés par le devin. L'interprétation qu'en donnent les maîtresses de collège n'est pas toujours très claire. L'idée fondamentale est celle d'un va-et-vient des âmes-de-*šinri* *(čê-šinri)* entre le corps de la malade et la calebasse de la thérapeute, d'une sorte d' « activation » des *šinri* qui doivent « prendre » la malade, « entrer dans sa tête » et la « faire tomber ». Si elles ne se sont pas totalement substituées à sa petite-âme, elle doit pouvoir se lever à la fin de la séance et exécuter la première danse de possession qui a lieu dans la cour de la maison. Ce rite inaugural est suivi d'une pause, arrosée de bière de mil, puis de la préparation d'un premier repas rituel nommé « la boule de la nuit » *(wel-suni)*.

* Nous éviterons autant que possible l'utilisation des termes moundang qui surchargent le texte.

Le second rite débute le lendemain matin à l'aube. On le nomme « prendre les âmes des *šinri* » ou « prendre les âmes des maladies » *(čê-šêmê)*. Les musiciens, installés devant l'entrée de la maison, commencent à jouer et la maîtresse du collège refait les mêmes opérations que la veille (flexions, position assise, avance vers la calebasse). Mais, cette fois-ci, elle introduit dans chacune des mains de la malade une graine de sésame et cette dernière ne s'affale pas sur le sol, mais se lève. Accompagnée de tout le collège, elle prend la direction des maisons voisines ou de la brousse et, en un endroit donné, elle se laisse choir par terre. Une de ses compagnes plante sa lance à proximité de sa tête, de ses pieds ou de sa poitrine, à l'endroit où elle a jeté les graines de sésame qu'elle tenait dans les mains. Ces graines et une pincée de terre sont ramassées avec précaution et introduites dans la calebasse de la maîtresse du collège. La malade est alors relevée par sa *səbay*, disons sa sœur initiatique, qui lui tapote la tête, souffle dans ses oreilles et l'appelle par son nom. La malade répond : « je suis là ! », puis une sorte de dialogue s'engage : « est-ce qu'elle (ta petite-âme) est revenue ? — oui, c'est revenu — as-tu ta santé normale ? — oui... » Ce dialogue achevé, le cortège revient, par un chemin différent, devant les musiciens et l'opération est recommencée. Elle est répétée autant de fois que le devin a identifié de *šinri*. Ce rite est expliqué de la manière suivante : pendant sa marche, la malade n'est pas guidée par sa propre petite-âme, mais par les âmes des *šinri* qui la possèdent. L'endroit de sa chute dépend de leur volonté. Si par exemple elle tombe près du grenier c'est que le boa aime se loger sous le grenier. Les graines de sésame et la pincée de terre ramassées représentent les âmes des *šinri* ou, comme on dit aussi, les âmes des maladies. Désormais, celles-ci se trouvent dans la calebasse et non dans le corps de la malade qui se relève par la force de sa petite-âme. La chute se dit « tomber sur l'eau » et le relèvement « porter sur l'eau ». Ces expressions font allusion à la purification et à la regestation symboliques dans les rites d'initiation des garçons où le père initiatique retire son « fils » de la mare sacrée.

Le troisième rite, l' « enterrement des poteries », suit immédiatement celui que l'on vient de décrire car les âmes des *šinri* ne doivent pas rester longtemps dans la calebasse. L'ensemble du collège se rend à son autel collectif, endroit circulaire entouré de branches épineuses, où sont ensevelis les cols de poterie qui contiennent les *šinri* de tous les membres du groupe. La *ma-swa-šinri* se fait apporter du sable par une femme, elle creuse des trous dans la partie de l'autel réservée à la nouvelle malade, puis elle commence l'enterrement des *šinri*. Elle passe le col de poterie sur le corps de la malade, elle prononce une prière à l'adresse du *šin* particulier qu'elle veut y enfermer, puis elle le met en place avec l'aide de la malade. Au fond du trou ainsi formé, elle enfouit la pincée de terre et les graines de sésame qui représentent l'âme du *šin* en question et, toujours avec l'aide de la malade, elle comble le trou avec le sable qu'on lui a apporté. Cette opération et le bain rituel qui l'accompagne est, elle aussi, répétée selon le nombre des *šinri* identifiés. Parmi ces derniers, certains — comme le boa et la tortue — sont logés dans la même « maison », tandis que d'autres sont ensevelis séparément, voire enterrés à l'écart de l'autel. Tous ces rites se terminent par un second repas cérémoniel. Mais, avant que les novices (les *wê-šin-fu*) se jettent sur le plat, ce qui est un signe conventionnel de leur gourmandise d' « enfants », la maîtresse du collège introduit quatre boulettes de nourriture dans la bouche de la malade que celle-ci recrache chaque fois. Ces boulettes sont mises de côté car elles seront rachetées par la mère ou la sœur de la malade et jetées dans l'eau de la rivière.

A présent, les âmes des *šinri* sont enterrées et la cérémonie tourne à la fête. Les possédées se lavent et se coiffent. Le cache-sexe de la malade est changé, son corps est oint d'huile, elle est parée. Elle reçoit les insignes de son nouveau statut, le collier du b[illegible], une natte neuve, une chicotte. L'après-midi se passe en danses devant l'entrée de la maison. Les *da-šinri*, danses de possession de style recueilli avec mime rituel des *šinri* incarnés et les *da-bulum*, danses profanes « de détente » accompagnées de plaisanteries et de chants, se succèdent en alternance.

Le quatrième et le dernier rite important que l'on nomme « jeter les cendres » a lieu le lendemain matin. Portant une calebasse blanche qui contient les cendres restées après la cuisson de la « boule de la nuit » ainsi que les balayures de la maison, les possédées prennent la direction de la brousse. Aux carrefours des chemins, des offrandes de sésame et de tabac sont adressées aux *čox-šinri*. Au pied d'une colline, la maîtresse du collège ordonne l'arrêt et son adjointe dépose la calebasse dans un creux. De nouvelles offrandes sont faites à l'intention des *čox-šinri*. Puis, les possédées se dispersent dans la brousse pour ramasser des fagots de bois pour la *ma-swa-šinri* qui les attend à l'ombre d'un arbre. Parfois, cette corvée rituelle est suivie de brimades que les vieilles initiées administrent aux novices assimilées aux néophytes de l'initiation masculine. Pour finir, tout le collège prend un bain collectif dans la mare ou dans la rivière et revient en chantant au village.

C'est dans l'après-midi que la malade est reconduite au domicile de son mari où elle réapprend les gestes domestiques élémentaires (moudre du mil, mettre la marmite sur le foyer etc.). Rachetée symboliquement par son mari, elle est maintenant libérée de l'emprise de ses *šinri*. Mais, elle appartient désormais au groupe congrégationnel qui l'a soignée.

Voilà la trame du rituel dont certaines séquences sont mises en forme par les prescriptions du devin. Pour mieux faire comprendre comment ce dernier agit, rappelons les possibilités que lui offre son procédé probabiliste (voir chapitre III). Dans la phase diagnostique de sa séance, il déduit l'état ou la disposition d'un élément donné du résultat d'un seul tirage au sort. Dans la phase prescriptive de sa consultation, il choisit généralement le ou les éléments x, y, z... dont l'état est tel qu'ils sont appropriés pour remplir une fonction rituelle f donnée. Il effectue autant de tirages au sort qu'il distingue d'alternatives. On se souvient peut-être des exemples que nous avons donnés pour illustrer les trois variantes de ce type de question (type C). Comment choisir entre trois *pa-fa-sak* celui (ou ceux) qui doit (vent) soigner la malade ? Comment déterminer le type de col de poterie (large/étroit; neuf/ancien) dans lequel les *šinri* doivent être enfermés ? Comment prescrire l'ordre des sons (cri de la possédée, tambour, trompe-calebasse) que l'on doit émettre au commencement des rites de possession ?

Les deux exemples qui précèdent se rapportent, on le voit, au rite que nous venons de décrire. Et nous n'avons eu nulle difficulté à les trouver. En effet, lorsqu'il consulte pour le *šin-fu* le devin prescrit avec une minutie extrême les détails de l'action rituelle. Qu'on en juge en considérant les quelques exemples suivants que nous avons choisis dans chacune des parties du rite. Notons que les questions sont posées tantôt par le devin lui-même, tantôt par la maîtresse du collège ou par l'une de ses adjointes. Pour ne pas surcharger le tableau, nous avons souvent remplacé les termes moundang correspondant aux alternatives par une notation abstraite.

RITE INAUGURAL

THÈME	QUESTIONS	ALTERNATIVES
RITE de DÉPART	— Quel médicament doit-on donner à la malade avant le commencement du rite ?	par ex. *fa-sak* et/ou *fa-čox-šinri*
	— Si les deux sont bons, dans quel ordre faut-il les donner ?	*fa-sak* ↔ *fa-čox-šinri*
	— Qui doit tenir la calebasse de la *ma-swa-šinri* pendant le rite des flexions ?	Adjointe 1 et/ou Adjointe 2
	— Sur quel objet la malade doit-elle s'asseoir ?	Balai ou *kəba* (gui d'arbre)
	— Si c'est un *kəba*, celui de quel arbre ?	Arbres A/B/C
	— Quel son doit-on émettre le premier pour commencer le rite ?	Cri / tambour / trompe-calebasse
	— Par quel son doit-on continuer ?	Deux alternatives restantes
	— Où doit-on placer les musiciens ?	Milieu de la cour/proximité de la maison
BOULE DE LA NUIT	— Avec quoi doit-on garnir la boule de mil ?	Poulet/poisson
	— Si c'est du poisson, quel type ?	poisson frais/poisson séché
	De quelle sauce doit-on assaisonner le plat ?	sauces A/B/C
	— Qui doit goûter le premier ce plat ?	un vieillard/une vieille
	— Qui doit y goûter après les musiciens ?	*wê-šin-fu/wê-šin-šyẽ*

LA PRISE DES ÂMES DES ŠINRI

THÈME	QUESTIONS	ALTERNATIVES
PRISE DES AMES	— Qui doit « ramasser » les âmes des *šinri?*	*ma-swa-šinri*/adjointe 1/ Adjointe 2
	— Avec quel instrument doit-on « couper » les *šinri?*	lance/hache/couteau de jet/ martinet
RELÈVEMENT	— Qui doit relever et « porter sur l'eau » la malade ?	une alliée/une parente (maternelle/paternelle)
	— De l'écorce de quel arbre doit-être faite la corde du cache-sexe de la malade ?	Arbres A/B/C

L'ENTERREMENT DES ŠINRI

	— Dans quelle direction doit-on enterrer les *šinri?*	Est-Ouest
	— Qui doit enterrer les *šinri?*	*ma-swa-šinri*/adj. 1/adj. 2
	— A quel moment doit-on les enterrer ?	aube/matiné
SABLE	— Où faut-il prélever le sable ?	brousse/lit de rivière
	— Quand doit-on le ramasser ?	matin/soir
	— Dans quelle calebasse doit-on le transporter ?	ancienne/neuve//rouge/ blanche
	— Qui doit transporter la calebasse ?	parente du mari/parente de la malade (paternelle/maternelle)
ŠINRI	— Peut-on enterrer tel *šin*, par exemple *čome*, le soleil, dans l'autel ou à l'écart ?	dedans/dehors
	— Peut-on enfermer *čome* et *bame* (pluie) dans le même col de poterie ?	ensemble/séparément
DANSE	— Que doit porter la *ma-swa-šinri* en sortant pour la danse de l'après-midi ?	lance/martinet/hache
	— Doit-elle sortir la première ?	première/seconde

JETER LES CENDRES

THÈME	QUESTIONS	ALTERNATIVES
JETER LES CENDRES	— Quel sera l'effet du rite ?	faste/néfaste
	— Dans quelle direction faut-il jeter les cendres ?	Est/Ouest
	— Dans quel trou faut-il les jeter ?	grand creux/petit creux
	— Où doit-on se reposer pendant la marche ?	soleil/ombre d'un arbre
CORVÉE DE BOIS	— Quel bois doivent couper les *wê-šinri?*	bois vert/bois sec
	— Si les deux sont bons, par lequel il faut commencer ?	bois vert/bois sec

L'ENSEMBLE DU RITE

	— Y aura-t-il une querelle et qui va la provoquer ?	oui/non//hommes/femmes
	— S'il y a une querelle entre les *wê-šinri*, lesquels vont provoquer la querelle ?	*wê-šin-fu/wê-šin-šyẽ*
	— La *ma-swa-šinri* sera-t-elle contente à la fin du rite ?	oui/non

Cet échantillon, limité, de questions suffit largement pour illustrer la minutie des recommandations du devin. Ses prescriptions portent sur toutes les phases du rite et sur ses aspects manifestement les plus anodins. Quelle que soit la structure logique du procédé qui aboutit à la prescription (choix binaire, réponse à choix multiples, détermination d'une relation d'ordre, indication d'une préférence), la seconde partie de la séance de divination frappe par la décomposition extrême de l'action rituelle en éléments susceptibles d'alternatives et par conséquent soumis au verdict du devin. Nous avons remarqué la préoccupation à la limite anxieuse de la maîtresse du collège et du *pa-kindani* lui-même à n'omettre aucun détail. Pendant son travail, le devin s'informe plusieurs fois sur les questions à poser. Avant la fin de la séance, il effectue un tirage au sort terminal pour savoir s'il n'a rien « oublié », s'il peut maintenant « partir à la maison » ? Est-ce que c'est fini ? N'a-t-il rien omis ?

Cette mise en forme divinatoire des rites thérapeutiques requiert une interprétation. Examinons d'abord les rapports entre les prescriptions du devin et la structure du rite ou si l'on veut entre les décisions divinatoires et la tradition.

Toutes les articulations et tous les éléments du *šin-fu* ne font pas l'objet d'une intervention du devin. Certains actes rituels sont déterminés, « prescrits » par la tradition dans leur forme, leur fonction et leurs contenus. Par exemple, au cours du rite inaugural, la malade doit s'avancer en direction de la calebasse de la maîtresse du collège, s'affaler sur le côté droit et se rouler quatre fois dans la poussière. Tel est le rite, il n'y a pas d'alternatives. Ou alors, pendant la danse de *šinri*, la possédée doit mimer *čome*, le soleil, en plaçant les mains au-dessus de la tête et en agitant les doigts comme pour figurer le scintillement des rayons solaires. Le devin ne consulte ni sur le caractère propice ou néfaste du « mime » en tant que tel, ni sur le comportement qui remplit la fonction « mime » dans ce cas particulier.

En revanche, dans les exemples que nous avons cités plus haut, la forme et la fonction rituelle est définie par la tradition, mais le contenu est sujet à plusieurs alternatives qui forment, à leur tour, un ensemble délimité par la tradition. Il est entendu par exemple qu'il faut ramasser du sable pour ensevelir les *šinri* — c'est la fonction rituelle — mais, le lieu et le moment du prélèvement du sable, le type de récipient et l'identité de l'officiant donnent lieu à des alternatives. De même, il est entendu que l'on doit préparer la « boule de la nuit », mais la nature de la garniture, et le type de sauce qui accompagnent ce plat et l'ordre de la consommation par les différents acteurs du rite doivent être définis par le devin.

Le nombre élevé, non pas des alternatives pour une fonction rituelle donnée, mais des fonctions rituelles sujettes à de telles alternatives et donc à une décision du devin caractérise plus particulièrement les rites thérapeutiques féminins. L'observateur a l'impression que le devin met toute l'autorité de ses cailloux au service d'un guidage méticuleux des gestes de la maîtresse du collège, de ses « enfants » et de la malade.

On peut certes dire que chacune de ses décisions est indispensable à ses yeux compte tenu de la symbolique et de la finalité du rite qu'il met en forme par ses tirages au sort. Mais, ce serait pour dire une évidence. On peut remarquer aussi, et à juste titre, que les rites thérapeutiques requièrent la manipulation de forces particulièrement dangereuses, ce qui expliquerait la méticulosité des prescriptions du devin.

Mais alors il faudrait rendre compte aussi de l'importance mineure de ces prescriptions dans les *kindani* qui précèdent les rites funéraires *(ye-wuli)* et les grandes cérémonies collectives (fête du Nouvel An, fête de la Pintade) dont il sera question plus loin. Les forces que les officiants de ces rites sont appelés à manipuler ne sont pas moins dangereuses que celles qui relèvent de la compétence de la *ma-swa-šinri*. Tout se passe comme si, dans un cas, l'action rituelle allait de soi comme une représentation réglée selon un scénario, depuis longtemps fixé par la tradition, et comme si, dans l'autre cas, elle était décomposée en un réseau d'alternatives de manière à donner prise aux décisions du devin. Pour le dire autrement, les officiants des rites funéraires et royaux seraient supposés savoir ce qu'ils peuvent et doivent faire, à la différence de la maîtresse de collège et de ses compagnes dont les moindres gestes semblent devoir être légitimés par la divination *.

Comment interpréter cette différence ? Dans ce livre dont l'objet n'est pas l'analyse du culte de possession pratiqué par les femmes moundang, nous ne pouvons qu'esquisser les éléments d'une réponse. La constitution des collèges de possédées dans les villages moundang serait un phénomène historique relativement récent. Le culte des *šinri* se serait répandu à partir d'un foyer commun que tous nos informateurs s'accordent à situer à Lamé, capitale des Pévé, voisins méridionaux des Moundang. Quoi qu'il en soit de cette origine, les collèges actuels sont, nous l'avons dit, des groupes sociaux permanents et indépendants des institutions lignagères, claniques ou politiques. En s'intégrant dans ces groupes congrégationnels inter-villageois qui se livrent à des activités économiques communes, la femme accède à un statut social nouveau. Et la symbolique des rites et les propos spontanés des maîtresses de collège attestent que ce passage est conçu à l'image de l'initiation masculine.

Quant au pouvoir de la *ma-swa-šinri*, la « mère » quelque peu redoutée du collège, il nous semble une sorte de réplique du pouvoir du

* Du reste, quand on interroge la *ma-swa-šinri* sur les détails des rites qu'elle organise, elle répond souvent et sans malice : « je ne sais pas, c'est le devin qui le sait, c'est le devin qui le dit ».

chef traditionnel. Est-ce un hasard par exemple que la calebasse qui symbolise ce pouvoir est nommée « la calebasse du *ɔ̃ŋbwoẽ* », par référence à la pierre jaune friable *(gbwoẽ)* qui joue un rôle essentiel dans l'intronisation du roi de Léré ? Nous pourrions nous appuyer sur des données plus lourdes à manier mais aussi plus probantes pour montrer que les collèges de possédées se définissent comme des institutions para-politiques féminines. Mais, ce qui nous préoccupe ici c'est le rapport entre leurs activités et la démarche du devin.

Si l'on accepte notre hypothèse, le guidage divinatoire pointilleux des rites de possession serait la résultante d'un jeu de légitimation ambigu entre ces institutions féminines relativement récentes et la société officielle au sein de laquelle elles ont à se définir. Le caractère minutieux du guidage en question n'aurait-il pas la fonction latente de signifier aux représentantes qualifiées de ces institutions que leur pouvoir et leur savoir est une illusion et que leurs actions doivent se faire légitimer sans cesse par une instance divinatoire indépendante de l'autorité temporelle ? Réciproquement, les représentantes de ces institutions ne trouveraient-elles pas leur compte dans cette légitimation méticuleuse de leurs actions, dont elles retireraient le bénéfice secondaire d'une disculpation de leur position socio-politique ambiguë ?

VI. ÉNONCÉ DIVINATOIRE ET EXPÉRIENCE

S'il est opportun de distinguer comme le fait G. Park * divination « mécanique », « rituelle » et « émotive », celle des Moundang est incontestablement de la première catégorie. Nous dirions plutôt qu'elle se singularise par son esprit analytique poussé et l'absence de toute « dramatisation » rituelle ou autre **.

On l'a vu, le *kindani* décompose l'univers et la personne du client en ses éléments constitutifs et soumet chacun de ces atomes au verdict d'un procédé objectif qui en détermine l'état ou les intentions. Le diagnostic est la somme de ces jugements ponctuels. Le *kindani* n'émet pas d'indications synthétiques, il ne réorganise pas les éléments examinés en configurations signifiantes, il se contente la plupart du temps d'inscrire des signes négatifs ou positifs sur la fiche de contrôle du client.

Nous mettons intentionnellement le *kindani* à la place du sujet, car le devin lui-même se soustrait à peine à l'objectivité de son procédé, il se distingue à peine de l'homme du commun. Il n'a guère besoin des connaissances sophistiquées d'un *bɔkono* fon † ou de « l'esprit critique » et des facultés d'intuition d'un devin ndembu ††. A le comparer avec

* Park G., Divination and its social contexts, *J.R.A.I.*, 1963, **93**, 2, p. 195-209.

** Park fait une large place à ce concept dans sa théorie de la divination. Pour lui « la vérité et le pouvoir du mythe sont plus importants que l'authenticité des procédés inspirationnels ou de hasard utilisés qui doivent avoir seulement une vérité dramatique » et « le mécanisme aléatorisant est fonctionnellement équivalent à la dramatisation purement rituelle ou émotive » (Park 1963, loc. cit.).

† Maupoil B., *La géomancie à l'ancienne Côte des Esclaves*, Paris, Institut d'Ethnologie, 1961.

†† Turner V. W., *The Drums of Affliction*, Oxford, Clarendon Press, 1968 : « His role falls between that of a judge and that of a ritual expert. But whereas a judge enquires into conscious motives, a diviner often seeks to discover unconscious impulses behind behavior. To discover these he uses intuition as much as reason. He « feels after » the stresses and sore points in relationships, using his configurations of symbolic objects to help him to concentrate on detecting the difficulties in configurations of real persons and relationships » (p. 45).

ces homologues illustres, la part intuitive de son art divinatoire se réduit à ses interprétations rares et limitées par lesquelles il cherche à tempérer les rigueurs de son système.

Toute divination procède par choix successifs dans un ensemble d'alternatives qui forment un sous-système de la culture de référence. Ces choix ont généralement trait à des problèmes particuliers posés par des individus particuliers, les clients, et sont effectués par une instance légale, le devin. Le processus divinatoire s'apparente aux processus juridiques. Mais, le devin n'est pas un magistrat car il ne prescrit pas de sanction après avoir constaté l'existence d'un délit désigné comme tel par un code. Il est tout au plus une sorte de juge d'instruction porteur de la moralité du groupe dont la tâche est de découvrir soit l'auteur d'un délit (par exemple, un crime de sorcellerie) soit le motif d'une infortune considérée comme une sanction (par exemple, une maladie). Quoi qu'il en soit, le procédé qu'il utilise et le code auquel le juge se réfère semblent avoir des fonctions similaires. La reconnaissance publique de la position du délinquant par rapport aux règles énoncées dans le code est le fondement de l'objectivité du juge. Semblablement, la vérification de la position du consultant par rapport aux réponses du dispositif divinatoire, lues selon des règles connues par tous, est le fondement de l'objectivité du devin *. Qu'il prenne ou non une part active au règlement des conflits, tout devin a besoin de prouver et de se prouver qu'il n'est pas le seul garant de la parole qu'il énonce. Sinon, ses jugements tomberaient dans le domaine du privé ou du politique.

Les systèmes divinatoires qui résolvent ce problème ** en confiant le soin de la décision à un procédé probabiliste sont apparemment confrontés à un paradoxe. Plus librement ils laissent jouer les lois du simple hasard, moins facilement ils encourent le reproche de la non-objectivité. Mais, plus les réponses sont aléatoires, moins elles sont conciliables avec les données de l'expérience c'est-à-dire avec l'ensemble de paroles qui précèdent la mise en forme divinatoire de

* L'ordalie est semble-t-il à mi-chemin entre ces deux formes. L'épreuve du poison est destinée à établir la culpabilité et comporte en même temps la légitimation de sa sanction positive ou négative. Elle est donc aussi bien un mécanisme aléatoire (comme le *kindani*) et sa légitimation.

** Nous ne prétendons pas que c'est là la seule explication de l'utilisation des procédés de hasard.

l'événement et articulent ses signes (les symptômes de la maladie et les faits empiriques concomitants) en des énoncés qui circulent dans la famille. Or aucune divination ne peut faire table rase de ces paroles, aucune divination ne détient *de facto* le monopole de l'élaboration symbolique de l'événement.

On se contentera de poser ce problème sans prétendre résoudre toutes les questions qu'il soulève à son tour. Ces questions touchent à la nature de l'expérience telle que nous venons de la définir, au fonctionnement des faits de croyance et à leur manipulation divinatoire, à l'art d'interprétation du devin et aux subtilités du procédé qu'il utilise. La littérature ethnographique fournit néanmoins plusieurs types de solutions qu'il nous faut d'abord évoquer pour situer avec quelque précision le cas moundang.

La première est, bien entendu, un certain art d'interprétation quel que soit le matériel utilisé. On a vu que le devin moundang lui-même n'est pas totalement étranger à ces va-et-vient ambigus du passé au présent, du présent au futur, de l'affirmation à l'énoncé conditionnel que l'on retrouve aussi chez nos cartomanciennes.

Dans toute divination à objets ou figurines symboliques, c'est la nature même de son matériel qui laisse une marge d'interprétation au praticien. Chez les Ndembu de Zambie, le devin interprète les combinaisons aléatoires d'un ensemble de symboles multi-référentiels. Chacune des combinaisons est susceptible de plusieurs lectures, de sorte que son interprétation peut intégrer aisément les données particulières de la situation de ses clients auxquelles il accorde du reste une attention constante *.

Il n'est pas le seul devin à établir son ascendant sur ses consultants par une découverte impressionnante au début de la séance : nom du client, motif de la visite, identité de la victime, etc. Le devin yao (Malawi) procède de la même manière et utilise, lui aussi, des objets symboliques. Mais, en un sens, il va plus loin car après avoir deviné par ses seuls moyens le motif de la visite (mort, maladie, vol...), il improvise un récit autour de ses instruments, puis il donne une définition vague de la personne responsable des maux du client. C'est au sujet lui-même de nommer alors le persécuteur conformément à ses

* Turner V. W., *Ndembu divination*. Rhodes Livingstone Institute, Salisbury 1953.

propres suppositions *. Chez les guérisseurs wolof du Sénégal, nous avons observé une démarche similaire **.

Le devin nyoro ne se désaisit pas de son rôle de cette manière, mais obtient en cours de séance des informations personnelles sur son client. Il s'en inspire pour formuler les questions qu'il soumet ensuite au tirage au sort †.

Mais, la solution la plus raffinée est incontestablement celle du système Fa ou Ifa pratiqué par les Fon et les Yoruba du Bénin ††. Ici le devin détermine d'abord par tirage au sort lequel des 256 signes divinatoires est celui de son client. Ensuite, il se met à réciter les versets, devises et légendes, qui correspondent au signe en question. Chacun de ces versets fait allusion à une large variété de situations (maladie, mort, obtention d'une richesse, recherche d'une épouse...) qu'un animal ou un caractère mythique a affrontées et soumises à l'avis du devin. Selon Bascom « c'est le client lui-même qui indique au devin le verset approprié à sa propre situation ». Selon Maupoil, ce serait au devin de « choisir la légende qui s'adapte au cas considéré *† ».

On le voit, les systèmes divinatoires articulent de diverses manières les réponses plus ou moins aléatoires de leurs dispositifs avec ce que nous avons appelé les données de l'expérience. S'ils parviennent à voir l'invisible — ce qui est leur fonction assignée — c'est qu'ils ne s'interdisent pas de prélever des indices sur le parlé et le visible.

Or, s'il en est ainsi, le *kindani* moundang se présente comme un cas limite. Sans être totalement absents, aucun des modes de compromis ou de détour que nous venons d'évoquer n'y semble pleinement exploité. On l'a vu, les interprétations du *pa-kindani* sont généralement pauvres et ponctuelles. Ses groupes de cailloux sont des signes mathématiques, ils ne lui offrent pas les possibilités combinatoires des objets symboliques. Il ne cherche pas à se hisser à une position de suggestion en démontrant ses capacités de voyance à l'ouverture de sa séance. Il ne peut pas céder sa place au sujet en un moment décisif de sa quête car celui-ci n'assiste même pas à sa consultation. Certes, il

* Mitchell C., *The Yao village*, Manchester 1956.
** Zempleni A., La thérapie traditionnelle des troubles mentaux chez les wolof et les lebou, *Social Science and Medecine*, 1969, III, 191-205.
† Beattie J., Divination in Bunyoro, Uganda, *Sociologus*, 1964, 14, I, 44-62.
†† Bascom W., The Sanctions of Ifa divination, *J.R.A.I.*, 1941, 71, 1-2, p. 43-54, p. 43.
*† Maupoil B., *op. cit.*, p. 419.

possède quelques informations sur son état et sur sa situation. Mais, il n'en sollicite pas d'autres pendant la séance et le contenu ou l'ordre de ses questions divinatoires semblent faiblement informés par de tels renseignements.

Bien entendu, le devin n'ignore pas la réalité au sujet de laquelle il consulte. Mais, tout se passe comme si le *Kindani* tendait à méconnaître ou à se désintéresser de la différence entre *l'état divinatoire* établi par les tirages au sort du devin et les données de l'expérience c'est-à-dire les produits de la symbolisation prédivinatoire de la maladie.

Il n'y a pas lieu de s'étonner nous dira-ton d'une telle méconnaissance ou désintérêt. Une des fonctions de la divination n'est-elle pas précisément le repérage de la position structurale de l'individu ou du groupe familial dans les différents ordres signifiants qui les traversent et la réduction de la particularité de leur expérience, de leurs paroles en chose ou paroles de la collectivité ? Mais, les faits d'interprétation rapportés plus haut et les preuves évidentes du bon sens du devin ne sont pas les seules données qui s'inscrivent en faux contre cette vision d'un discours refermé sur lui-même, d'un discours paranoïaque institué.

Le système lui-même semble se donner les moyens pour corriger sa rigueur. On se souvient que certaines catégories afférentes au village, à la maison et à la maladie sont, soit groupées en paires, soit dédoublées en mâle et femelle : l'ombre du *hale* et sa parole ; la terre et ses chemins ; la terre et les esprits de la terre ; la jarre et l'eau ; le sorcier et la paume de sa main ; les hommes et leurs âmes ; la lune et sa pluie ; la cour intérieure et les personnes qui s'y trouvent ; le foyer et le repas préparé sur le foyer ; l'esprit lié aux grands-parents et les esprits indéterminés ; la bière de mil du dedans et la bière de mil du dehors ; le poisson frais et le poisson séché ; la parole ordinaire et la parole de colère ; la maladie *čome* mâle et la maladie *čome* femelle, etc.

Avant de l'interpréter, nous admettrons que ce principe d'appariement ou de dédoublement n'est pas immédiatement appliquable à tous les éléments inscrits sur la table divinatoire. Nos informations ne nous autorisent pas à coupler, par exemple, certaines fonctions et organes ou certains éléments de la maison, ni à dédoubler certains *šinri*. Nous admettrons aussi que l'analyse minutieuse des catégories de pensée moundang est la voie obligée pour qui veut juger de l'articulation sémantique des termes indiscutablement appariés ou dédoublés. Il reste que cette articulation n'est pas toujours rebelle à une définition purement formelle. Comme on l'a noté plus haut, le rapport est souvent celui de la partie au tout, du contenu au contenant (la cour et les gens, la jarre et l'eau...), de l'inscription à la surface (la terre et ses chemins), du possédé au possédant (les hommes et leurs âmes), de l'agissant à l'agent (le sorcier et la paume de sa main) etc. Dans d'autres cas, on a un marquage différentiel de la même substance ou fonction : la viande rouge ou séchée; la bière du dedans ou du dehors; la parole ordinaire ou la parole de colère, etc.

Sous l'angle sémantique, aucun de ces rapports n'est de pure répétition. Mais, au point de vue opérationnel — c'est notre hypothèse — les termes appariés ou dédoublés sont *redondants* l'un par rapport à l'autre. La jarre et l'eau, la terre et les esprits de la terre, le sorcier et la paume de sa main... sont des catégories distinctes. Mais, l'information que vous apporte la réponse du devin concernant l'une ou l'autre est *grosso modo* la même. L'état de la jarre vous intéresse pour autant que vous devez y puiser de l'eau. Si la terre est « mauvaise » c'est que les esprits de la terre sont défavorables. La cour de la maison est « bonne » ou « mauvaise » pour les gens qui y vivent. Si la main du sorcier vous menace, elle n'est pas pour autant détachée de son propriétaire. De même la bière de mil du dedans et la bière de mil du dehors ou la parole ordinaire et la parole de colère sont des catégories distinctes. Mais, lorsque vous devez boire ou faire une offrande, vous aurez toujours à vous procurer de la bière et la parole ordinaire, si elle est « mauvaise », deviendra purement et simplement une « parole de colère ».

Si l'on admet l'hypothèse d'une redondance tantôt cachée tantôt plus manifeste (la cour et les gens, le sorcier et sa main, les deux paroles...), il est aisé de lui attribuer une fonction. En soumettant deux ou plusieurs fois de suite la même unité d'information à un tirage au sort, le *kindani* accroît la probabilité d'apparition de chacune de ses quatre réponses concernant cette unité d'information. Plus exactement, il accroît la probabilité d'un *équilibre* des réponses positives et négatives et par là, il se donne le moyen de rendre plus souples et plus ambiguës ses prévisions et ses annonces même si elles ne sont pas ouvertement formulées. Certains commentaires des devins en témoignent sans équivoque :

Le *pa-kindani* de Fouli énonce d'abord : « un homme doit mourir sur la terre de Fouli » (*Mur-seri* : 3-3). Puis, il ajoute : « *mais*, les esprits de la terre ne veulent pas de cette mort » (*mozum-seri* : 3-2).

L'état favorable de la catégorie appariée permet de rendre hypothétique la première prévision (« un homme doit mourir ») sans annuler pour autant l'annonce (« un homme est en danger »). Qu'un homme meure ou non, le devin aura vu juste.

Dans une autre consultation, la « parole ordinaire » est défavorable et le *pa-kindani* prédit « une prise de bec ». Mais, la « parole de colère » est positive et il ajoute ceci : « il y aura une mauvaise parole, *mais* si elle parle avec douceur (sic), ce ne sera pas grave ».

Les termes appariés sont permutés. Le signe négatif sur la « parole ordinaire » annonce son contraire, la « mauvaise parole », et le signe positif sur la « parole de colère » indique que cette « mauvaise parole » restera malgré tout une « parole ordinaire ».

Nous pensons que la dissymétrie des résultats laissés sans commentaire renvoie à des énoncés sous-jacents du même type : « le sorcier vous menace, *mais* il n'a pas encore levé la main... »; « la cour de la maison est néfaste, *mais* les personnes qui s'y trouvent ne sont pas encore atteintes... »; « la bière de mil de la maison est mauvaise, *mais* vous pouvez en prendre (en préparer) à l'extérieur... » etc.

Le système se protégerait ainsi lui-même de la rigueur de son procédé probabiliste. Du coup, il s'accommoderait aussi de certaines données du réel. Les réponses divinatoires, nous l'avons dit, peuvent engendrer selon la catégorie une simple attente, une conduite d'évitement ou de précaution, des actes rituels divers et des sacrifices. Si le sorcier vous menace, vous prenez du *fa-sak*. Si le chemin est néfaste, vous l'évitez. Si votre parole est mauvaise, vous prenez garde. Si les *mozumri* sont défavorables, vous leur adressez une offrande. Si le *kindani* indique que sa propre parole est troublée, vous faites un sacrifice et vous recommencez, etc. Or, si la nécessité de toutes ces actions était gagée sur le résultat d'un seul tirage au sort, la limite de ce qui est empiriquement possible pourrait être rapidement atteinte. Nous avons parlé du « bon sens » du devin qui minimiserait certaines réponses de son dispositif et se contenterait, par exemple d'une simple recommandation morale là où une offrande serait de mise. Il reste à savoir si ce « bon sens » n'est pas, pour partie, un effet du système lui-même qui ré-équilibre les réponses par le jeu des catégories dédoublées ou appariées. L'effort conscient que sollicite la recommandation morale n'a de sens que si la partie n'est pas jouée. La *maswa-šinri* peut s'efforcer de « parler avec douceur » pour autant que sa « parole de colère » n'est pas énoncée comme une certitude.

Un moyen de correction incorporé au procédé de divination assouplirait donc son déterminisme et l'assurerait d'une certaine ouverture sur le réel. Le *kindani* ne se désintéresse pas de la différence et des contradictions entre les énoncés divinatoires et les données de l'expérience.

Mais, le problème que nous pose cette différence n'est point résolu pour autant. Dans les *kindani* que l'on vient d'analyser, elle se situe entre l'état divinatoire obtenu par les tirages au sort et la mise en forme pré-divinatoire de la maladie par le discours des consultants. Comment caractériser cette mise en forme antérieure à la consultation ? Au sens le plus large, elle n'est rien d'autre que la « maladie » en tant que fait de langage et non de corps. En un sens plus restreint, elle est l'ensemble des paroles qui rapportent d'une manière ou d'une autre cette « maladie » aux catégories médicales (sémiologiques, nosologiques, étiologiques) de la société. Sans être moundang, on peut supposer que le consultant fait largement référence à ces catégories pour se signifier l'état général de son corps ou l'état particulier de ses organes. Il fait peut-être part à ces proches de ses « idées » sur la nature de ses troubles et des agents qui le persécutent. De toutes manières, son père, son mari, sa mère... relèvent des indices, énoncent des hypothèses. Ils l'invitent à la recherche des repères : quand, comment il a touché telle chose, vu tel animal, offensé telle personne, transgressé telle règle...

Fut-il confus et polyvalent, cet ensemble d' « idées » partagées, de suppositions prudemment évoquées, de questions et d'énoncés plus ou moins voilés constitue un pré-diagnostic de la maladie. Et puisque les représentations médicales des consultants, du *pa-kindani* et des thérapeutes sont pour l'essentiel les mêmes, ce pré-diagnostic est formulé en termes similaires aux catégories interrogées par le devin.

Or nous n'avons aucune raison de penser que le *pa-kindani* n'applique pas avec rigueur son procédé de tirage au sort. Par conséquent — malgré ses ruses d'interprétation et malgré l'ambiguïté permise par le jeu des appariements et des dédoublements * — il y a une probabilité assez faible pour que tous les éléments ou paroles qui constituent le

* Nous constatons précisément que la majorité des organes et des fonctions ne sont ni appariés ni dédoublés de manière explicite. Les maladies et les agents peuvent l'être, mais ne le sont pas toujours. Et en règle générale, le devin n'interroge pas un ou deux éléments choisis en rapport à l'expérience du malade mais décline toute une série d'éléments en se conformant au code divinatoire.

pré-diagnostic soient corroborés, terme à terme, par ce qu'il dit de l'état des organes, des maladies et des agents de la maladie. Si certains énoncés pré-divinatoires ont toute chance d'être authentifiés par les siens, d'autres seront probablement oblitérés ou restructurés par ses annonces.

Sans doute serait-il simpliste de réduire son diagnostic analytique à un dosage probabiliste du « oui » et du « non » ou si l'on veut, de la confirmation, de la négation et de la révélation. Mais, il serait aussi naïf de penser que ce diagnostic est une construction sur un terrain vierge. Par la force du hasard, le devin entérine et réoriente, nie et corrobore les paroles des consultants. Il dit la même chose et autre chose que le malade et sa famille. A la limite, son procédé probabiliste serait à lui seul cause suffisante de l'existence d'une faille et d'une zone de recouvrement entre ses énoncés et le discours de ses clients. Tout se passe comme si le système divinatoire moundang pouvait faire l'économie d'un savoir constitué ou d'une pratique extatique quelconque pour marquer la différence, la coupure : l'Autre Parole. Cette Autre Parole, celle de *Masəŋ*, celle des *mozumri*, est ce qui est proprement irréductible à toute mise en forme de l'expérience.

Troisième partie

LA DIVINATION ET LE POUVOIR

VII. HIÉRARCHIE SOCIALE ET DIVINATION : LA CONSULTATION POUR LE NOUVEL-AN

Nous avons signalé dans l'introduction de ce travail l'inévitable oscillation à laquelle est vouée une étude du fonctionnement d'un système divinatoire qui traite autant comme objet de connaissance en soi que comme moyen de connaissance des objets qui lui sont soumis. Cette difficulté apparaîtra encore plus nettement dans les pages qui suivent que nous consacrons à l'analyse de deux consultations recueillies à l'occasion de la préparation de deux des grandes fêtes du calendrier moundang. Il n'existe pas, en effet, dans la société moundang de relations spécifiques entre la divination et le pouvoir, qu'il s'agisse du souverain en personne ou des autorités politico-religieuses. Une telle relation supposerait soit la formation d'une classe ou d'une caste de devins pesant de son poids propre dans la détermination des décisions intéressant la collectivité toute entière, soit l'existence d'une forme particulière de divination vouée au service du pouvoir. Or, on le sait déjà, qu'il soit question de la demande d'un simple paysan consultant pour une affaire privée ou de celle du souverain représentant les intérêts de tous, les procédés du *kindani* sont les mêmes; quant aux *pa-kindani*, ils ne constituent à aucun titre une confrérie et moins encore un corps comparable à un clergé. Ils sont les experts des cailloux et l'on attend d'eux que la compétence. Si parfois — notamment dans les cas qui concernent les manifestations collectives comme ceux que nous allons maintenant examiner — on fait appel à plusieurs *pa-kindani* qui forment alors une espèce de collège temporaire, c'est pour s'assurer, semble-t-il, qu'on n'est pas à la merci de la défaillance ou de la fantaisie d'un seul. Nous parlons néanmoins de relations entre pouvoir et divination car tout en restant tel que nous l'avons décrit dans la partie précédente, le *kindani*, en s'appliquant non plus à un objet particulier mais à la société globale ordonnée en fonction des exigences du rite royal, est amené à décrire celle-ci d'une certaine façon. Cette description jette pour nous un éclairage très significatif sur les éléments qu'elle sélectionne. D'autre part, par la façon même dont le *kindani* traite les relations entre ces éléments il nous conduit à reposer le problème de sa fonction. En effet, quand il répond aux questions d'un malade, d'une personne désireuse d'entreprendre un voyage sous des auspices favorables ou toute affaire privée du même ordre, sa fonction est évidente. Elle l'est beaucoup moins quand, à une demande partielle, se substitue, si l'on peut dire, une demande totale et quand le demandeur particulier fait place au souverain représentant la collectivité et instance sacrée en lui-même. Alors, se produit une confrontation entre deux formes hétérogènes de légitimité dont il faudra nous demander quels rapports elles entretiennent l'une avec l'autre.

Le trait le plus marquant des consultations que nous allons analyser est le suivant : quand le *kindani* « travaille » pour la préparation des grandes fêtes publiques il se met au service du souverain qui en est le responsable suprême devant la société et dont dépendent pour une part la chance ou la malchance qui sont données par les puissances invisibles qui gouvernent le destin des hommes ; le devin par conséquent, se doit de veiller sur lui en tant que personne, sur sa famille, son entourage et sur les détenteurs de fonctions rituelles qui ont un rôle à jouer au cours des cérémonies.

A cette occasion, les consultations changent d'échelle, elles sont beaucoup plus longues. Elles peuvent durer une, deux, voire trois semaines alors que pour un particulier elles dépassent rarement la journée. Tout au long de leurs travaux les *pa-kindani* sont placés sous le contrôle direct du roi de Léré qui est tenu personnellement au courant des résultats partiels importants et des problèmes qu'ils soulèvent. Si, par exemple, des sacrifices s'avèrent nécessaires pour modifier tels énoncés particulièrement inquiétants c'est lui qui fournit l'animal (poulet, chèvre ou mouton) dont le sang sera versé sur la place où se font les tirages et la viande est consommée par les devins. Il peut demander à ces derniers de hâter le travail s'il juge que le temps presse. Enfin, quand le *kindani* est achevé, il se rend sur l'aire de consultation pour se faire lire et commenter l'ensemble des résultats. Il offre des cadeaux aux *pa-kindani* : mil, tabac, bière de mil, argent.

Pour les affaires privées, on l'a vu, le consultant se rend au *hale* personnel du devin qui opère sous son arbre au pied duquel sont rangés ses cailloux. Pour les deux grandes fêtes dont nous parlons, le roi de Léré fait appel au chef des devins appartenant au clan Gwəre qui travaillera avec ses collègues à une place rituelle consacrée au grand *kindani* et qu'on nomme simplement *təhalé*. Le *təhalé* est situé au nord-est de Léré non loin d'une autre place rituelle importante : celle où les mères vont reconnaître leurs garçons au retour du camp de circoncision et qu'on appelle pour cette raison *zapi-žõrê* (place des initiés). Bien qu'il ne soit qu'à quelque deux cents mètres des habitations du quartier Gežoré (le quartier des étrangers) *təhalé* est considéré comme un espace de brousse et non comme un emplacement villageois. Présentant la forme d'un grand cercle imparfait d'une trentaine de mètres de rayon, il forme une espèce de cuvette toute entourée de *təbakamé* (balanites aegyptiaca). A l'intérieur de ce cercle se trouvent également quelques *təbakamé* au pied desquels s'installent les devins pour travailler avec leurs cailloux ou plutôt avec les cailloux spéciaux qui ne sortent jamais de ce *təhalé*. De gros cailloux de rivière qui sont entassés de çi de là serviront à reporter les résultats finaux sur le grand cercle extérieur. A la fin du *kindani* ces résultats seront récapitulés et discutés devant le roi et son entourage qui auront ainsi, s'il y a deux rangées pleines inscrites sur le sol, près de quatre cents mètres de « texte divinatoire » à parcourir.

Le grand *təhalé* est un lieu sacré et, nul, excepté le souverain lui-même, n'y met les pieds sans ôter d'abord ses sandales. Quand en des circonstances graves, les dignitaires religieux ou les Anciens des clans ont à tenir une conférence c'est là qu'ils se réunissent. Et après les cérémonies de *fiŋ-mundaŋ* c'est également sur cette place que se rassemblent les *Za-ču-ču* (société secrète de siffleurs) pour consommer la viande de l'animal que le roi a fait sacrifier pour eux et recevoir les sifflets que leur chef a fait sortir de son grenier pour les leur distribuer. A *təhalé* ils sont sûrs que personne ne viendra les déranger et que, par conséquent, personne ne pourra voir leurs sifflets qui sont porteurs de mort. Enfin, l'importance de ce lieu nous est révélée par un rite royal qui se déroule dans l'après-midi du deuxième jour de la fête de *fiŋ-mundaŋ*. Nous le décrirons et nous en proposerons une interprétation plus loin.

Le *təhalé* de Léré est donc une sorte de sanctuaire pour les grands du village et la divination ne s'y pratique qu'à l'occasion des deux grandes fêtes. Ces deux grandes fêtes prennent place dans un calendrier rituel dont nous allons marquer certains temps essentiels qui nous permettent d'appréhender la différence entre les festivités qui exigent le recours préalable au grand *kindani* et les autres.

Les Moundang ont l'habitude de compter les mois de l'année (*fiŋ* = mois, lune, fête) en commençant par la saison des pluies qui tombe généralement en avril. Bien qu'elle soit lunaire, l'année ne comporte que 12 mois. A partir du 4e, c'est-à-dire du plus fort des pluies, au moment où les travaux agricoles battent leur plein, commence une série de rites qui sont placés sous la responsabilité d'anciens de clans spécialisés et qui sont destinés à scander les temps et les travaux jusqu'au début de la saison sèche (octobre-novembre), jusqu'à la date de *fiŋ-mundaŋ*. Cette série culmine au 6e mois (*fiŋ-duli*, le mois des Grands) avec un grand sacrifice accompli dans la cour du palais du roi et qui constitue l'ultime préparatif avant *fiŋ-mundaŋ*. Ce rite incombe aux gens du clan royal de Lumburi, village qui est un haut lieu du pays moundang puisqu'il fut la première résidence du fondateur de la dynastie de Léré, Gõ-Daba qui pour cette raison est nommé Da-lumbur. Le sacrifice de fiŋ-duli est précédé d'une grande consultation du *kindani* qui doit se tenir à Lumburi même. Considérée comme la plus importante de toute l'année, elle est entourée d'un maximum de précautions. Il fallait jadis que les *pa-kindani* de 5 villages de l'ouest de Léré (direction d'où sont venus les *Gõ-Ləərе*) participent à cette consultation. Chacun d'entre eux devait travailler séparément et les résultats concordants étaient seuls pris en considération. Parmi les questions posées, on trouve celles-ci : dans quel village doit-on prendre l'animal à sacrifier, faut-il un taureau ou une vache, un taurillon ou une génisse et de quelle couleur ? Quelles sont les maladies qui menacent le pays, que seront les récoltes ? Enfin, à propos de la personne du roi de Léré : quelle coiffure devra-t-il porter pour *fiŋ-mundaŋ*, quel costume ? Devra-t-il accepter tel cadeau, etc.

Nous ne pouvons en dire plus sur le *kindani* de Lumburi puisque malheureusement nous n'avons pas eu l'occasion d'y assister. Néanmoins, ce que nous en savons confirme avec une particulière netteté qu'il n'y a de grand *kindani* que lorsque le rite qu'il prépare concerne au premier chef la personne du souverain en tant que sacrifiant.

Les autres rites d'intérêt collectif, mais confiés aux soins des clans non royaux * ne sont précédés d'aucune consultation.

Faisant suite à *fiŋ-duli*, nous avons *fiŋ-mundaŋ* dont nous allons parler dans un instant. Au neuvième mois *(fiŋ-yuru)* prend place la fête de l'âme du mil *(čê-sore)* qui est célébrée à Léré exclusivement et qui est placée sous la responsabilité d'un grand dignitaire du palais, le *swa-we-puliã-gõyə* **.

A cette occasion il n'y a pas de consultation à *təhalé* mais une entrevue secrète entre ce dignitaire et le chef des *pa-kindani* de Léré afin de déterminer notamment dans quel champ du roi sera confectionnée la gerbe de mil que le jeune homme désigné pour cette charge transportera dans le grenier royal et de quelles variétés elle doit être faite. La fête de *čê-sore* est un rite complexe qui, quoique lié au cycle agricole, est essentiellement un rite de royauté mettant en cause la personne du souverain exclusivement et non pas la terre de Léré. Mise en scène dramatique où le jeune serviteur porteur de la gerbe risque la mort en se substituant au fils du roi, elle manifeste la puissance et la solitude du *Gõ-Leere* dont elle compte les années de règne. Mais la terre de Léré, sa population et surtout l'ensemble des catégories de forces (esprits ancestraux et génies du lieu qu'il s'agit de rendre propices) auquel la société est soumise ne sont pas en cause. C'est la raison, nous ont dit les devins, pour laquelle on ne consulte pas à *təhalé* pour l'âme du mil. Enfin au cours du dixième mois a lieu la fête de la pintade *(fiŋ-lu)* à laquelle sera consacré le huitième chapitre.

En dehors de ces quatre dates capitales du calendrier rituel, il existe évidemment d'autres circonstances dans lesquelles il est fait appel au *kindani* à des fins d'intérêt général. Par exemple, s'il y a une

* Il s'agit des rites de marquage du temps que nous évoquions plus haut. Les trois principaux sont les suivants :
1) fabrication des sifflets en forme de pénis que les enfants utiliseront à la mi-août pour railler les femmes en soufflant derrière elles et en leur lançant des obscénités. La responsabilité en incombe au clan Kiʒéré;
2) Musique et flatteries à l'adresse du roi par l'orchestre des *ʒak fauni* (cf. *infra*) qui se tient au seuil du palais vers la mi-septembre. Cette charge revient au clan Təzun (ficus);
3) enfin musique et danses des *buléré* (flûtes d'écorce) vers le début de novembre. Rituel incombant au clan des Oiseaux *(bã-žu)*.

** Voir au sujet de ce dignitaire et du système politique moundang en général notre article : Adler A., « Essai sur la signification des relations de dépendance personnelle dans l'ancien système politique des Mundang du Tchad ». *Cahiers d'Études Africaines*, 1969, IX, 35, pp. 441-461.

sécheresse persistante ou des pluies trop faibles le roi donnera l'ordre à son chef de pluie d'aller voir le devin pour savoir quels sont les sacrifices requis pour redonner de l'efficacité à ses pierres de pluie. Jadis, avant d'entreprendre une expédition militaire, les différents chefs de corps spécialisés (cavalerie, piétons, archers, etc.) ayant chacun leurs *šinri* (médicaments) propres, se rendaient chez le devin pour savoir comment restaurer la force de ces *šinri*. Et, bien entendu, avant d'envoyer les enfants vers les camps d'initiation, leurs responsables, les *payã-ne* (maîtres des masques) et les *pa-kəlabe* (maîtres de la hache, c'est-à-dire du couteau de la circoncision) consultent longuement les devins pour parer à tous les dangers mortels qui menacent tant les néophytes qu'eux-mêmes et derrière eux, encore et toujours, le souverain sur qui tout repose et qui est par conséquent le plus exposé de tous.

Avant d'entamer l'analyse de cette longue consultation qui nous fera passer en revue la foule des personnages qui, à un titre ou à un autre, doivent être soumis au contrôle du *kindani* afin que les cérémonies dans lesquelles ils ont un rôle à tenir se déroulent favorablement, il nous paraît nécessaire de fournir au lecteur un schéma de cette fête qui lui permettra de ne pas s'égarer dans les méandres de la logique divinatoire.

La fête moundang est une fête nationale, la seule qui dans tout le pays a lieu à peu près au même moment et dont les rites sont partout semblables. L'âme du mil *(čê-sore)* est une cérémonie accomplie pour le roi de Léré exclusivement et la fête de la pintade *(fiŋ-lu)* est célébrée de manière fort différente selon les villages. Fête du Nouvel An, *fiŋ-mundaŋ* est la plus importante et la plus populaire des dates du calendrier rituel. Elle se tient habituellement à la mi-novembre quand les récoltes des mils rouges et du maïs sont terminées et quand commence véritablement la saison sèche. L'activité agricole connaît alors un creux, mais elle ne se réduit pas à néant. Les habitants de Léré ramassent les arachides et les pois de terre et s'apprêtent à travailler dans les jardins qu'ils entretiennent dans la plaine *(pi)* fertilisée par la crue de la rivière principale du pays, le Mayo-Kebi. Dans le calendrier moderne, la fête coïncide avec la fin de la campagne cotonnière qui est marquée par les marchés où les paysans viennent vendre à la Cotonfran * leur récolte de l'année. C'est donc

* Société franco-belge de commercialisation du coton du Tchad.

dans un climat d'abondance — toute relative au demeurant — de mil et d'argent que la fête s'annonce. L'abondance est d'ailleurs une nécessité compte tenu de l'extraordinaire dépense somptuaire que eprésente la fête pour chaque budget familial. Pour le roi, les charges sont telles que c'en est une « véritable souffrance » pour reprendre sa propre expression.

Le premier épisode rituel prend place l'avant-veille de l'ouverture solennelle. Un homme appartenant au clan du chef de terre de Léré *(Mundaŋ-səŋ)* est désigné pour la charge de *gõ-pəkore*, c'est-à-dire de chef du séko (paravent de paille tressée). Très tôt le matin, on dispose son paravent circulaire au fond de la cour du palais, près de la petite ouverture par laquelle, à la mort du roi, on fait secrètement sortir son cadavre. L'homme s'installe dans son dérisoire « palais» pour toute la journée et toute la nuit. On lui donne des morceaux du bœuf sacrifié en son honneur et de la bière de mil dite *yim-šinri* (bière sacrificielle). Il est provisoirement le roi, roi à plaisanterie, qui prend sur lui les dangers de toute sorte qui menacent le véritable roi en cette veille de fête. Au petit matin il enjambera le mur du palais en emportant la palissade de paille et la peau du bœuf sacrifié.

Le matin de l'ouverture, le tambourinaire du roi frappe le *yuni* petit tambour qui sert aux cérémonies de deuil de la famille royale, pour annoncer la mort de la lune. Le rythme lent et solennel du deuil fait savoir à tous les villageois que le soir se tiendra la veillée de *fiŋ-mundaŋ*. Dans l'après-midi, de manière fort discrète, a lieu un événement capital : les *zasae* qui forment le collège supérieur des dignitaires qui entourent le roi, se réunissent dans le palais, dans la demeure de l'une des vieilles femmes du roi. Ils reçoivent d'abord de la viande d'un autre bœuf sacrifié en leur honneur et de la bière sanctifiée *(yim-šinri)*. Leur repas communiel achevé, ils engagent une discussion sur toutes les affaires importantes qui touchent à la royauté et à la bonne marche de la société qui en dépend. Ils préparent ainsi le discours que l'un d'entre eux prononcera devant tous les hommes en armes qui se masseront tout à l'heure devant le palais. Au milieu de ces conversations, le roi lui-même se joint aux *zasae* pour entendre leurs conseils et leurs demandes et les informer du contenu de son propre discours qui ouvrira la veillée.

A la nuit tombante la veillée commence, semblable à une veillée d'armes. Le roi, face à son armée est juchée sur la pirogue renversée posée à gauche du seuil d'entrée de son palais, sorte de trône, emblème de la royauté. Il est entouré des *zasae* et de tous ses notables.

Précédant les discours un rite de purification est accompli sur la ligne du seuil du palais. Un homme du clan des Oiseaux *(ba-žu)* puis un homme du clan de la Pirogue *(daye)* versent chacun à leur tour de l'eau d'une calebasse blanche sur cette ligne en prononçant des paroles de bénédiction pour le roi, puis s'en vont déposer ces calebasses sur l'emplacement proche de la sépulture fictive des anciens rois de Léré. Le premier orateur s'avance alors : c'est le chef des piétons *(puliã-məna)* du clan Kiʒere. En quelques mots il exhorte ses hommes au travail et à la tranquillité *. Lui succède le chef des cavaliers *(puliã-puri)* qui appartient au clan des Oiseaux. Aussi brièvement que son prédécesseur il adresse le même message à ses cavaliers. Vient ensuite le représentant des *zasae* qui tient un langage plus traditionnel en évoquant les dangers que toute rupture d'interdit ferait courir à la population au cours de la fête. Enfin le roi parle. Après quelques phrases de remerciement à ses administrés c'est à un véritable cours d'instruction civique qu'il se livre. Ses derniers mots à peine achevés, un homme du clan Kiʒéré frappe le *damé*, tambour géant de plus de 2 mètres. Ce tambour qu'on ne frappe qu'en cas de guerre ou pour les funérailles du roi retentit fort loin à la ronde, jusqu'aux limites du pays moundang, dit-on, qui sait alors que Léré est en fête. Jusqu'à l'aube, tout le monde va boire, danser et chanter les chants rituels de *fiŋ-mundaŋ*. Au cours de la nuit, une pointe d'angoisse affleurera chez les fêtards lorsqu'ils entendront tournoyer les rhombes *(mafali)*, siffler les *maviki* (masques soufflant dans un sifflet confectionné avec certaines herbes) et surtout lorsque sortiront les génies de l'eau (les hommes du clan Təré) jeteurs de pierres, pour aller chercher la nourriture déposée à leur intention à la porte du palais.

La fête dure quatre jours — chiffre femelle — et chacune des journées a son caractère propre. Les deux premières ont un aspect essentiellement public et sont centrées sur le roi et le palais. Elles

* Dans le contexte actuel un chef de guerre ne saurait dire autre chose. Comme *puliã-məna* nous l'a lui-même expliqué non sans quelque humour, « la guerre aujourd'hui c'est le travail du coton ».

s'ouvrent sur l'apparition des deux masques qui appartiennent à la royauté : *swaye* (le nuage) porté par un homme du clan du Singe et *gəre* (du nom d'un arbuste qui pousse dans les zones humides) porté par un homme du clan *Təre*.

Au cours de la première journée, le palais régale la population, catégorie par catégorie, selon un ordre de préséance qui détermine aussi bien qui sera servi le premier que les portions de viande et les jarres de bière de mil qui seront attribuées à chacune. Les devins *(Za-hale *)* constituent une de ces catégories en la circonstance et le rang qu'ils occupent est fort modeste. Pendant la seconde journée, les distributions de nourriture et de boisson se poursuivent au palais. On dit que c'est la journée des pauvres *(za-šakre)* car en même temps les dignitaires et les notables se reçoivent entre eux, abandonnant leur place aux autres qui mangent leurs restes comme les cadets mangent les restes de leurs aînés. Mais l'événement principal se déroule en fin d'après-midi. Il est constitué par un rite qui nous intéresse au plus haut point puisqu'il met directement en jeu les relations entre le roi et le *kindani*. L'importance de ce rite qui consiste à faire brouiller par les cavaliers du roi l'inscription des résultats de la consultation laissée sur l'aire du *təhale*, est telle qu'il nous semble préférable d'en reporter la description et l'interprétation au terme de l'analyse de la consultation elle-même. On voit d'ailleurs mal comment faire pleinement saisir la portée symbolique d'un acte d'effacement alors que le texte effacé demeure encore inconnu.

Entre ce rite qui clôt la seconde journée et la clôture officielle du quatrième jour, la fête prend surtout un aspect familial. Partout les chefs de maisonnée ont tué un animal (un bœuf pour les mieux nantis, une chèvre pour les autres), partout les femmes ont préparé force jarres de bière. Les gens s'invitent les uns chez les autres et plus l'on a de convives plus on a de prestige aux yeux d'autrui et aussi de chance pour l'année à venir. Des flûtistes *(pa-žakle)* font la tournée des Anciens de chaque quartier : ils reçoivent nourriture et boisson pour prix de leurs flatteries. La fête s'achève sur la réunion de tous les hommes en armes à *Za-pi-Žore*, la place initiatique où ils entendront les ultimes discours des trois dignitaires qui avaient déjà parlé à la cérémonie d'ouverture et du roi les invitant à éviter toute violence et à

* *Za-hale* c'est-à-dire les gens qui travaillent au *hale*.

bien travailler au cours de la nouvelle année. On se sépare en chantant et en se livrant à des danses guerrières qui exaltent les exploits de jadis dans les combats contre les Peuls. Il ne s'agit d'ailleurs pas là d'un simple élément d'ornement du rituel mais d'une commémoration précise de la victoire des Moundang à la bataille de Ribao (village du Cameroun septentrional) à la fin du siècle dernier. Cette incorporation d'une célébration historique dans une fête du calendrier agricole n'a rien d'étonnant quand on songe à notre propre calendrier occidental. Elle explique certainement l'étrange anachronisme des devins qui, à la fin de la consultation interrogent, comme nous le verrons, les Peuls et leurs biens, autrement dit se demandent si la guerre et le pillage seront ou non couronnés de succès pour les Moundang et surtout pour leur roi qui en était le principal bénéficiaire.

Après un intervalle de deux ou trois jours, selon le sexe du premier né du souverain, *fiŋ-mundaŋ* est suivi d'une période de huit jours pendant lesquels le pouvoir de sanction — réprimandes, brimades et amendes infligées aux fauteurs de troubles — passe des autorités établies, le roi et ses instances judiciaires aux mains des *Za-čuču*. Les *Za-čuču*, société secrète de siffleurs que nous évoquions plus haut, comprennent les Anciens des principaux clans du pays. Jouissant d'une réputation de grande sévérité, leur sortie dans le village inspire une espèce de terreur que renforce le caractère hiératique de leurs danses. On les appelle aussi « Masques du roi ». Ce transfert du pouvoir après la clôture du Nouvel An fait écho au transfert des responsabilités effectué sur la tête du « chef du paravent » à la veille de son ouverture.

Tel est le schéma très succinct de la fête de *fiŋ-mundaŋ*. Derrière les manifestations spectaculaires et le faste royal qui occupent le devant de la scène, un ensemble de prestations et de contre-prestations, une étiquette du partage des nourritures entre le souverain, les dignitaires et la population constituent la trame véritable de cette fête qui, à cet égard, constitue une réaffirmation et une remise à neuf de l'ordre social. Cette trame, nous la trouvons mise à nu, si l'on peut dire, dans la longue consultation du *kindani* qui en déroule tous les fils. Avant de l'analyser et pour que le lecteur puisse aisément nous suivre, nous voudrions récapituler dans un tableau les temps et les personnages essentiels du rituel.

Chronologie du rituel de fiŋ-mundaŋ

Période préparatoire (3 semaines environ)	Consultation du *Kindani* à *təhale*. Préparation des diverses bières de mil *(yim-šinri, yim-dame)* par les épouses du roi.
Jour précédant l'ouverture	Installation du chef du paravent (*gõ-pəkore*, clan du chef de terre), dans la cour du palais. Immolation du bœuf qui sera partagé entre lui, les *zasae* et les *wê-puliã-gõ-yə*.
Matin précédant l'ouverture	Proclamation de la mort de la lune par le tambourinaire du roi.
Après-midi précédant l'ouverture	Réunion solennelle des *zasae* dans une demeure d'épouse royale. Repas communiel. Discussion de toutes les affaires graves du pays. Visite du roi pour entendre conseils et doléances.
Veillée d'ouverture	Purification du seuil du palais et offrande aux ancêtres royaux. Discours des trois dignitaires puis du roi. Sortie des Masques de la nuit.
1er jour	Partage au palais des nourritures et boissons entre dignitaires rassemblés par catégorie. Sortie des Masques appartenant au roi.
2e jour	Repas et beuveries communiels des divers collèges. Sortie du cortège royal à *Za-pi-Žõré*. Effacement de l'inscription du *kindani* par les cavaliers du roi.
3e jour	Festivités familiales. Sacrifices et offrandes aux *mozumri* familiaux.
4e jour	Cérémonie de clôture à *Za-pi-Zõré*. Nouveaux discours des trois dignitaires puis du roi. Commémoration de la victoire des Moundang sur les Peuls à Ribao.
Période de sortie du temps rituel	Danses des *Za-čuču*. Suspension de huit jours du pouvoir royal. La terre appartient aux Anciens des clans du pays.

LA CONSULTATION POUR FIN-MUNDAN

Les séances qui préparèrent la fête de 1969 s'étalèrent sur deux semaines. Chaque matin, peu après le lever du soleil et jusqu'à midi environ les devins travaillèrent à l'exception du vendredi et du dimanche qui est à Léré jour de marché. Nous fûmes cause d'un léger surcroît de travail car nous nous fîmes répéter dans le magnétophone chacune des questions et son résultat après chaque tranche de consultation. Les devins qui nous connaissaient de longue date le firent de bonne grâce. Nous leur offrîmes des jarres de bière de mil et ils nous firent partager la viande des animaux qu'ils durent sacrifier pour rendre favorables les forces qui s'obstinaient à demeurer hostiles. Ils s'habituèrent si bien au magnétophone qu'ils finirent par le considérer comme un instrument à leur usage et lorsque le roi et sa suite vinrent à *təhale* pour prendre connaissance de l'ensemble du *kindani*, ils nous prièrent tout simplement de repasser la bande d'enregistrement; cette innovation dans le rituel fut appréciée avec bonne humeur et aussi avec humour.

Nous n'allons pas extraire de cette consultation ce qui a trait seulement à notre propos — le pouvoir — mais nous allons la présenter dans son ensemble ce qui permettra de mieux comprendre et le caractère uniforme du système divinatoire et ce qu'il y a de particulier quand l'intérêt de la communauté est en cause. Notre découpage en paragraphes correspond aux tranches de la consultation; chacune de ces tranches constitue une série de questions ou d'items bien distincte. La succession des séries et celle des items à l'intérieur de chaque série obéissent à un ordre que nous nous efforcerons d'expliquer chaque fois que nos informations le permettront. La première obéit à un ordre dont on peut supposer que le principe est celui-là même qui préside à l'agencement des diverses manifestations de la fête, la seconde obéit à un ordre interne dont on peut supposer qu'il est hiérarchique. La nature des hiérarchies ne se manifeste pas toujours clairement, elle est parfois même insaisissable. Ces problèmes nourriront nos commentaires pour l'essentiel.

1. L'ouverture. Elle comprend, à quelques variantes près les items classiques qui introduisent toutes les consultations de quelque importance (*fiŋ-lu*, rites funéraires). Comme ils sont peu nombreux, nous les citerons tous : « Commencement de *hale*, ce que *hale* va dire; lever du soleil; la soirée, la nuit noire; le jour qui suit, l'ombre du

təbakame ; l'ensemble des personnes qui se tiennent sous cet arbre ; leur nourriture ; l'ombre des arbres du village ; le départ des gens au travail ». Le *pa-kindani* qui procède aux tirages de l'ouverture est nécessairement le chef des devins c'est-à-dire celui du clan *gwəre*. Par la suite, les devins du collège se succèderont en ordre quelconque.

2. On interroge la catégorie des puissances invisibles les plus éminentes sur le plan ontologique, les *mozumri*. Quelles que soient les difficultés à cerner avec précision la pensée moundang dans ce domaine et aussi l'insuffisance de nos connaissances, il est certain que leur position initiale (après les questions sur le *hale* lui-même) dans le déroulement du *kindani* a une signification hiérarchique. Nous avons vu plus haut qu'il ne s'agit pas là d'esprits ancestraux à proprement parler mais des puissances qui commandent la terre ou plutôt, qui du point de vue des vivants expriment la souveraineté de la terre sous son aspect bénéfique de terre féconde et nourricière. En ce sens les *mozumri* viennent immédiatement après *Maseŋ*, le Dieu d'en haut qui seul ne peut être interrogé par les devins. N'étant soumis à aucune détermination temporelle ou spatiale, Dieu n'est pas prédicable et l'interroger reviendrait à chercher la possession de la vérité en une seule fois et pour toujours.

Les *mozumri* impersonnels constituent en eux-mêmes un système hiérarchique qui apparaît dans l'ordre des questions que pose le devin :

ma-seri, littéralement l'épouse-terre ou la puissance femelle de la terre,

wor-seri, littéralement l'époux-terre ou la puissance mâle de la terre qui est le mari de l'être précédent. Il ne s'agit pas ici de divinités chtoniennes définies et localisées mais du couple de forces qui commande tous les *mozumri* qui hantent la terre. Ils sont représentés par une variété d'oignons *kuli* placés au pied de l'arbre qui constitue l'autel sur lequel le chef de terre de Léré fait ses offrandes et verse le sang des animaux qu'il sacrifie.

Le devin poursuit en interrogeant *mozum-seri* c'est-à-dire tous les *mozumri* de la terre et il achève cette série avec *kəpi-seri*, littéralement les bergers de la terre c'est-à-dire les puissances invisibles qui surveillent la terre, veillent sur elle comme les bergers sur leurs troupeaux. Selon certains devins, cette appellation n'est pas simplement métaphorique mais a trait aux pouvoirs mystérieux qu'on attribue aux bergers. Ceux-ci, tout en gardant les bêtes, regardent et observent tout ce qui est, tout ce qui vit en brousse; ils ont donc des connaissances que nul autre ne peut avoir.

Il arrive qu'à cette liste des autre *mozumri* impersonnels, le devin ajoute les grands arbres *(kpu-li)*, leur ombre et les gens qui viennent s'y abriter. Ces grands arbres (diverses espèces de ficus, le cailcédrat, etc.) ne sont pas des *mozumri* de la terre comme les précédents mais des êtres habités par des esprits ancestraux claniques. La coupe de ces arbres est strictement réglementée et demande une autorisation rituelle des chefs de terre des clans spécialisés. Mais ce n'est pas l'arbre par lui-même qui est dangereux, c'est son ombre qui peut nuire aux personnes installées sous elle.

3. Les quatre points cardinaux. Ces points sont ordonnés de la manière suivante : Est, Ouest, Nord, Sud. L'Est et l'Ouest sont respectivement nommés soleil levant et soleil couchant. L'Est est seul vraiment faste car il est en même temps la direction dans laquelle soufflent les bons vents qui amènent les pluies et la direction dans laquelle les souverains de Léré venus de l'Ouest, du Cameroun, ont installé leurs résidences successives. Aucun cortège royal ne peut se diriger d'abord vers l'Ouest car ce serait un mouvement de sens contraire au développement et au rayonnement de la royauté. En outre, quand les gens du clan royal meurent leurs âmes partent vers l'Est. L'opposition Nord-Sud est également marquée et les Moundang considèrent le Sud comme la direction la plus néfaste. En principe, on n'oriente ni les portes des maisons, ni les ouvertures des greniers dans cette direction. Le Nord est appelé *Zagwəre* du nom de la tribu camerounaise Guidar, le Sud est appelé *Za-kəlame* du nom du village de Lamé où habitent les Pévé. Ces deux tribus voisines entretiennent avec les Moundang des relations nombreuses et complexes notamment sur le plan rituel.

4. Les génies de lieu *(čox-šinri)*. A l'occasion de la fête de *fiŋ-mundaŋ* comme à celle de *fiŋ-lu* ce sont tous les *čox-šinri* de la terre de Léré qui sont passés en revue en suivant un ordre hiérarchique. Ces génies de lieu sont des lieux-dits, collines, simples monticules, rochers, mares, ilôts du lac, bosquets, cavités, etc. Les premiers et par conséquent les plus importants forment un couple : *ma-tesale* (rocher femelle) et *wor-tesale* (rocher mâle, mari du précédent). Il s'agit de deux grandes collines au N.E. de Léré qui sont toujours invoquées dans les prières du chef de terre de Léré à l'occasion de sacrifices que

le roi lui demande dans des circonstances graves pour le pays telles que la sécheresse ou l'épidémie. Tous les génies de lieu sont affectés, si l'on peut dire, à des clans particuliers qui en ont la responsabilité rituelle au cas où des offrandes sont exigées par les devins pour les rendre plus propices. A supposer que le *kindani* n'en ait pas oublié un seul, il existe 48 *čox-šinri*. Si on les représentait sur la carte des 10 km² incluant Léré et ses environs immédiats, l'on obtiendrait l'image passablement inquiétante d'un espace où il n'est pas bon de s'aventurer sans précautions d'autant plus qu'une douzaine d'entre eux est située à l'intérieur même du village.

La sèche énumération des *čox-šinri* est interrompue à propos de l'un d'entre eux, *mabifaye*, le lac de Tréné qui se trouve à trois kilomètres à l'Est de Léré. On interroge alors la pirogue, l'homme dans la pirogue, les poissons du lac, les animaux aquatiques à cuir *(gõ-woke)* c'est-à-dire l'hippopotame, le lamantin, le crocodile, la salamandre et la tortue; et enfin les vents et les tornades qui rendent la navigation dangereuse.

Lorsque les résultats des tirages pour les génies de lieu s'avèrent défavorables, la consultation est arrêtée. Dans celle que nous décrivons, plus de la moitié d'entre eux étaient mauvais. Aussi les devins le firent-ils savoir au roi qui ordonna un nouveau tirage destiné à déterminer l'animal qu'il devra fournir pour un sacrifice aux *čox-šinri*. Le *kindani* demanda un mouton que le roi donna aussitôt. Le chef de devins sacrifia l'animal à *təhale* même, en versant le sang dans une calebasse. Ce sang et des petits morceaux de viande grillée furent jetés dans les quatre directions de l'espace et ce rite fut accompagné par la prière suivante prononcée par l'un des *pa-kindani* : « *čox-šinri* vous êtes des *mozumri* de la terre, tout ce qui est là est pour vous ». Ensuite, on fit bouillir la viande dont une partie fut consommée sur place par tous les devins et le reste envoyé au chef de terre et à divers dignitaires de Léré. Les devins se partagèrent rituellement les six morceaux obligatoires dans tout sacrifice aux génies de lieu (à qui dit-on, il faut de tout pour les satisfaire) : les côtelettes, le cou, l'estomac, le foie, les poumons et un gigot de la patte avant (droite ou gauche selon les tirages). Le chef des devins qui a ici fonction de sacrificateur eut droit à la peau de l'animal à titre de rétribution. Le sacrifice accompli, il s'agit alors de savoir si les *čox-šinri* l'ont agréé. La coutume veut que l'on n'interroge seulement que leur « chef » c'est-à-dire *ma-tesale* : s'il répond favorablement cette réponse vaut pour tous les autres. Ainsi fut fait et *ma-tesale* répondit positivement. Le lendemain, les consultations reprirent leur cours normal.

Cet exemple nous montre que le principe hiérarchique est un principe d'économie essentiel quand le procédé divinatoire s'applique à des séries longues. L'arbitraire en est atténué de deux manières, d'abord par le sacrifice qui s'adresse à l'ensemble de la série comme le soulignent la prière et la dispersion de la viande et du sang aux quatre points cardinaux, ensuite, par la forme généalogique que revêt cette hiérarchie qui place en tête de la série un couple qui fonctionne comme un couple de géniteurs par rapport au reste : il en répond comme les parents répondent de leurs enfants, comme sur un autre plan, le roi, époux de la terre, répond des clans, enfants de la terre. On remarquera que seuls parmi tous les *čox-šinri*, *ma-tesale* et *wor-tesale* constituent un couple.

5. Les maladies. Le terme qui vient en tête est *fa-wul-li*, l'ensemble des grandes (terribles) choses qui provoquent la mort. Le terme s'oppose aux causes de mort liées aux personnes détentrices de poisons par exemple. Il s'agit de mort dont les agents sont naturels et non pas fabriqués. Un de nos interprètes nous suggéra de traduire *fa-wul-li* par épidémie. Nous ajouterons le terme plus général : catastrophe naturelle. Puis vient la liste suivante : bronchite, variole, diverses sortes de toux, diarrhée, coqueluche, varicelle et enfin sorcellerie. Il nous faut rappeler que ces maladies sont toujours considérées en tant que maux collectifs et qu'elles ne font jamais l'objet de consultations d'ordre privé.

6. La terre de Léré, les personnes, les chemins, l'eau, les cultures de la plaine *(pi)* qui borde le village. La consultation suivant une marche descendante, est allée des puissances invisibles les plus redoutables au cadre familier de la vie villageoise. Ici nous n'avons plus affaire à des séries hiérarchiques mais à un ensemble de couples de termes qui présentent une forme analogue à celle que nous avons étudiée dans le chapitre sur la maladie : l'eau de la rivière et les femmes qui y vont puiser; la plaine et les cultures qu'on y pratique, la plante et ses feuilles, etc.

7. La brousse et les cultures. Cette série ne s'oppose pas à la précédente sur un plan sociologique (terre villageoise-brousse) mais sur un plan strictement géographique et cultural. Il s'agissait plus haut de la

culture de saison sèche qui se fait dans la plaine inondable; il s'agit maintenant des champs de mil. Comme la plupart des paysans africains, les Moundang distinguent les parcelles cultivées à proximité des habitations *(wakayã)* des champs de pleine brousse *(kəsi-čuki)* qui peuvent se trouver à plusieurs kilomètres du village. Pour les parcelles, le devin interroge le couple épis du mil-feuilles du mil, pour les champs lointains on se préoccupe des dangers et en particulier des serpents. On mentionne enfin les fagots de bois vert et ceux de bois sec car les femmes vont parfois très loin pour rapporter du bois de chauffage.

8. Les quartiers du village de Léré. Le devin commence par le nom du quartier puis il procède à un découpage de sa population selon les classes suivantes : les femmes, les petites filles, les petits garçons, les jeunes filles (dont les seins ont déjà poussé : *wuey*), les jeunes garçons *(təbaana)*, les grands (*za-luri* ou *za-təgəbele* c'est-à-dire ceux qui sont des maîtres de maison), enfin les vieillards. Il est remarquable que cet ordre d'énumération va exactement en sens inverse de la hiérarchie sociale communément admise. La raison en est qu'il s'agit ici du quartier comme espace clos d'habitation. Cet espace intérieur est féminin. L'homme reçoit ses amis au seuil ou dans le vestibule de sa demeure, dans l'enclos règnent les épouses. Vers la fin de la consultation, nous le verrons, l'énumération des quartiers sera reprise mais alors on ne considèrera que les chefs ou les « grands » de chacun d'entre eux. L'espace politique s'oppose à la terre habitée.

Le devin énumère quatorze quartiers alors que le découpage administratif de Léré n'en connaît que dix. Il est inutile d'imposer au lecteur une analyse de l'ordre dans lequel ils se succèdent. Disons seulement que le premier, Murpili, correspond à l'emplacement où se fixèrent les premiers souverains de Léré. Ajoutons que le palais est hors-quartier. Il est intéressant par ailleurs de noter qu'il existe dans le Léré moderne — qui rappelons-le est une sous-préfecture — un quartier peuplé d'étrangers, des Sara pour la plupart et que les Moundang appellent d'un mot peu flatteur, les incirconcis *(žore)*. Si le quartier s'avère mauvais les *pa-kindani* demandent aux Sara de faire leur sacrifice. Ceux-ci le font de bonne grâce et consomment la viande sacrificielle avec les Moundang.

Ici s'achève l'aspect le plus général du grand *kindani* pour la terre de Léré. Cette partie se retrouve à peu près identique dans la consultation pour *fiŋ-lu*. Elle est aussi semblable mais plus réduite pour les rites de lever de deuil. L'aspect spécifique de *fiŋ-mundaŋ* commence avec les questions sur les dignitaires à qui incombe la responsabilité la plus haute des cérémonies, les *zasae*. Ces personnages au nombre de dix, représentent les clans moundang qui habitaient le pays avant l'arrivée du fondateur de la royauté, le héros légendaire Damba. Ils sont les maîtres de la terre et à ce titre ils ont la charge de veiller au bon accomplissement des rites agraires. Ce sont eux qui ont donné la royauté à Damba et qui lui ont permis de chasser les Kiʒéré qui détenaient jadis la chefferie. Ils ont aussi donné leurs filles au roi par rapport auquel ils sont donc dans la position de beaux-pères. C'est la raison de tous les égards dont ils sont l'objet au palais. Leur nourriture et leur boisson sont à part et nul ne peut y toucher sous peine des sanctions les plus graves. Ils inspirent de la crainte à tous et même au souverain car leur malédiction est sans appel.

Le *kindani* passe en revue tout le collège en procédant par ordre hiérarchique. Exception faite du chef du collège qui est alternativement du clan du Buffle et du clan des Oiseaux, l'ordre est celui de l'ancienneté. Pour chacun des *zasae* on interroge le nom, la manière de fêter et la nourriture qu'il consommera. Maîtres de la fête, ils sont tenus d'offrir des cadeaux aux *pa-kindani*.

On interroge ensuite sur *Wažiiri*. Ce titre d'origine arabe (vizir) a été emprunté par les Moundang à leurs voisins Foulbé. Il désigne un personnage qui est choisi parmi les fils des *gõ-li* (les filles du roi) et qui appartient à la fois au collège des *zasae* et à la cour des notables qui entourent le roi. Il représente le roi à Léré en l'absence de celui-ci. Sur le plan rituel il est considéré comme une sorte de double du souverain dont il a le droit de porter certains regalia. Cette position privilégiée du *Wažiiri* peut s'expliquer en termes de parenté : roi symbolique et quelque peu familier pour ne pas dire parodique, il est dans la situation du neveu utérin par rapport au frère de sa mère.

En troisième lieu viennent les *žak-fa-uni*, musiciens du roi appartenant à un clan spécialisé dans cette fonction : le clan *Təzun* (une variété de ficus). Ils constituent un orchestre de six instrumentistes : deux tambourinaires *(bulum)* trois flutistes *(žak-lé)* et leur chef qui souffle dans une calebasse-trompe *(wu)*. Ils doivent jouer dans la cour du palais pendant toute la durée de la fête et accompagner le roi quand il se rend en cortège à *Zapižõré*, pour *məhahale*, ou la cérémonie de clôture. Contrairement à ce que l'on fait pour les *zasae* on ne consulte pas pour tous les membres de l'orchestre mais seulement pour leur chef et son second.

En quatrième lieu, viennent les *wê-puliã-gõ-yə*. Ceux-ci forment un collège complémentaire de celui des *zasae*. Leurs fonctions religieuses, sacerdotales sont nettement moins marquées. Par contre, ils ont un rôle politique très important, ils sont une sorte de conseil exécutif du souverain avec lequel ils entretiennent des rapports de dépendance personnelle. Seuls six d'entre eux sont cités nommément.

Cette tranche de la consultation se termine sur les esclaves du roi chargés de tuer les animaux de sacrifice et de partager la viande entre les différents corps de dignitaires. Ainsi s'achève cette première partie, spécifique du *kindani* de *fiŋ-mundaŋ*. Précédant les questions portant sur le souverain lui-même, elle décrit pour ainsi dire, la base de l'édifice politique et religieux moundang. Aussi nous paraît-il essentiel de confronter l'ordre qu'elle nous présente avec ce que nous savons par ailleurs du système. Nous ne saurions dire et personne ne saurait dire si ce que nous apprend le *kindani* sur la société, nous n'aurions pu l'apprendre autrement, par observation ou par induction. Mais quoi qu'il en soit, le simple fait que le devin inscrive un ordre, aussi redondant soit-il par rapport à l'ordre « objectif » accessible par d'autres voies, exige de nous que nous le confrontions au réel. L'inscription fait partie du réel comme nous le montrera le rite du *məhahale* que nous étudierons plus loin.

Nous avons essayé de montrer ailleurs * que le système politique traditionnel des Moundang est fondé sur l'existence des deux collèges, celui des *zasae* et celui des *wê-puliã-gõ-yə* qui entretiennent des relations opposées et complémentaires avec le souverain. Le premier a des fonctions essentiellement sacerdotales et représente l'alliance du roi avec la terre, le second a des fonctions subalternes de service et de protection du roi et ses rapports avec lui sont conçus en terme de filiation. Que ces deux collèges apparaissent dans la consultation avant le roi on peut l'interpréter ainsi : ce qui est en question dans les rites solennels de *fiŋ-mundaŋ* c'est la capacité religieuse du souverain qui est en partie fondée sur eux. L'examen de leur état est un préalable à l'examen de l'état de leur maître. Dans ces conditions que signifie l'adjonction dans cette série des trois autres catégories ?

* Adler 1969, *op. cit.*

Récapitulons l'ordre hiérarchique produit dans cette série par le tableau suivant :

Zasae	Beaux-pères du roi à qui ils ont donné le pouvoir; ils forment son conseil religieux. Tous sont cités par le *kindani* car chacun détient une parcelle du pouvoir donné.
Wažiiri	Fils de sœur de roi. Seul parent membre du conseil du roi dont tous les enfants sont envoyés en brousse comme chefs de village. Appartient à la cour des notables titrés et participe en même temps aux réunions des *zasae* pendant *fiŋ-mundaŋ*. Boit le *yim-šinri*.
Žak-fa-uni	Musiciens, flatteurs du roi appartenant à un clan spécialisé (ficus).
Wê-puliã-gõ-yə	Dépendants du roi par relation de clientèle. Assimilés à des fils.
Biax-gõ-yə	Esclaves du roi, chargés de l'accomplissement des sacrifices et du partage de la viande entre les différentes catégories de dignitaires et la population.

Si nous considérons, comme le système moundang nous y invite, les deux collèges comme les termes polaires de ce tableau, on voit que chacun d'entre eux est suivi par une catégorie qui le complète et qu'il reste un terme en position centrale et indépendant des deux couples extrêmes. Le couple supérieur représente l'instance religieuse qui veille sur le roi et le bon ordre général de la fête; le couple inférieur représente les agents du service rituel assujettis au roi. Entre les deux pôles de la maîtrise religieuse et du service rituel, les *žak-fa-uni* représentent la contribution d'un clan moundang qui comme tel est en position neutre. Il est dans la fête le partenaire, l'égal du souverain qui doit lui prouver par sa générosité en nourriture et boisson qu'il possède cette capacité religieuse qui fonde sa légitimité.

A l'intérieur de chaque couple le terme complémentaire a une signification qui détermine moins le terme polaire auquel il est associé que la relation entre les deux termes polaires. *Zasae* et *wê-puliã-gõ-yə* sont conçus comme étant respectivement alliés et enfants du souverain. En associant aux premiers le *Wažiiri* qui est le neveu utérin du roi et aux seconds les esclaves du palais, le *kindani* semble créer des couples de contradictoires. La contradiction est levée si l'on interprète le deuxième membre de chacun d'entre eux comme un correctif du premier dans sa position relative à l'égard de la royauté. L'alliance symbolique entre les *zasae* et le roi implique distance et menace : cette distance est « corrigée » par le lien oncle-neveu * qui rétablit la confiance et la solidarité. La filiation symbolique entre les *wê-puliã-gõ-yə* et le roi implique méfiance et rivalité : ce rapport est distendu et ravalé à un rapport d'esclavage qui implique seulement service et dévouement. Le *kindani* nous révèle ainsi, si notre analyse est exacte, un ordre qui n'est nullement apparent dans l'enquête directe où le lien hiérarchique entre les deux collèges n'est jamais clairement donné mais semble surtout dépendre d'évaluation idéologique. A côté des divers discours tenus par les acteurs sociaux, l'ethnologue trouve dans les énoncés du devin un discours qui a la rigidité de la loi. Il ne doit certes pas lui accorder un privilège excessif mais il ne peut pas non plus le tenir pour négligeable. Il fait partie intégrante de la réalité étudiée.

La personne du souverain

Après avoir consulté au sujet de ces dignitaires et exécutants rituels qui sont comme les entrepreneurs de la fête de *fiŋ-mundaŋ*, le *kindani* aborde la question du souverain lui-même.

La première partie de cette série concerne le palais ou la « concession » pour parler comme nos interprètes, traité comme un espace aux propriétés définies sur un plan fonctionnel et symbolique en même temps. On commence par la périphérie : *a*) la place où s'asseoit le roi (à l'extérieur du portail d'entrée sur sa pirogue renversée, *daye*, ou à

* Dans le système de parenté moundang, le terme spécifique pour oncle utérin, terme réciproque pour frère de la mère et fils de la sœur est *nane*. Il ne s'applique qu'au frère cadet de la mère. Les *nane* entretiennent les rapports de familiarité et d'entr'aide si fréquents dans les sociétés africaines. Mais on ne plaisante que l'épouse de son *nane* dont on peut hériter quand elle devient veuve.

l'intérieur dans sa case-vestibule); *b*) le nombre de personnes qui restent auprès de lui; *c*) l'allumage du feu devant le palais; *d*) la nourriture consommée par ces personnes (notables ou autres); *e*) la partie droite de l'entrée du palais (c'est-à-dire les maladies que peut causer le *təgware* qui la hante); *f*) la partie gauche *(təgware-žo-kəlabay)*; *g*) *mozum-pame* du roi (ses mânes paternels); *h*) *mozum-mame* (ses mânes maternels); *i*) *mozum-dəli* (les mânes de ses grands-parents); *j*) *tilım-mozumri* (les esprits errants). Ces mânes, ces esprits hantent toujours les alentours de l'entrée d'une demeure. Cet espace est un espace masculin intimement lié à la personne du maître de maison.

Avec les questions suivantes, on passe dirons-nous du bord extérieur de la périphérie à son bord intérieur, c'est-à-dire les habitations des épouses. Celles-ci sont énumérées suivant l'ordre hiérarchique des points cardinaux.

1) L'ensemble des demeures des épouses du roi situées à l'est; * les femmes qui les habitent; leurs fillettes; leurs garçonnets. 2) Les demeures de l'ouest; les femmes qui les habitent etc. (*c*) celles du nord; (*d*) celles du sud.

Le fait que le *kindani* traite des demeures des épouses royales en fonction des signifiants de l'espace peut recevoir diverses interprétations. Il semble comporter des implications cosmologiques en affirmant l'équivalence du palais à un microcosme mais nous n'avons rien obtenu de positif de la part de nos informateurs qui puisse étayer cette hypothèse. Elle est cependant soutenable à partir des considérations suivantes. Tous les rites qui nécessitent un déplacement dans l'espace par rapport au palais du roi de Léré comme le rite du *məhahalə* que nous analyserons plus loin, les cérémonies de deuil pour un membre de la famille royale, la fête de l'Ame du mil *(čê-sore)* ou enfin n'importe quelle sortie du cortège royal ne serait-ce que pour participer à une réunion officielle devant la sous-préfecture, exigent que ces déplacements se fassent dans le sens du mouvement du soleil, sortie par l'Est et rentrée par l'Ouest. Cette règle de déplacement

* Le palais royal que nous appelons palais pour des raisons sociologiques et non architecturales, se présente extérieurement de la façon suivante : c'est un cercle de près de 200 mètres de périmètre formé par les habitations des épouses royales. Ces habitations constituent une façade continue aux allures de muraille fortifiée hérissée de tourelles (en fait ce sont les greniers de chacune des femmes et dont les formes sont phalloïdes) et interrompue au sud-ouest par le seuil d'entrée et au nord-est par une discrète ouverture (où se tient le chef du paravent *gõ-pəkore*) par laquelle, à la mort du roi, on fait passer le cadavre.

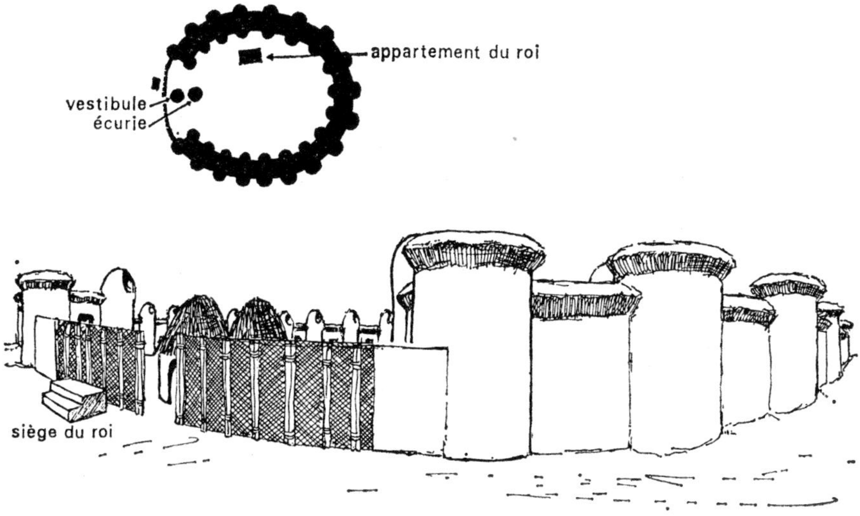

Perspective et plan du palais du roi de Léré.

qu'on retrouve dans mainte monarchie africaine suppose que le palais est traité comme une sorte de nombril du monde. Ce centre, à son tour, reproduit avec sa périphérie qui est occupée par les femmes, la même structure que le *kindani* décrit en suivant l'ordre hiérarchique des points cardinaux. Le centre de ce centre est représenté par la maison du roi lui-même (celle où il couche et reçoit ses conseillers les plus intimes) flanquée de son grand grenier, le *cêl-dame* qui marquera, comme on va le voir, le point culminant de la consultation sur la personne du roi. A cette hypothèse s'en ajoute une autre, de nature toute différente mais qui ne la contredit pas. Le roi de Léré épouse les femmes sans payer de compensation matrimoniale. Il les prend dans toutes les directions et par conséquent réunit dans sa demeure un ensemble qui représente tout le pays moundang. On peut donc penser que le *kindani* procède tout autant à une assimilation géo-politique du palais au pays qu'à une assimilation cosmologique. Il n'y a sans doute pas, dans l'esprit des Moundang, une très grande différence entre ces deux types d'interprétation. Celui qui rassemble les femmes comme celui qui rassemble les terres est au centre du monde.

Vient maintenant la question du souverain en personne. Les catégories envisagées sont les suivantes : son corps; sa démarche; les paumes de sa main; son estomac; sa boîte crânienne; ses yeux; son *masəŋ-byã-ne*, son esprit gardien); son âme (c'est-à-dire son *čê-lãne*). Ces catégories sont à peu près les mêmes que celles que le *kindani* considère quand il consulte pour une héritière chargé de préparer le sacrifice de lever de deuil *(yê-wuli)* en l'honneur de son père. Elles dénombrent les composantes de la personne susceptibles d'être attaquées par les maladies spécifiques. Le roi à l'occasion de la fête comme l'héritier à l'occasion des cérémonies funéraires sont des sacrifiants, pour reprendre l'expression de Mauss et il importe pour le succès de leur sacrifice que les principes qui constituent leur personne soient dans un état satisfaisant. Il y a cependant une différence qu'il nous faut signaler. Dans les consultations précédant les funérailles on interroge le *masəŋ-byãnə* dans la série qui comprend les mânes paternels, maternels, etc., les termes *mozumri* et *masəŋ-byãne* apparaissant homogènes. Ici, les devins font une très forte distinction entre l'extérieur du palais et l'intérieur, entre les esprits ancestraux du roi et sa personne physique et psychique. Cette différence qui est certainement liée à la place éminente des ancêtres royaux dans le système religieux moundang ne saurait recevoir dans ce travail son explication complète. Elle pose un problème dont nous faisons état pour montrer une fois de plus l'intérêt qu'offre pour nous l'analyse des textes divinatoires.

Enchaînant sur cette énumération des composantes de la personne du sacrifiant, vient la question de la nourriture sacrificielle ; « sa façon de fêter *fiŋ-mundaŋ*; la nourriture qu'il va consommer; ce qu'il va donner à la population (en fait de viande et de boisson) ». La catégorie « façon de fêter » *(žõ-fiŋ)* c'est-à-dire faire, accomplir les rites de la fête concerne toutes les personnes adultes envisagées par le *kindani* et a pour objet la chance dans la traversée de ces épreuves que constituent pour chacun les divers rites de la fête. A la façon de fêter est toujours associée la question de la nourriture promue comme question cruciale pour la personne engagée dans le processus rituel de la fête. Pour le roi seul, on considère en outre ce qu'il va donner à la population. C'est pourquoi, de nouveau, le *kindani* interroge les épouses royales réparties cette fois en classes fonctionnelles ;

1. *wê-powuli* (les jeunes épouses qui habitent chez les anciennes). Ce sont elles qui ont avec le roi le commerce sexuel le plus intense et qui par conséquent doivent prendre les plus grandes précautions quand elles préparent la nourriture et la boisson destinées à la population;

2. *ma-žõbigõ-yə* (les cuisinières du roi qui sont au nombre de quatre); les grands récipients dans lesquelles elles apportent la nourriture à leur mari;

3. *Swa-yə* (la femme qui commande les épouses du roi); le discours qu'elle tiendra aux épouses du roi à propos de la nourriture;

4. La seconde *swa-yə*.

5. Les grandes femmes qui habitent la concession royale *(wê-luri)*.

6. Les vieilles femmes qui habitent à l'extérieur de la concession royale *(wê-lu-kê kyã-kore)*.

Dans cette série, l'ordre hiérarchique va de ce qu'on pourrait appeler l'armée la plus active du gynécée (sur le plan sexuel et celui du travail) aux retraitées.

Enfin toute cette partie s'achève sur l'objet même dont il a été sans cesse question et qui représente la capacité du souverain à satisfaire son peuple : son grenier *(čêldame) ;* l'échelle (qui donne accès à l'ouverture placée au sommet); la grande calebasse (avec laquelle les femmes prennent le mil); la petite calebasse (qui sert de mesure). Les résultats pour ces deux calebasses s'étant avérés mauvais, nous eûmes droit à ce commentaire de la part du chef des devins ;

> Le roi garde l'ancien mil dans son grenier et cela n'est pas bien. Il touche peu à son mil car il en reçoit sans cesse de la main des gens de la brousse qui viennent lui rendre visite. Il n'est pas bon que le mil du roi reste dans son grenier. *Kindani* conseille donc au roi de permettre à ses femmes de puiser largement dans son grenier à mil.

L'absence de générosité chez un roi n'est pas une tare morale ou un défaut de caractère, c'est une faute religieuse, une défaillance qui le rend inapte au pouvoir.

Nous quittons maintenant Léré et sa terre pour passer en revue les villages de brousse. A propos de chacun d'eux on interroge : le chef de village; sa façon de fêter, sa nourriture. Vingt-huit villages sont cités suivant un ordre dont il nous est difficile d'apprécier exactement la nature.

Incontestablement hiérarchique quand il place en tête le village de Berlyan qui est à bien des égards un second Léré, il semble par la suite soumis à des critères si variés que le hasard pourrait aussi bien en être la cause. Aucun compte n'est tenu des divisions administratives modernes et de plus, les villages de fondation récente ne sont pas retenus ; ils seront cités plus loin, vers la fin de la consultation. La raison en est qu'ils sont commandés par des chefs non traditionnels et que par conséquent ils sont considérés sur le plan rituel comme des étrangers. Pour les villages anciens le *kindani* s'intéresse au chef qui représente le roi de Léré, pour les autres, il se contente de mentionner leur nom et de demander si l'ordre règnera ou s'il y aura des « histoires ». Léré est responsable du maintien de l'ordre et toute violence commise sur son territoire pendant la durée de la fête compromet l'efficacité des sacrifices.

La tranche des consultations concernant les villages de brousse ne s'intéresse comme on le voit qu'aux chefs c'est-à-dire au fils du roi de Léré *. On comprend donc que fassent suite à cette série celles des filles des rois de Léré. Ces dernières sont divisées en deux catégories : les cinq premières par ordre des naissances (elles reçoivent un

* Les *gõ-zalelé* (chefs de brousse) sont des fils du roi de Léré, sauf dans certains cas. Le *kindani* néglige ici cette distinction.

titre et la première, même un commandement de village tout comme un garçon dont elle est absolument l'égale) et les autres. Le *kindani* s'occupe nommément de chacune des filles titrées et traite en bloc les autres en distinguant néanmoins l'ensemble des filles de Gõ-kažõka, le père du roi actuel et l'ensemble des filles de Gõ-čomé, son grand-père *.

On en a maintenant terminé avec la famille royale et l'on aborde une nouvelle catégorie de dignitaires dont certains ont des fonctions plutôt rituelles, d'autres plutôt militaires mais qui tous appartiennent à la suite du roi *(za-pel gõ-yə :* ceux qui marchent derrière le roi), au corps des notables dont le rôle dans la fête est surtout d'apparat; ils manifestent la richesse (en chevaux et beaux vêtements) et la puissance de leur maître à qui ils doivent tout mais ils n'ont pas de responsabilité propre sur le plan religieux. Cette suite se compose de deux grands corps, les cavaliers et les piétons respectivement placés sous l'autorité de deux personnages qui appartiennent à la fois aux deux « appareils » de l'État mundang : les collèges religieux dont il a été question plus haut et les notables. Le premier de ces personnages est le *pulyã-puri* (*pulyã* des chevaux) du clan *Bã-žu* (les oiseaux). Il doit sa fonction à son ancêtre à qui la légende attribue l'introduction du cheval dans le pays mundang. Le second est le *pulyã-məna* (*pulyã* des piétons) du clan Kiʒéré détenteur de la chefferie avant l'arrivée de Damba, fondateur de la dynastie de Léré. Le titre de *pulyã* est attribué à un représentant d'un clan qui comme tel reçoit une fonction dans l'appareil d'état en échange d'un service rendu au souverain.

L'ordre dans lequel sont présentés les personnages qui suivent est l'ordre de marche du cortège royal quand il se rend à *zapižõré* pour la cérémonie de clôture de la fête :

1. *Pulyã-puri* : sa façon de fêter; sa nourriture; son cheval; le mors de son cheval.

2. *Kaïgamma* (c'est le chef de la cavalerie, le premier des notables du roi).

3. *Zapuri* (les cavaliers qui chevauchent derrière le *kaïgamma)*.

* Il est remarquable que le *kindani* laisse de côté les filles des souverains de Léré qui n'ont pas eu droit à l'un des 3 titres réguliers que portent dans l'ordre suivant les rois de Léré : Gõ-Daba (titre du souverain actuel) et titre du fondateur de la dynastie, Gõ-čomé, Gõ-kažõka, Gõ-Daba, etc.

4. *Galedemah* (c'est le second des notables; il commande aux *zasudal*, ceux qui montent les chevaux caparaçonnés).

5. *Zasudal* (ces cavaliers forment le corps d'élite en temps de guerre).

6. *Swa-bale* (le chef des piétons porteurs de bouclier); son bouclier.

7. Les porteurs de bouclier; leurs boucliers.

8. *Saa-maki* (notable représentant le roi en brousse, son « ambassadeur »).

9. Les cavaliers qui suivent *Saa-maki*.

10. *Pulyã-mәna* : sa façon de fêter; sa nourriture; le discours qu'il tiendra à *zapižõre;* la clairière de *zapižore;* le nombre de personnes dans l'assistance.

L'ensemble des piétons commandés par *pulyã-mәna* n'est pas mentionné par le *kindani* car il est formé par la population mâle en général — laquelle est envisagée ici, nous l'avons vu, par quartier et non par titre. A l'exception des archers dont le corps est constitué par les chasseurs, toutes les forces armées moundang sont donc passées en revue dans cette série. Il est remarquable que la prééminence soit donnée au *pulyã-puri* et non au *kaïgamma* qui dans le modèle peul imité par les Moundang est incontestablement le second après le lamido. Ceci nous confirme que l'emprunt du système de titulature peule, lié au développement de la puissance politico-militaire des souverains de Léré n'a jamais effacé l'ancien système fondé sur les rapports entre le roi et les clans.

Avec *pulyã-mәna* apparaît quelque chose de nouveau dans le déroulement de cette consultation : pour la première fois, le *kindani* questionne à propos d'un acte rituel, le discours qu'il va tenir à la population lors de la cérémonie de clôture à *zapižõre*. Pourtant ce discours fort bref appartient à la rhétorique la plus fruste du soldat exhortant ses hommes et n'a aucun contenu d'ordre religieux. On peut donc se demander pourquoi il est mentionné par le *kindani* qui, ajoutons-le, ne dit mot des trois autres orateurs qui prennent également la parole à cette occasion. La raison en est que *pulyã-mәna* appartient au clan Kiʒéré, auquel hommage est ainsi rendu pour avoir été le premier détenteur de l'autorité en pays moundang. Les Kiʒéré sont également responsables des deux tambours rituels utilisés pendant la fête, le tambour géant *(damé)* dont on ne joue qu'à *fiŋ-mundaŋ*, à la mort du souverain et jadis en cas de guerre et le petit tambour *(yuni)* qu'on frappe à l'occasion de toutes les cérémonies funéraires de Léré. Les devins interrogent les deux tambours ainsi que les noms des deux tambourinaires du clan Kiʒéré placés sous l'autorité de *pulyã-məna.*

On en arrive maintenant à une partie très curieuse de la consultation. Il va s'agir de savoir ce qu'il en est des Peuls, les grands ennemis héréditaires des Moundang. Nous avons vu dans l'introduction que cette série de questions pouvait s'expliquer par la célébration de la victoire des Moundang qui est incorporée à la cérémonie de clôture de la fête.

1. *Zumay səŋ* (les Peuls de l'Ouest). Il s'agit de la principauté peule de Binder, la seule qui soit située sur le territoire du Tchad. Leurs chevaux, leurs bœufs, leurs chèvres, leurs vêtements de coton.

2. Yola. Leurs bœufs, leurs chevaux, etc. Yola est la capitale de l'ancienne province de l'Adamawa créée en 1804 par Modibo Adama, lieutenant de Ousman dan Fodio fondateur de l'empire peul de Sokoto. Cette ville est située au Nigéria sur la Bénoué.

Nous avons quand même demandé aux *pa-kindani* pourquoi ils posaient ces questions puisque l'ère des guerres, du pillage et des razzias est depuis longtemps révolue. La réponse ironique fut que nul ne sait ce que l'avenir prépare. Il faut d'ailleurs ajouter qu'il existe une sorte d'équivalent inverse des échanges guerriers c'est l'échange de présents. La coutume encore vivante veut que certains princes peuls envoient des cadeaux au roi de Léré à l'occasion des fêtes. Faut-il accepter ces cadeaux ou sont-ils dangereux ? telle est alors la question implicite que posent les devins.

La parenthèse peule refermée, le *kindani* revient à Léré pour s'interroger sur les « grands » des quartiers, les *zalu-dagbili.* Au début de la consultation, les quartiers étaient envisagés comme des divisions de la terre de Léré, des espaces clos d'habitation. Cet espace féminin fait maintenant place à l'espace politique représenté par les Anciens qui venant ici après les notables font partie intégrante du corps politique moundang. Cette liste, d'ailleurs inférieure au nombre total des quartiers s'achève sur un personnage qu'on ne s'attendrait pas à y voir figurer, la mère du roi. Alors que pour les Anciens, il ne s'agissait que de leur façon de fêter et de leur nourriture, pour cette dernière, nous essayerons de l'expliquer, on procède à une consultation complète :

1. *yã-ma-gõ-yə :* la demeure de la mère du roi; celle-ci doit habiter loin de son fils, dans le village de Fuli qu'on appelle d'ailleurs *Fuli ma-gõ-yə*, ancienne résidence royale dont elle est symboliquement le chef; 2) son foyer; 3) la préparation de la nourriture sur ce foyer; 4) l'endroit où elle s'asseoit dans la cour; 5) le nombre de personnes qui vivent dans sa demeure; 6) *təgware-pə-yã :* le *təgware* (maladie) qui se tient devant le seuil de sa demeure; 7) *mozum-pame :* ses mânes paternels; 8) *mozum-mame :* ses mânes maternels; 9) la personne de la mère du roi; 10) sa façon de fêter *fiŋ-mundaŋ ;* 11) sa nourriture.

Deux questions se posent à propos du *kindani* de la mère du roi : *a*) Pourquoi est-elle mentionnée en cet endroit après les Anciens des quartiers de Léré; *b*) Pourquoi la consultation est-elle si détaillée ? A la première question on peut répondre que la position modeste dans laquelle elle apparaît s'explique par le fait qu'elle ne remplit pas de fonctions rituelles dans la fête — elle n'a donc rien à voir, ni avec les dignitaires considérés plus haut, ni avec les épouses du roi — et qu'elle n'appartient pas à la lignée royale. Elle n'est qu'un « grand » de quartier parmi les autres *zalu-dagbili.* C'est d'ailleurs en nommant sa résidence que commence le *kindani.* A la seconde question, on ne peut avancer qu'une réponse probable. De la 6e à la 9e catégorie, elle est considérée comme un sacrifiant. Peut-être cela signifie-t-il qu'en tant que mère, que femme qui a nourri le souverain elle a une importance particulière pour déterminer l'aptitude de son fils dans sa fonction de donneur de nourriture au peuple ? Ainsi nous interprétons cette consultation au sujet de la mère du roi comme un prolongement et un complément de celle qui avait pour objet l'état de la personne du roi lui-même.

Nous pouvons d'ailleurs voir la preuve que le thème essentiel est ici la nourriture dans le fait que cette tranche de la consultation se poursuit par des questions sur les esclaves du palais dont l'unique travail tout au long des quatre jours de la fête de *fiŋ-mundaŋ* est la préparation et la répartition des plats de viande et de boules de mil offerts par leur maître à la population. Alors qu'au début du *kindani*, les esclaves associés aux *wê-pulyã-gõ-yə* étaient traités comme une catégorie, ils sont ici désignés nommément en commençant par les femmes pour finir sur le dignitaire qui commande tous les esclaves, le *Sarkin-fadal* membre éminent de la cour des notables et cavalier qui ferme la marche de tous les cortèges royaux.

Enfin, la consultation s'achève, selon une tradition bien établie depuis les débuts de la colonisation, sur le sous-préfet, le fonctionnaire du gouvernement tchadien qui remplace l'ancien commandant de subdivision. Sont interrogés : 1) la résidence administrative; 2) la personne du sous-préfet de Léré; 3) les paumes de sa main; 4) l'arme qu'il tient dans sa main; 5) sa façon de fêter *fiŋ-mundaŋ*; 6) ce qu'il dira à la fête; 7) ses gardes; 8) leur façon de fêter; 9) leur nourriture.

Que le sous-préfet soit en queue de liste ne signifie évidemment pas qu'il soit au plus bas degré de la hiérarchie des êtres considérés par le *kindani*. Il est hors système mais comme il représente l'État c'est-à-dire, pour reprendre l'expression de l'ethnologue anglais Nadel, le pouvoir de sanction suprême, il doit être mis à la question comme l'une des forces redoutables susceptibles de menacer l'ordre des choses que la divination a pour fonction de restituer pour que la fête puisse se dérouler de manière favorable. On remarquera que la puissance administrative est surtout caractérisée par les armes (les fusils du sous-préfet et de ses gardes) ce qui l'oppose à celle du souverain qui est d'essence religieuse. Mais cette opposition n'est pas radicale car si le roi de Léré n'est pas un chef de guerre il est néanmoins défini en partie par sa puissance militaire qui est exaltée au cours de la cérémonie de clôture de *fiŋ-mundaŋ*. Nous ajouterons d'autre part que le *kindani*, par sa logique même, est contraint d'envisager le sous-préfet comme une personne c'est-à-dire comme un être religieux qui est en définitive partie prenante dans la fête à l'ouverture de laquelle la coutume lui a consenti, bon gré mal gré, le droit de parole. La consultation que nous venons de décrire s'est terminée quatre jours avant l'ouverture de la fête. Après la visite officielle du roi et de son conseil pour passer en revue l'ensemble des résultats, les devins reçoivent à *təhale* la plupart des dignitaires et notables soucieux de prendre connaissance des résultats qui les concernent en particulier. Les plus éminents d'entre eux ne viennent pas les mains vides mais apportent aux *pa-kindani* qui un coq, qui une boule de tabac, qui de la farine de mil, qui quelques pièces de monnaie.

Pour le roi les résultats s'équilibrent favorablement sauf une catégorie qui reste dangereuse : le *təgware žokəlabaé* (le *təgware* qui est du côté gauche du seuil d'entrée du palais). Les devins procèdent à de nouveaux tirages et décident qu'un ancien du clan des Oiseaux et un autre du clan Dué devront faire un sacrifice pour rendre le *kindani* favorable. Un animal sera tué dans la cour du palais au nom de ces deux clans et par ailleurs une jeune fille du clan des Oiseaux versera de la bouillie de mil blanc à l'emplacement où l'on fait le feu devant le seuil d'entrée et une autre du clan Dué fera la même offrande sur le poteau de gauche du seuil lui-même. A la question : pourquoi ces clans sont-ils chargés de ces tâches ? les devins nous répondirent que ces clans sont *gõ-baé* du roi de Léré c'est-à-dire parents claniques à plaisanterie du clan royal. C'est ainsi que nous apprîmes que chez les Moundang comme dans bien d'autres sociétés africaines, les « parents à plaisanterie » ont un rôle éminent de purificateurs.

Dans le cas de résultats négatifs pour un dignitaire, on procède comme dans une consultation ordinaire pour une maladie. Ainsi le *Sarkin-fadal* qui avait obtenu trois réponses néfastes (3,3 pour son corps, 2,2 pour sa façon de fêter, 2,2 pour sa nourriture) apprit-il par les nouveaux tirages du devin qu'il était attaqué par un sorcier qui menaçait son *čê-lãne*. On lui prescrivit de se rendre au village de Dué (village de ses ancêtres paternels) pour y trouver le *pa-fa-sak* qui lui donnerait les médicaments contre le *sak* qui le rend malade. L'exemple du *Sarkin-fadal* n'est pas unique et l'on conçoit que les quatre jours qui restaient n'étaient pas de trop pour que tous les cas négatifs pussent être réglés de façon satisfaisante avant l'ouverture de la fête. Ce redressement des résultats négatifs par des consultations dans la consultation s'appelle en moundang *sob-za-kindani*, redire ce que le *kindani* a dit. Nous reviendrons plus loin sur la fonction de cette « redite » dans l'économie générale du système divinatoire.

Nous pouvons maintenant, au terme de cette analyse, tenter un bilan et nous demander ce que nous avons appris sur la divination et ce que nous avons appris sur le système politico-religieux des Moundang. Il nous faut d'abord souligner que si la conjonction de ces deux institutions apporte un éclairage sur l'une comme sur l'autre, il est de nature différente : ce que nous apprenons sur le *kindani* par cette consultation nous renseigne sur sa fonction, ce que nous apprenons sur le pouvoir par le *kindani* nous renvoie à sa structure. Nous avons relevé au fil de notre exposé les informations nouvelles et surtout les problèmes nouveaux que les énoncés des devins et l'ordre dans lequel ils se succèdent ont fait surgir à ce sujet. Nous y reviendrons. Quant à la fonction, nous dirons pour l'instant qu'elle s'offre en contraste avec ce qui a été dit dans la première partie de cet ouvrage sur les maladies et les *šinri* des femmes.

A un malade, le devin doit révéler sa ou ses maladies et prescrire la marche à suivre pour trouver les remèdes, qu'il s'agisse, comme on l'a vu, de déterminer le nom de leur détenteur ou des choix à opérer dans les diverses modalités de l'action rituelle et thérapeutique. Le passage de l'inconnu au connu est effectué par référence à des tableaux plus ou moins réduits de catégories sur lesquels l'algorithme de la divination fait apparaître les signes donnant l'information désirée. Diagnostic et prescriptions sont la somme des jugements analytiques qui dégagent les signes porteurs d'information pour créer des messages particuliers. La consultation pour *fiŋ-mundaŋ* — pour *fiŋ-lu* c'est la même chose — ne produit de messages particuliers que secondairement ce qui ne signifie pas, bien entendu, qu'ils ne soient pas essentiels pour ceux à qui ils s'adressent et partant, pour tous, puisque les individus n'y sont considérés que comme des termes solidaires dans une entreprise commune. Mais sa fonction primaire, dont témoigne, pensons-nous, le rite d'effacement des résultats que nous allons examiner dans un instant, est celle d'une inscription totale répondant à la demande totale que la société fait au *kindani*. A *təhale* la fête de *fiŋ-mundaŋ* n'est pas traitée comme une série de rites accomplis par des acteurs particuliers mais comme un rite unique mettant en cause l'ensemble des catégories d'êtres et de personnes auquel est lié l'ordre social qui se réfléchit en elle. Dans les consultations pour les maladies où les rites sont divisés en autant d'unités discrètes que le déroulement des actions prescrites comporte de choix à opérer, la fonction de la divination apparaît comme l'exercice d'un contrôle, nous dirions plutôt d'un guidage très serré (les alternatives étant autant de bifurcations dans un trajet) des actes auxquels le consultant va se livrer. Dans le *kindani* pour les fêtes, il s'agit, après avoir vérifié si les puissances surnaturelles d'une part, le village et sa terre d'autre part, sont dans des dispositions favorables ou non, d'un repérage et d'un contrôle des personnes dont il est entendu que l'action rituelle ne soulève théoriquement aucun problème nécessitant un guidage. Le *kindani* se contente simplement d'énumérer l'ensemble des personnages qui, à un titre ou à un autre, figurent dans ce que l'on pourrait appeler la représentation de la fête de *fiŋ-mundaŋ*. Le guidage dans une consultation dont l'objet est l'action thérapeutique a pour fonction de garantir l'efficacité de celle-ci dans le réel, nous voulons dire tel qu'il est défini par les classifications dont se sert la société. Le contrôle des personnes dans la préparation des cérémonies collectives a pour fonction de déterminer leur capacité rituelle c'est-à-dire si elles sont dans l'état requis (pureté, intégrité) pour qu'elles ne fassent courir aucun danger à la communauté villageoise qui comme telle est entrée dans une phase rituelle. C'est donc leur responsabilité qui est en cause, et au premier chef, celle du souverain qui est le personnage principal, le sacrifiant. La responsabilité dont nous parlons n'est pas une notion d'éthique individuelle mais résulte de la concaténation des êtres envisagés par le *kindani*. Elle signifie que toutes les séries distinguées dans l'inscription divinatoire sont dans un rapport d'étroite interdépendance, chacune concourant à composer l'ordre total. Dans cet ordre, les personnes sont définies par la position qu'elles occupent dans leur série et la position de cette dernière par rapport aux autres. Elles constituent des catégories fonctionnelles que le *kindani* interroge au même titre que les forces impersonnelles auxquelles elles sont soumises. C'est peut-être dans le cas du souverain seulement qu'une notion approchant celle de responsabilité personnelle semble pouvoir s'appliquer. En tant que sacrifiant, en tant que pourvoyeur de nourriture de la population il est effectivement le responsable suprême de la fête et lui seul peut vraiment être cause de l'échec ou du succès de son accomplissement. Les longues séries que le *kindani* lui consacre exclusivement ne se réduisent pas à dénombrer les composantes de sa personne c'est-à-dire à interroger sa capacité comme sacrifiant, elles touchent aussi à la question de sa légitimité ainsi qu'en témoignent les commentaires des devins que nous avons cités à propos des résultats négatifs pour le grand grenier royal. Mais il faut reconnaître qu'au travers de la consultation pour *fiŋ-mundaŋ*, les rapports entre la légitimité royale et l'instance de la divination qui est par essence légitimation, n'apparaissent pas très clairement. Dans certaines sociétés africaines la divination est appelée à fonder ou, à tout le moins, à renforcer la légitimité d'un ou du pouvoir, à trancher entre divers candidats en compétition pour le pouvoir. Ce n'est nullement le cas dans la société moundang où l'accession à la royauté est par principe réglée sur l'ordre de primogéniture. Si contestation il y a, elle porte sur l'exercice de l'autorité, sur les aptitudes et non sur le droit de son détenteur. Et c'est bien ainsi que les choses sont apparues ici.

Mais il existe néanmoins une confrontation directe entre les deux légitimités ; c'est celle qui se produit dans le rite que nous annoncions dans notre descriptions de la fête et que nous allons examiner maintenant.

LE RITE D'EFFACEMENT DU KINDANI

Ce rite est accompli pendant le second jour de la fête de *fiŋ-mundaŋ*. Vers la fin de l'après-midi, le souverain est revêtu de ses habits royaux les plus somptueux (vêtements d'apparat style émir peul : grand boubou blanc, chéchia blanche, cape de soie mordorée, foulards rouge et bleu, etc.) Montant un cheval dont la couleur a été prescrite par les devins, il sort de son palais précédé par l'orchestre des *žak-fa-uni* et ses notables à cheval. Derrière lui viennent les porteurs de ses lances et quelques esclaves dont l'un porte son parasol, enfin, fermant la marche, les cavaliers caparaçonnés *(zasudal)* qui constituaient le corps d'élite de l'armée moundang de jadis. Le cortège ainsi formé se rend à *zapižõre*. Là, après un moment d'arrêt, le roi ordonne qu'on s'en retourne. Venu par l'Est, le cortège rentre au palais en le contournant par l'Ouest. Nous avons déjà évoqué cette analogie entre le mouvement du cortège royal par rapport au palais et la marche du soleil. Mais les cavaliers qui étaient en tête se séparent du reste et se précipitent au galop vers *təhale*. Ils chevauchent sur l'aire de consultation et les sabots de leurs montures piétinent et dispersent les cailloux rangés sur le sol formant le texte des résultats du *kindani*. Le rite s'appelle *məhahale*, jeter, disperser le *hale*. Pendant que se déroule cette action de « brouillage des cartes » le chef des *pa-kindani* se tient sous son *tebakame*. Il a pris les précautions ordinaires du devin qui entame une nouvelle consultation : il a frotté avec du kaolin et de la poudre de *šin-žu* son front, ses tempes, ses clavicules et ses gros orteils des deux pieds. Il agite la longue tige de mil avec laquelle il a pointé les résultats sur le sol et en criant à l'adresse des cavaliers : « Ne venez pas chez moi, ne venez pas chez moi » (c'est-à-dire : je suis innocent, je ne suis pas la cause du malheur ici inscrit) il leur jette des *fa-sane*. Par ces puissants « médicaments » faits de petites boules de terre mélangées à du kaolin et à des herbes spéciales pilées par un esclave du palais, il écarte de sa personne la malchance pour la renvoyer sur les chevaux. Les cavaliers repartent au galop vers la rivière où hommes et bêtes vont se baigner pour se purifier du mal de *təhale*.

Ainsi, *məhahale* en tirant un trait sur l'oracle, en effaçant l'inscription de tous les dangers énoncés par le *kindani*, supprime ces dangers qui menacent le roi ainsi que les devins et les détourne sur les chevaux qui les emportent sous leurs sabots. *Təhale* est devenu un endroit neutre. La nouvelle année peut commencer, les puissances invisibles ont dit ce qu'elles avaient à dire, maintenant c'est du passé. Le temps un moment immobilisé sous sa représentation figée retrouve son cours normal.

Comment interpréter ce rite ? Quand nous avons posé la question pourquoi le roi doit-il sortir pour ce simple aller-retour et pourquoi faut-il un tel déploiement de faste ? nous n'avons obtenu d'autre réponse que celle-ci : quand le roi se déplace avec ses cavaliers il se doit de montrer sa richesse et sa puissance et les chevaux qui piétinent *təhale* en sont un des signes. Cette réponse qui n'est apparemment qu'une tautologie semble pourtant suggérer que le faste qui accompagne le rite du *məhahale* comporte une double signification. Le souverain rend hommage, fait honneur au *kindani* puisqu'il se déplace mais par sa puissance — ses chevaux — il annule la force dangereuse que recèle son inscription sur le sol. Que cette inscription — quelque rudimentaire qu'en soit l'écriture — maintienne par sa simple persistance l'état de danger pour le roi, on le conçoit : elle est un peu son « Mené, Tequel, Parsin » même si ses propres devins en ont déchiffré l'énigme. Mais pourquoi conserve-t-on cette inscription et quel est le principe qui fonde l'efficacité du *məhahale*, on ne le comprend guère et les informateurs sont muets sur ce point.

Réduits à des conjectures, nous pouvons chercher quelque lumière en mettant en parallèle la relation du souverain de Léré avec *təhale* et celle qu'il entretient avec les masques. Les masques moundang qui sortent à l'occasion des funérailles ou durant la période de l'initiation ont ceci de commun avec la divination qu'ils peuvent formuler des demandes, énoncer des sanctions qui ne tirent leur légitimité que d'eux-mêmes. Et dans les deux cas, aux prises avec les figurations matérielles des puissances spirituelles, le roi est à la fois soumis et maître. Il est soumis à ces représentations qui sont au fondement de l'ordre social dont il est le garant, il leur témoigne respect et honneur et punit quiconque viendrait à leur manquer. La légende raconte comment *Gõ-Daba*, le premier roi de Léré, fit mettre à mort son propre fils qui avait osé revêtir une jupe de fibres pour parodier la danse des masques. Mais d'autre part, c'est lui qui autorise les sorties des masques et ordonne leur rentrée; les masques viennent à lui, le flattent et lui les paye. Son autorité sur le *kindani* est de même nature et nous avons vu que les consultations au *təhale* de Léré sont entièrement placées sous son contrôle. Le roi apparaît ainsi comme le seul à pouvoir assigner un temps, un terme aux manifestations de ces forces dangereuses qui marquent le rythme de la vie collective et départagent les périodes sacrées du temps profane. Il est le maître des limites (l'un des titres qu'on donne au fils puîné du souverain est d'ailleurs *gõ-šye*, chef de la limite) celui qui contient, qui empêche ces forces de contaminer le cours ordinaire des choses. Il nous semble dès lors que l'une des interprétations du rite de *məhahale* qui s'impose soit celle d'un rite de clôture, bien qu'il ne prenne place qu'au second jour de la fête de *fiŋ-mundaŋ* dont la clôture officielle se fait au terme du quatrième jour. Cette anomalie n'est qu'apparente s'il est vrai, comme nous l'avons vu, que *məhahale* marque bien une coupure dans son déroulement, coupure qui sépare précisément une période sacrée (sortie des masques, consommation des nourritures et boissons sacrificielles) vouée aux rites royaux d'une période plus profane laissée aux célébrations familiales qui ne sont, en un sens, qu'une duplication dans la sphère privée de celles qui ont le palais pour théâtre et à l'exaltation collective de la grandeur militaire passée. De sorte que l'effacement du *kindani* a non seulement écarté la menace que comporte son inscription mais a mis fin à la période dangereuse pleine de libations et de sacrifices (danger inscrit dans la question que le devin pose pour chaque participant : *žõ-fiae*, sa façon de fêter) libérant ainsi la société de l'année écoulée pour lui permettre une entrée heureuse dans la nouvelle année.

Pourquoi la conservation de l'inscription a-t-elle ces effets, demandions-nous, et pourquoi ce défi aux pouvoirs de la divination ? Dans les autres consultations, l'inscription est laissée à l'abandon jusqu'à la prochaine occasion où le devin réentassera ses cailloux pour procéder à de nouveaux tirages. Elle reste sur le sol comme une trace sur le sable qui ne signifie plus rien pour personne. Elle s'est brouillée d'elle-même, le temps a fait son œuvre sans le secours d'aucun rite.

Que pour le Nouvel An un rite d'annulation soit nécessaire, nous pouvons maintenant le comprendre comme un besoin d'affirmer la prévalence du temps cyclique, socialement ordonné, dont le souverain est la clef de voûte, c'est-à-dire ce qu'Evans-Pritchard appelle le temps structural sur le temps des phénomènes naturels (météorologiques ou biologiques) qui est le temps indéterminé et discontinu — par conséquent incertain et menaçant — dont les pierres des devins tentent de présager le cours. La divination est certes elle-même une machine à traduire en termes du temps structural l'action des forces et des êtres qu'elle soumet à son verdict. Mais cette traduction qu'elle obtient par son procédé aléatoire n'est pas une absorption complète, elle laisse un déchet de cet indéterminé avec lequel elle a partie liée. Aucune machine n'a de rendement parfait. En envoyant ses chevaux effacer l'inscription qui a perdu toute valeur d'information mais qui garde donc en elle, comme un résidu impossible à éliminer, l'incertitude inhérente à tout énoncé divinatoire, le roi prend sur lui, au nom de sa légitimité, de la considérer comme nulle et non avenue. Cette annulation, ou plutôt cette volonté fantastique * d'annulation par un rite royal de ce reste que nous appelons du nom de hasard, exprime sans doute un des aspects essentiels des relations entre le pouvoir et la divination dans une société qui confère à son souverain des pouvoirs magiques. Mais cet aspect n'est pas le seul et l'on peut déjà pressentir que la confrontation entre les deux légitimités est de caractère dialectique. Nous verrons dans le chapitre suivant consacré au *kindani* de *fiŋ-lu*, où la divination a précisément affaire aux fonctions magiques de la royauté que leurs relations s'inversent et que c'est alors aux devins qu'incombe la charge d'écarter de la société la menace que les pouvoirs ambigus du souverain font peser sur elle

* Nous employons ce terme parce qu'il nous semble qu'il y a effectivement quelque chose de fantastique dans le rite d'effacement de l'inscription par les chevaux du roi. Il manifeste un rapport à la lettre qui n'est pas sans évoquer celui que l'on trouve chez les islamisés qui avalent au sens propre les lettres du Coran ou dans la Bible à propos de l'ordalie que l'on fait subir à la femme accusée d'adultère. Certes, chez les Moundang, le roi expulse la lettre bien loin de l'ingurgiter mais c'est le style du rite, si l'on peut dire, qui présente une affinité avec l'attitude islamique, non le contenu, qui lui est totalement étranger.

VIII. LE DEVIN ET LA MAGIE DE LA PLUIE LA CONSULTATION POUR LA FÊTE DE LA PINTADE

Cette fête dite de la pintade est célébrée au cours du dixième mois du calendrier moundang, auquel elle donne son nom. En ce mois qui correspond chez nous à la fin mars début avril, la saison sèche et chaude bat son plein mais le ciel se couvre déjà de gros nuages menaçants et parfois de brèves et violentes tornades s'abattent sur la contrée. Le temps des semailles n'est pas encore là mais c'est la fin des grands feux de brousse que les paysans ont allumés pour brûler leurs champs et profiter de la fuite des animaux pour se livrer à la chasse. Tout en vaquant aux travaux de saison sèche : réfection des habitations, des toitures surtout, tressage des palissades de paille, vannerie, filage du coton, tissage, etc. on guette les premiers orages et l'on se demande de quoi sera faite la prochaine saison des pluies.

La fête de la pintade, marquée par une grande chasse rituelle à laquelle participent le roi et tous les hommes du village, des plus jeunes aux plus vieux, est essentiellement destinée à préparer une bonne saison des pluies. Centrée comme toutes les fêtes sur la personne du souverain, elle est placée sous la responsabilité de deux dignitaires : le chef de piétons (*pulyã-məna*) du clan Kiʒéré, chargé des rites magiques et de l'organisation de la chasse et le *swa-wê-pulyã-gõ-yə*, le chef du collège des serviteurs royaux, dont la tâche est de rassembler tout le gibier tué (car on ne se contente évidemment pas des seules pintades) au pied du grand tambour (*mur-dame*) à proximité de l'entrée du palais. Là il procédera au sacrifice d'une pintade dont il distribuera des morceaux de viande cuite aux représentants de certains villages voisins qui les rapporteront chez eux pour y accomplir les sacrifices propitiatoires pour la pluie. Ensuite il présidera au partage du gibier entre les ayants droit. Le roi, le chef des piétons, le chef de terre de Léré et lui-même reçoivent des parts rituelles en tant qu'ils sont tous les quatre les sacrifiants de la fête; les autres, selon ce qu'ils ont réussi à tuer au cours de la chasse ont droit à un animal ou à une partie de l'animal qu'ils ont rapporté.

A la fin de la fête qui ne dure qu'un seul jour, le roi, comme à *fiŋ-mundaŋ*, distribue à la population rassemblée devant le palais force nourriture et boisson. La nuit s'achève dans la joie sur les danses et les chants de *fiŋ-lu* qui exaltent la chasse en la comparant à la guerre et moquent le roi qui en brousse n'est plus le roi mais un chasseur comme les autres. Ce n'est que le lendemain et dans les jours suivants que les rites spécifiques pour la pluie seront exécutés. Ils ne sont pas publics car le matériel (les pierres de pluie) avec lequel opère le chef de pluie *(gõ-bame)* ne peut être vu de tous tant sa manipulation est dangereuse. L'examen de l'état de ce matériel est un des principaux aspects du *kindani* de *fiŋ-lu.* L'attention des devins se concentre sur lui et néglige l'ordonnance des cérémonies publiques qui dans le cas de *fiŋ-mundaŋ*, nous l'avons vu, était l'objet unique de la consultation à *təhale.* C'est pourquoi nous avons nous-même négligé le détail du rituel de la « pintade » qui nous aurait éloigné de nos problèmes pour nous attacher aux questions de la pluie.

Cette consultation commence exactement de la même manière que la précédente et, fait à noter sur le plan des aptitudes mnémotechniques des devins, les catégories, depuis les *mozumri* et *čox-šinri* jusqu'à la terre de Léré et les champs de brousse se succèdent rigoureusement dans le même ordre. Le premier changement se produit avant de consulter sur la personne du souverain. C'est à ce moment qu'apparaît le thème propre à ce *kindani :* le temps des pluies. Cette tranche se présente de la manière suivante : ce mois-ci; la durée de ce mois; le mois prochain; la sortie du mois prochain; le troisième mois; la sortie de ce troisième mois; le ciel *(maši-bame,* c'est-à-dire le lieu d'où vient la pluie); les nuages; la pluie qui cherche à tomber.

A ces termes fait suite l'énoncé des maladies (*fa-wul-li,* toux, coqueluche, etc.) tel que nous l'avons noté plus haut. Une remarque s'impose ici quant à l'enchaînement des thèmes, c'est-à-dire, leur hiérarchie. Dans le *kindani* de *fiŋ-mundaŋ* qui est essentiellement une fête de clôture, les maladies venaient immédiatement après les *čox-šinri*, continuité qui marquait que les premières sont des causes du même ordre que les secondes. A l'occasion de *lu* qui est une fête d'ouverture, on intercale des considérations sur le temps, entre les *čox-šinri* et les maladies pour rappeler, nous semble-t-il, que la continuité n'est plus assurée et qu'aux génies de lieu malfaisants il faut ajouter l'indétermination de cette période nouvelle qui commence, de ces mois où « la pluie se cherche » et dont dépendra la chance ou le malheur pour la société.

Après les questions sur le souverain, structurées comme précédemment : sa demeure et les puissances invisibles qui lui sont associées, sa personne en tant que sacrifiant, ses épouses réparties selon les quatre points cardinaux d'une part, et en classes fonctionnelles d'autre part, le *kindani* revient au thème de la pluie pour ne plus le quitter.

La première question de cette septième tranche de la consultation est formulée ainsi : le début de la saison des pluies du roi de Léré. Il faut dire que son sens est rien moins qu'évident et nous avons dû faire de longs détours dans nos conversations avec les devins avant de comprendre que cette proposition est absolument essentielle puisque dans son énoncé énigmatique elle nous dit ce qu'est la pluie, à savoir qu'elle appartient au roi de Léré. Certes nous savions que les Moundang attribuent à leur roi des pouvoirs magiques et notamment celui d'empêcher ou de favoriser la pluie. Mais nous pensions que cet aspect obscur de la royauté n'était pas traité directement par le *kindani*, parce qu'il s'oppose au caractère de sacrifiant de la personne du souverain qui exige un état de pureté comme le prouvent les séries envisagées plus loin qui ont trait à la magie de la pluie. La difficulté est partiellement levée si nous considérons la suite de cette tranche. Il y est question de la récolte, de la pluie, de quelque direction qu'elle vienne, du mil qui poussera avec ces pluies enfin, des diverses pierres de pluie nommément désignées et de l'autel de la pluie *(za-ʒaxe)* de Gõ-Daba, le fondateur de la dynastie de Léré. Il s'agit donc ici non pas de la personne du souverain régnant mais de la royauté symbolisée par le premier souverain. En tant que propriété de la royauté, le pouvoir sur la pluie est seulement bénéfique. Il est dangereux dans la mesure où il appartient à une personne dans les mains de laquelle il prend valeur de fétiche * manifestant une espèce de

* Pour l'usage que nous faisons ici de ce terme jadis galvaudé par les auteurs parlant des religions d'Afrique Noire, nous nous permettons de renvoyer le lecteur à Adler A. « L'ethnologue et les fétiches », *Nouvelle Revue de Psychanalyse* », Paris 1970, n° 2, pp. 149-158.

surpuissance de son détenteur. Seulement nous verrons que d'une part, il n'appartient ni totalement, ni exclusivement au roi de Léré et d'autre part, que cette relation d'appartenance est ambivalente : elle est de toute puissance car il peut empêcher la pluie et être la cause du malheur de son peuple, il peut en faire don et c'est un effet de sa bonté. Mais il partage son pouvoir avec les puissances supérieures et en particulier les *čox-šinri* que seuls les rites appropriés peuvent rendre favorables. Plutôt que d'appartenance il faut parler d'appropriation, voire de détournement. Appropriation dans la mesure où il tient ce pouvoir sur la pluie (et il en est ainsi de tous ses autres pouvoirs) d'un clan particulier, le clan des forgerons *Dué* *, détournement dans la mesure où il peut user et abuser de ce pouvoir dont il n'a la jouissance toutefois que pour autant qu'il peut en répondre devant son peuple.

La suite de cette série qui concerne les pierres de pluie (des quartz) de Gõ-Daba nous introduit aux techniques des faiseurs de pluie c'est-à-dire des esclaves du roi désignés pour ces tâches. Il est important de noter que chez les Moundang il n'existe pas de fonction de chef de pluie définie comme prêtrise, comme dans la plupart des sociétés non étatiques de la savane tchadienne. Ici, ce sont des esclaves qui exécutent les rites, lavent et manipulent les pierres, pour le compte du souverain. Pour Léré, ces rites sont accomplis dans la brousse, a proximité du village dans un bosquet sacré situé sur une butte qu'on appelle *zaʒaxe*, le lieu du vent qui amène la pluie. C'est à cet endroit que sont enfouies et complètement recouvertes de feuillages les grandes jarres contenant les pierres de pluie *(tesal-bame)*. Trois de ces jarres contiennent les pierres de la royauté, chacune appartenant à l'un des trois titres portés par les rois de Léré qui, on s'en souvient, se succèdent dans l'ordre suivant : Gõ-Daba, Gõ-Čomé, Gõ-Kažõka. Le *kindani* interroge trois des pierres de pluie, puis les plantes qui trempent dans l'eau avec laquelle on les lave : *šin-žu* de la pluie; *šin-žu* et *kuli* de la pluie; racines de toutes les herbes pour la pluie; *kəba* de la pluie.

Ensuite on passe aux esclaves chargés des rites. Le *kindani* va examiner le cas de trois d'entre eux pour déterminer lequel se trouve dans le meilleur état pour travailler à *zaʒaxe*. Il questionne le nom

* Un dicton moundang affirme : « Le roi de Léré fait la pluie avec les pierres des gens du clan Dué ».

de l'esclave, les paumes de sa main (chance ou malchance), sa manipulation des *šinri* de la pluie. Cette consultation est analogue, en l'occurrence, à celle que l'on fait pour un malade lorsqu'il s'agit de fixer le choix du thérapeute, *medicine-man* ou contre-sorcier qui convient à son cas. Ce sera la seule similitude complète que nous aurons relevée entre ces deux types de *kindani* qui autrement nous paraissent si contrastés.

La tranche suivante concerne la chasse et elle commence par le dignitaire qui a la charge des rites magiques qui la favorisent, *pulıã-məna*, le chef des piétons déjà mentionné. Elle se poursuit exactement comme pour *fiŋ-mundaŋ*, c'est-à-dire qu'elle fait abstraction des actes rituels et ne s'intéresse qu'aux personnes et à leurs attributs fonctionnels. Pour le chef des piétons on interroge : sa démarche, les paumes de ses mains, les remèdes *(šinri)* qu'il a dans les mains et *təkalu*, le lieu en brousse où roi et chasseurs se rassemblent avant de poursuivre le gibier. Ensuite on interroge les piétons eux-mêmes et leurs armes, enfin les cavaliers, leurs chevaux et leurs armes. Il est remarquable, et l'on nous permettra d'y insister, que la divination laisse de côté le chef des *wê-pulyã-gõ-yə* qui a pourtant, comme on l'a vu, la tâche de contrôler le partage du gibier que tous les chasseurs chanceux se doivent de rapporter à l'endroit sacré où se trouve le grand tambour royal *(mur-dame)* et de répartir les morceaux de pintade cuite entre les représentants des villages voisins qui les sacrifieront à leurs *čox-šinri* pour qu'ils laissent tomber la pluie. Nous n'avons pas pu savoir si ce dignitaire important ne consultait pas, malgré tout, le *kindani* à titre privé, comme il le fait à l'occasion de la fête de l'Ame du mil. En revanche, nous avons appris de la bouche du chef des piétons que ses opérations rituelles pour la chasse faisaient l'objet d'une séance secrète de divination. Ainsi, avant de préparer ses « médicaments » *(šinri)*, il doit faire un sacrifice sanglant qui consiste en réalité à répandre à terre du jus de la plante cactée appelée *sin-žu* rouge. Le *kindani* lui indique s'il convient qu'il coupe la plante avec un couteau ou avec un fer de lance à large tranchant. Il lui indique également l'heure et le lieu car il doit être dans une potition telle que son ombre ne lui cache pas le *šin-žu*. Si tel n'était pas le cas, son ombre en s'interposant pourrait le faire mourir, lui ou l'un des membres de sa famille. Enfin, à chaque coup porté, il doit prononcer dans l'ordre prescrit par le devin, les noms des animaux de brousse que les chasseurs ne manqueront pas de tuer à *fiŋ-lu*. Il a par ailleurs, avant que le roi et les villageois en armes se rassemblent à *təkalu*, la charge d'y allumer un feu à l'endroit précis que lui fixe le *kindani*. Dans ce feu il jettera une partie de son mélange de « médicaments » fait de coquilles d'œufs de pintades, de plumes du même oiseau présentant une courbure déterminée et d'excréments de certains animaux sauvages auxquels il ajoute du foie de poisson électrique destiné à paralyser le gibier. L'autre partie de ce mélange est placée dans une corne d'antilope ou d'animal domestique selon la décision du devin. Avec la corne ainsi garnie il guidera les chasseurs vers les lieux propices pour surprendre les bêtes et les tuer à coup sûr. Cette magie pour la chasse dont nous ne donnons qu'un faible aperçu est le secret du chef des piétons et ses affinités avec la magie de guerre et, d'une manière plus générale avec la magie d'agression susceptible d'être tournée contre n'importe quel adversaire, font de son détenteur un personnage éminemment redoutable. On conçoit dès lors que les opérations rituelles qu'elle exige ne soient pas traitées par le *kindani* officiel de *təhale :* les mêmes raisons de purification du sacrifiant qui ont conduit à en écarter les questions sur la magie de la pluie attribuée au souverain valent ici pour le responsable d'une chasse dont seuls les effets bénéfiques — c'est-à-dire le caractère de rite religieux * — sont envisagés.

Enfin, le *kindani* interroge deux des plus grands villages situés à l'Est de Léré, c'est-à-dire dans la direction d'où viennent les vents qui amènent la pluie. Les chefs de ces deux villages, celui de Berlyan et celui de Tréné sont considérés comme détenteurs du *ke* au même titre que le roi de Léré. Le *ke* est un objet ou un ensemble d'objets (par exemple à Léré, une faucille de cuivre et des feuilles de *kpu-ki*, l'arbuste dont l'écorce est utilisée pour confectionner les pansements

* Nous empruntons à Marcel Mauss cette opposition fondamentale entre rites magiques et rites religieux. Nous renvoyons à « l'Esquisse d'une théorie générale de la Magie » dans *Sociologie et Anthropologie*, Paris, P.U.F. 1950, pp. 12 et sq. Cette opposition nous semble d'autant plus pertinente ici que la manière dont le texte nous la présente correspond à l'esprit dans lequel la pratique divinatoire des Moundang procède pour séparer les thèmes et les questions qu'elle soumet ou non à l'inscription officielle à *təhale*. Y sont soumis ceux qui concernent l'état des personnes en fonction de leur participation aux sacrifices et cérémonies de caractère public, en sont écartés ceux qui concernent les pouvoirs toujours ambigus d'une personne qui sont traités comme affaires privées auxquelles sont associées les notions de secret et de maléfice. Nous ne croyons pas cependant qu'il faille opposer une divination au service de la magie et une autre au service de la religion. Le problème essentiel est celui de l'inscription. Nous y reviendrons.

des circoncis) qui constitue ce qu'on peut appeler un objet fétiche de la pluie. Le plus grand secret l'entoure et seul l'esclave à qui la garde en est confiée peut le voir, le toucher et en faire usage sur l'ordre de son maître. Avec le *ke* le roi ou les deux chefs dont il est question peuvent empêcher la pluie de tomber. On dit ainsi que la faucille coupe les nuages gros de pluie et les rend stériles.

Le *kindani* envisage d'abord le village de Berlyan, le second en importance politique après Léré dont le chef, généralement un frère puîné du Gõ-Lǝǝré est d'une certaine manière en position de rival par rapport à son aîné. On interroge : la terre de Berlyan, son chef, sa démarche, les paumes de ses mains, le *ke* qu'il a dans les mains. Les mêmes questions sont posées à propos du village de Tréné dont le chef appartient non pas à la famille de Gõ-Daba, mais au clan *Mundaŋ-Yere* qui, jadis politiquement indépendant de Léré, entretient des relations rituelles spécifiques avec le souverain *.

Ce qui évidemment retient ici notre attention est le fait que le *kindani* passe sous silence le *ke* le plus important, le plus fort, celui du roi de Léré. Quand nous en avons discuté avec le chef des devins, nous nous sommes attirés une curieuse réponse : « le *ke* du Gõ-Lǝǝré est perdu. Il n'existe plus ». « Depuis quand » ? avons nous demandé. « Depuis longtemps *(ba-be)* ». Ce dialogue cocasse aurait pu se poursuivre longtemps. Nous avons affaire, croyons-nous, à une forme de dénégation qui tient au mode même d'existence de ce type d'objet magique. Le *ke* est un objet quelconque, une faucille de cuivre et des feuilles, avons-nous dit, mais aussi, selon d'autres, une pierre rare apportée à Léré par un étranger ou autre chose encore ; en tout cas une substance invisible qui tient son être de la relation qu'elle entretient avec la personne du souverain qui l'a et ne l'a pas en même temps. Substance dangereuse au pouvoir maléfique d'arrêter la pluie, elle représente la part de la souveraineté qui échappe au contrôle des autorités religieuses qui agissent au nom des clans maîtres de la terre et dont le *kindani* n'a pas à connaître à *tǝhale*. Comment expliquer du point de vue de la divination cette différence de traitement entre le *ke*

* Disons seulement pour souligner l'importance et la complexité de ces relations, que les *Mundaŋ-Yere* sont chargés des fonctions suivantes : ils circoncisent les fils du roi de Léré selon un rituel particulier différent des rites initiatiques auxquels sont soumis tous les autres enfants ; ils donnent au roi son épouse *(mamur-yã)* qui a la charge des sacrifices accomplis dans la cour du palais ; enfin un de leurs sous-clans fournit les fossoyeurs du roi.

du roi de Léré et celui des chefs de Berlyan et de Tréné sinon par le fait que les *ke* de brousse équivalent à la part de souveraineté soustraite ? Nous pensons qu'il faut encore revenir sur l'idée centrale de ces consultations à *tehale* selon laquelle la personne du souverain est celle du sacrifiant. Le sacrifiant, distinct en cela des autres participants aux cérémonies rituelles, est le sujet en état de pureté dont les actes sont essentiellement bénéfiques et sur qui aucun soupçon de recours à la sorcellerie ou aux pouvoirs d'un objet fétiche ne saurait peser. On n'oubliera pas en outre que le *kindani* traite longuement des épouses du roi et qu'en définitive il n'est pas question d'autre chose que du thème de la pureté puisque les périls envisagés sont ceux qui naîtraient des incartades sexuelles ou de l'état d'indisposition de ces préparatrices des nourritures et des boissons sacrificielles distribuées pendant la fête. Il faut donc bien que le roi soit disculpé, si l'on peut dire, de son *ke* dont la malfaisance possible est reportée sur celui des deux chefs de brousse chargés en l'occurrence de représenter la part mauvaise de la souveraineté. Nous parlons de mal et de disculpation mais il faut bien prendre garde, comme lorsque nous évoquions plus haut la notion de responsabilité, de ne pas interpréter ces termes dans le sens d'une éthique de l'individu. L'attribution du *ke* au roi n'est pas l'attribution à une personne d'une volonté mauvaise contre laquelle il faut se prémunir, mais est plutôt l'expression de la dualité de principes qui est au fondement de la souveraineté et qui fait de son détenteur un roi magique aux pouvoirs ambigus et un roi-père législateur et garant de l'ordre. Instance de légitimation, le *kindani* ne peut interroger que ce deuxième aspect de la souveraineté; quant à l'autre, c'est comme s'il n'existait pas, du moins, comme partie intégrante de la souveraineté.

Nous pourrions peut-être voir une confirmation de notre point de vue selon lequel la divination a pour tâche d'accumuler les précautions destinées finalement à disculper le roi de toute accusation au cas où la sécheresse frapperait le pays, dans l'incident qui marqua le dernier jour de cette consultation pour *fiŋ-lu*. Celle-ci, en principe, devait s'achever sur le *ke* des deux chefs de brousse. Mais le roi, prévenu de la fin des travaux dépêcha Mangay, son principal conseiller et éminence grise, auprès des *pa-kindani*. Au cours d'une discrète conférence qu'il tint avec eux à *təhale*, il leur transmit l'ordre de consulter au sujet de *toutes* les pierres de pluie se trouvant à *za-ʒaxe*. Avec l'aide de Mangay suppléant aux défaillances de leur mémoire, les devins établirent la série suivante :

Mažu Daba et *Woraé* (la pierre de Daba et son mari) résultat positif.

Les gouttes de *Mažu Daba* sont mauvaises car le *ke* de Berlyan peut les chasser.

Malumi, mâle et femelle — résultat positif mais ses gouttes peuvent également être chassées par le *ke* de Berlyan.

Makəlabe (la pierre en forme de hache). La pierre femelle est mauvaise mais son mari est bon et ses gouttes tomberont bien.

Masəŋ Byero, les pierres mâle et femelle sont bonnes. Les gouttes tomberont bien.

Mazomé (la pierre dite hippopotame). La femelle est mauvaise mais le mâle est bon.

Matəkanini, les pierres mâle et femelle sont bonnes.

Mapulu (pierre trouvée par le roi *Gõ-də* à une chasse pour *fiŋ-lu*). Le mâle et la femelle sont bons.

Enfin *Masax-su*, pierre unique donnant une pluie bonne pour les arachides, a un résultat positif.

Les esclaves chefs de pluie furent immédiatement avertis de ces résultats et surent ainsi quelles étaient les pierres menacées par l'action du *ke* de Berlyan. Les devins ajoutèrent alors une autre série de questions sur l'action des chefs de pluie : comment l'esclave du roi va chercher les « médicaments » pour laver les pierres de pluie ; les paumes de ses mains ; la vieille houe avec laquelle il coupera ces « médicaments » ; le grand bâton destiné à creuser le sol (afin de déterrer les racines des plantes *šinri*) ; le Sud et l'Ouest (les directions dans lesquelles on va chercher les racines).

Il est remarquable que le *ke* qui est supposé avoir une action directe sur le phénomène naturel lui-même (la faucille qui coupe les nuages) est supposé également avoir une action néfaste sur les pierres de pluie. Cette seconde théorie de l'efficacité du *ke* peut surprendre par l'image quelque peu brouillée sinon contradictoire qu'elle nous offre de la magie de la pluie dans la culture moundang. Mais il faut reconnaître qu'elle est plus commode dans la mesure où selon elle, un signe agit sur d'autres signes. D'autre part, par le jeu de substitution qui attribue le *ke* du roi aux chefs de brousse, elle permet de laver le souverain de tout soupçon de malveillance puisque c'est lui, au nom de ses ancêtres qui garantit l'efficacité des pierres de pluie. Si le lecteur se sent quelque peu déconcerté par ces subtilités quasi casuistiques il doit se dire que toute culture — si grands que soient les efforts qu'elle déploie pour nier l'opposition entre les phénomènes de la nature et l'ordre social et transposer l'indétermination, l'inconnu et partant le menaçant qui caractérisent les premiers dans le cadre structural du second — cherche quand même à « sauver les apparences » fût-ce au prix de contradictions. Ce prix n'est pas trop élevé s'il permet à la société de faire sa place au mal tout en lui ôtant tout caractère irrémédiable.

Pour terminer cette analyse de la consultation de *fiŋ-lu*, nous donnerons une idée de ce qu'elle représente pratiquement pour le roi de Léré et ses dignitaires en résumant le commentaire que nous firent les devins quand ils annoncèrent leurs résultats.

Il s'avéra d'abord que tous les *čox-šinri* sauf trois refusaient la pluie. Prescription : le roi doit donner un bœuf qui sera sacrifié dans la cour de son palais la veille de la fête. Un morceau de cette viande sacrificielle sera emporté par les esclaves du roi à *Za-ʒaxe* afin de rendre plus favorables les *čox-šinri ;* en outre il faudra qu'ils prennent un morceau de poisson sans écaille pêché par les villageois de Lao dans le lac de Tréné (petit lac à l'Est, en amont du lac de Léré) car ce sont les génies du lieu de l'Est qui peuvent arrêter la pluie.

Le *kindani* révéla aussi que des épidémies s'abattraient sur le pays en saison des pluies : la variole qui s'attaquera d'abord à une femme; la rougeole; la coqueluche et la congestion pulmonaire.

Le roi tombera légèrement malade au cours de la saison des pluies ainsi que ses jeunes épouses *(wê-powuli)* et certaines de ses cuisinières *(mažõ-bigõ-yə)*.

Enfin si les épouses du roi ne sont pas sérieuses, si elles commettent l'adultère, la bière de mil qu'elles prépareront sera mauvaise et imbuvable. Les femmes qui préparent la bière doivent demeurer chastes les trois jours que nécessite sa préparation sinon elles obtiennent un liquide qui devient blanc comme du sperme. Mais toute épouse royale qui commettrait l'adultère provoquerait une détérioration de la bière de mil. Le devin qui énonça ce commentaire conseilla à Juldé, l'esclave responsable du gynécée, de parler aux épouses royales et de leur donner de sévères avertissements. Mais le roi ne se considéra pas satisfait par cette prescription et ordonna une consultation particulière.

Celle-ci, effectuée séance tenante, porta sur les questions suivantes :

Les grandes poteries qu'on met sur le feu pour préparer la bière *(či-twi)*.
Le contenu de ces poteries (c'est-à-dire le liquide encore non fermenté).
La cuisson et le liquide une fois fermenté.
L'allumage du feu de cuisson.
Les grosses jarres dans lesquelles on conserve la boisson fermentée.
La bière de mil contenue dans ces jarres.
Le dernier jour de la préparation de la bière (c'est-à-dire quand le liquide a bouilli une seconde fois).
La fermentation de la boisson.
L'ivresse de la population (y aura-t-il des rixes mortelles ou non ?).

Il apparut par ailleurs que des dangers menaçaient chevaux et piétons : un cheval se blessera et aura un os brisé pendant la chasse aux pintades; les piétons se blesseront entre eux.
Prescription : il faut que le chef des cavaliers *(pulyã-puri)* et le chef des piétons *(pulyã-məna)* s'adressent à leurs hommes pour les exhorter à la prudence.

On a affaire ici aux conclusions finales, c'est-à-dire aux résultats qui font suite aux consultations qui ont rectifié les résultats négatifs apparus lors de la première consultation. Ce qui est demeuré négatif une fois le travail divinatoire achevé, appelle ou non des sacrifices et des rites de réparation selon l'importance du danger qu'il implique. Ainsi l'hostilité de la plupart des *čox-šinri* entraîne la nécessité pour le roi d'immoler un bœuf, ce qui est considérable, tandis que les mauvais résultats pour telle ou telle des épouses royales aura simplement pour effet un discours de rappel à l'ordre, des conseils de bonne conduite de la part de l'esclave responsable de l'organisation domestique au palais. Il en va de même dans le cas des cavaliers et des piétons que l'on vient de citer. La fonction de guidage de l'action rituelle propre au *kindani* appliqué à la maladie se retrouve donc à ce niveau dans les consultations d'intérêt général et par ailleurs s'y ajoute une fonction d'ordre moral puisqu'on voit le devin apporter le soutien de son autorité spécifique aux valeurs admises par toute la société. Le code moral et le code divinatoire sont d'essence différente mais ne s'opposent pas. Ils se recouvrent partiellement car les règles de conduite comme, dans une moindre mesure, les données de l'expérience subjective chez un malade — ce que nous avons appelé pré-diagnostic — ne sauraient être contredites par l'état divinatoire révélé à *təhale*. C'est la manière de dire qui est autre.

Cependant une remarque s'impose pour juger de la portée de l'aspect prescriptif de la divination. Appelons système l'ensemble des choses (ou items) examiné par le moyen des cailloux. Au terme des consultations un certain état de ce système est décrit et selon la quantité et la qualité (ces deux facteurs, nous l'avons vu, pouvant se combiner à l'intérieur d'une série particulière ou d'un groupe de séries ordonnées) des résultats négatifs obtenus, certaines conséquences en découlent : rites destinés à établir un état plus satisfaisant du système lui-même en permettant de nouveaux tirages partiels (*sob-kindani* ou consultation dans la consultation), rites appropriés au danger lui-même signifié dans l'état premier du système sans retour au *kindani* ou enfin conseils moraux. Dans le premier cas, ce sont les devins qui consomment à *təhale* la nourriture sacrificielle offerte par le roi, dans le second cas ce sont les personnes concernées par le résultat négatif qui consomment le sacrifice prescrit. Pourquoi ces deux modalités de restauration de l'ordre ? Pourquoi ne se contente-t-on pas de l'une ou de l'autre que l'on pourrait considérer comme équivalente ? Si nous nous rappelons le rite de *məhahale* et la portée de l'inscription des résultats du *kindani* comme telle, la réponse évidente est que le signifiant divinatoire inscrit et le signifié de ce signifiant ne sont pas équivalents et partant, qu'agir sur l'un n'est pas la même chose qu'agir sur l'autre. La divination a en effet une double nature : elle a une fonction de communication c'est-à-dire de transmission de messages susceptibles d'être immédiatement traduits en instructions rituelles et pratiques pour le consultant; elle a aussi valeur d'expression des forces invisibles qui parlent par son truchement et de ce fait, retenant en elle (dans ses cailloux) une part de leur dangereux pouvoir, elle est elle-même objet d'un traitement rituel. Mais du seul point de vue formel on peut comprendre que l'inscription des cailloux à *təhalé* entraîne ces deux types de conséquences. Faisons par exemple l'hypothèse que le but ou l'idéal du *kindani* soit de dire non seulement la vérité qu'on attend ou plutôt l'information dont on a besoin pour se diriger dans l'action rituelle, mais le bien que l'on souhaite : il est possible de concevoir que les devins reconsultent sans relâche jusqu'à ce qu'ils aboutissent à des résultats exclusivement positifs. Le système le permet, mais il se détruirait lui-même de la même façon que deux joueurs de pile ou face jouant à l'infini détruiraient l'idée même du jeu auquel ils se livrent. La divination est comparable à un tel jeu de hasard dans la mesure où les procédés aléatoires qu'elle emploie pour produire des messages sont comme les règles pour un joueur, un moyen d'utiliser les contraintes arbitrairement admises pour améliorer à son avantage les chances égales pour tous données au départ. Mais, les rapports entre les joueurs et le hasard sont pour ainsi dire inversés *. A pile ou face ou bien avec des dés, une régularité statistique est initialement donnée et chaque partenaire espère obtenir à son bénéfice des écarts différentiels aussi grands que possible. L'algorithme du *kindani* par contre, s'appliquant à des catégories dont les dispositions favorables ou défavorables sont au départ inconnues (dont les écarts différentiels sont donc aussi grands que possible) vise à rétablir un ordre satisfaisant, équivalent à l'arrivée, de la régularité statistique donnée au commencement de toute partie d'un jeu de hasard. Autrement dit pour que l'information fournie par les devins ait une signification, il faut que le caractère aléatoire des opérations qui la produisent ne soit pas annulé dans les résultats et que ceux-ci présentent un certain équilibre ou dosage, si l'on veut, entre les positifs et les négatifs Le recours au *sob-kindani* est limité par la nature du *kindani* lui-même.

Le *kindani* participe donc du jeu et du rite et l'on sait que ces deux aspects de l'activité symbolique ne sont nullement antinomiques, comme l'ont montré ethnographes et historiens des religions. Leur conjonction dans le système divinatoire manifeste leurs rapports de complémentarité : l'un et l'autre servent à conjurer l'inconnu et la contingence c'est-à-dire l'opposition entre les phénomènes de la nature et les catégories de la pensée forgées par la société pour les interpréter. Le jeu nie le hasard comme loi universelle pour en faire sa loi interne; il incorpore ainsi la nature dans la culture. Le rite, appartenant à un ordre formel théoriquement cohérent manipule les forces qui agissent dans l'univers; il incorpore de la sorte la culture dans la nature. Mais la force conjurée, qu'on l'appelle esprit ou hasard fait retour dans la lettre, témoin ambigu de l'objectivité du message qu'elle inscrit et de la transcendance de celui qui l'émet.

La divination n'est pas une science mais elle garantit par son procédé aléatoire l'objectivité des messages qu'elle énonce, elle n'est

* Lévi-Strauss dans *Anthropologie structurale*, p. 328, avait déjà proposé de traiter un certain nombre d'institutions sociales et notamment les règles de mariage d'une société comme des « jeux à l'envers » et de ce fait justiciables des méthodes appliquées dans la théorie des jeux. Nous ne saurions dire si une telle idée est vraiment féconde mais il nous semble que son terrain d'essai devrait être la divination qui possède plus que des analogies formelles avec le jeu.

pas une magie mais elle fonde l'efficacité de son discours sur la communication qu'elle instaure avec les puissances invisibles *(Masəŋ, mozumri)* qui parlent à travers elle. Son objectivité et son efficacité sont indissociables non parce qu'elles se renforceraient l'une l'autre comme c'est le cas dans notre conception de la science, mais parce qu'elles se limitent l'une l'autre. Le *kindani* basculerait dans un discours délirant s'il ne connaissait d'autres contraintes que les règles formelles de sa technique, mais d'autre part, ces règles ne sauraient se réduire à un laborieux artifice construit pour leurrer le destinataire sur la source du message qui lui est transmis. La technique divinatoire est d'abord un processus d'inscription dans lequel il importe autant d'interpréter la sélection, la combinaison et la hiérarchie des catégories retenues que les réponses particulières obtenues. Nous avons vu en analysant le rite de *məhahale* pendant *fiŋ-mundaŋ* comme en suivant les méandres de la consultation pour la magie de pluie à l'occasion de *fiŋ-lu,* que c'était la fonction de l'enregistrement comme telle qui posait et opposait à la fois la légitimité du souverain face à celle de l'instance du *kindani.* Certes, on pourra nous objecter que c'est là le point de vue de l'observateur extérieur plus soucieux de tirer partie des propriétés du système que de voir en quoi il répond aux besoins de ses usagers. Cette objection d'apparence réaliste mais qui méconnaît les conditions auxquelles un système symbolique comme la divination est soumis pour avoir prise sur le réel, résume à peu près l'attitude de l'école fonctionaliste en la matière. Nous allons nous efforcer d'y répondre pour conclure ce travail.

CONCLUSION

La fonction de la divination est évidente et c'est précisément contre cette évidence que l'ethnologue a à se défendre. La survivance et parfois même le développement prospère de certaines pratiques mantiques dans notre propre société font que celles-ci sont pour nous des objets plus ou moins familiers dont nous pouvons avoir l'expérience dans les termes de la culture que nous vivons. Aussi avons-nous, dans la mesure où nous les confrontons aux normes dominantes de la civilisation occidentale, une sorte d'intuition immédiate de leur nature et de la place qu'elles occupent en opposition avec ces dernières. Qu'elle révèle l'influence qu'exercent sur nous les forces occultes ou qu'elle prédise le destin auquel nous sommes promis, nous sommes enclins à réduire l'essentiel de la divination, une fois relégué dans sa fonction d'attirail du charlatan le fatras des « connaissances » astrologiques ou autres dont elle s'enveloppe, à l'assurance et au réconfort qu'elle offre à son public d'une autre vérité, plus satisfaisante subjectivement que celle qui a cours officiellement. Dès lors, bien qu'elle soit marginale et qu'elle ne s'adresse le plus souvent qu'à des individus pris isolément — traits qui l'opposent radicalement au *kindani* que nous venons d'étudier — la divination semble révéler la fonction universelle qui est la sienne. Certes, elle se présente ici comme méconnaissance de l'opposition entre l'homme et l'univers physique qui lui est extérieur, comme voyance qui prétendrait pouvoir lier analytiquement connaissance et action, en un mot comme l'illusion d'un discours qui comblerait les lacunes, la faille du discours scientifique. Mais à plus forte raison cette fonction d'illusion trouve-t-elle à s'exercer dans les sociétés qui n'ayant ni corps de connaissances pouvant s'élever à la dignité de science, ni technologie développée leur donnant une forte emprise sur les phénomènes physiques et biologiques d'où nous viennent infortunes et maladies, ont besoin de cette foi dans la toute-puissance de leurs représentations pour pallier à leur impuissance devant les choses.

C'est sur de telles évidences propres à l'esprit positif que s'appuient pour une part, pensons-nous, les interprétations fonctionnalistes de la divination dans les sociétés traditionnelles d'Afrique Noire.

Ainsi, après avoir rappelé que la consultation du devin est chez les Ndembu de Zambie, une phase essentielle du processus social de réajustement exigé par certaines crises (résultant d'une mort, de la maladie ou de quelque autre infortune) mettant en danger l'équilibre du groupe, Turner affirme * : « Nous devons toujours nous souvenir que les normes auxquelles sont confrontées l'harmonie et la disharmonie dans la société sont celles de la culture Ndembu et non celle de notre science sociale occidentale. Elles appartiennent à une société qui, ne possédant qu'une technologie rudimentaire et un savoir-faire et des connaissances empiriques limitées, n'a en conséquence qu'une très faible maîtrise sur son environnement matériel ». Impuissante donc à déterminer les véritables causes qui sont à l'origine des maux qui l'affectent, la société confie à ses devins le soin d'en dominer les effets par le moyen d'une technique symbolique agissant sur les hommes sinon sur les choses. Cette technique constitue à la fois un instrument d'analyse sociale dans l'idiome propre à la culture et un guide pour orienter l'action rituelle et thérapeutique des consultants considérés dans leur contexte sociologique et politique. Mais Turner insiste là encore pour nous dire que les devins ne sont pas eux-mêmes guidés par « une analyse objective de la structure sociale, mais plutôt par l'intuition de ce qui est juste et adéquat tant dans les termes des valeurs morales Ndembu que du code éthique qui serait reconnu valable par tous les groupes humains ». Si bien que le système divinatoire c'est-à-dire tout l'appareil des figures symboliques ** et sa mise en œuvre souvent spectaculaire n'est dans sa finalité dernière rien d'autre qu'une procédure d'intervention faite pour frapper les esprits, afin de rétablir les normes sociales dans « les situations émotionnellement chargées » où

* Turner V. W., *The Drums of Affliction*, Oxford, Clarendon Press. 1968, p. 46.
** Cf. chapitre IV.

l'on fait appel à lui. Turner conclut : « ... il est clair que le rôle des devins en tant qu'ils maintiennent la moralité tribale et rectifient les rapports sociaux perturbés — aussi bien sur le plan structural qu'au niveau de la contingence — est vital dans une société dépourvue d'institutions politiques centralisées ». Assurément, l'arbitraire du point de vue fonctionnaliste sur la finalité des institutions sociales est ici manifeste, car nous pourrions dire qu'il est tout aussi clair que le *kindani* joue un rôle vital — encore que de manière différente — chez les Moundang qui disposent pourtant d'un système politique fortement hiérarchisé et centralisé. Mais du moins Turner s'en tient-il à une analyse qui vaut pour la société Ndembu et ne l'étend-il pas à l'ensemble des systèmes divinatoires quelles que soient leurs techniques et quel que soit leur contexte ethnographique.

Il en va tout autrement chez Park (*op. cit.*) qui nous propose une théorie générale s'appliquant aussi bien aux systèmes procédant de manière intuitive (Ndembu, Yao etc.) qu'aux systèmes procédant de manière inductive comme les géomancies (le Fa du Bénin) ou le *kindani* moundang.

Son interprétation de la divination se présente de prime abord comme résolument sociologique et répudiant tout recours à l'affectivité. Il la situe dans la classe des institutions qui comme la justice se définissent en tant que « procedural intervention ». Elle n'est pas une simple excroissance sur le corps politique mais un instrument de contrôle qui en fait partie intégrante car elle contribue largement à éliminer les sources de désordre dans les relations sociales. Contre Herskovits, il affirme que la divination ne saurait se concevoir comme une espèce d'adjuvant psychologique créant la conviction chez le consultant qu'il agit en accord avec les forces surnaturelles. Sa fonction est plutôt de fournir un certain type de légitimation à des actions qui font problème pour le sujet. Le fait déterminant n'est pas que le sujet se trouve dans des « situations émotionnellement chargées » mais plus généralement qu'il se trouve confronté à des choix difficiles en raison de leurs implications sociales. Park établit ainsi une corrélation entre la procédure divinatoire et ce que les sociologues anglo-saxons appellent le problème de « decision making ». Prenant l'exemple du Yoruba consultant le devin au sujet du choix d'un nouvel emplacement pour construire sa maison, il montre que ce choix a de telles conséquences sur l'équilibre de la communauté lignagère et de son groupe résidentiel d'origine qu'on conçoit que la personne à laquelle il incombe de le faire ait besoin d'une autre sanction que celle de son seul bon vouloir. Un remaniement structural dans les rapports sociaux exige le soutien d'une instance officielle de légitimation. A travers le code culturel particulier par lequel elle s'exprime, cette instance représente pour l'action du consultant le consensus du groupe que cette action concerne peu ou prou. Déchargeant l'individu de responsabilités trop lourdes pour lui, le message du devin produit à partir du code culturel a en outre l'avantage d'offrir des garanties d'objectivité qui réduisent dans une large mesure les risques de contestation. Mais quand bien même des contestations s'élèveraient au sujet de tel énoncé, elles ne portent jamais sur la légitimité de la procédure divinatoire elle-même. Elles témoignent au contraire de la résistance qu'oppose la procédure en tant qu'institution aux désirs et volontés du sujet.

Avec cette idée de résistance, Park affronte directement le problème qui est le nôtre : comment les systèmes employant des mécanismes aléatoires peuvent-ils fournir des réponses pertinentes aux demandes du client ou du moins comment ces réponses peuvent-elles emporter sa conviction pour le déterminer à agir conformément à des énoncés qui sont arbitraires quant à la relation qu'elles ont avec son expérience et les données de fait ?

A cette question il répond que nous ne devons pas nous laisser abuser par l'aspect « théorie probabiliste » de la divination. Celle-ci n'est pas pure spéculation intellectuelle mais, comme on l'a vu, un outil social et l'on voit mal quelle serait son utilité s'il fournissait des réponses vraiment au hasard.

Park évoque la théorie de Moore selon laquelle la scapulomancie chez les Naskapi du Labrador, en déterminant au hasard le choix du terrain de chasse aurait une fonction écologiquement utile de préservation du gibier grâce à une bonne dispersion des activités de chasse. Mais il en conclut seulement qu'en de tels cas, la roue de la chance est équivalente sinon plus sage que tout jugement humain. L'exemple Naskapi confirme au contraire que le vrai problème est toujours celui de la légitimation de décisions dont les conséquences sont importantes pour le groupe social. A cet égard, les mécanismes aléatoires de production des messages ne sont qu'une des formes dans l'ensemble des procédures divinatoires faites pour offrir cette légitimation. Dans les systèmes où le devin opère par le truchement d'un état de transe, d'inspiration ou d'une quelconque possession par des esprits, la légitimation et par conséquent le consensus social sont engendrés par ces moyens qui constituent une dramatisation. La mise en scène rituelle, la musique, les danses, les cris, l'accoutrement et les gestes du devin sont autant d'aspects saillants de cette dramatisation dont l'équivalent ou peut-être simplement l'autre pôle est le travail « mécanique » d'un devin comme le *pa-kindani* procédant à ses tirages au sort, à ses alignements de cailloux. Dans le premier cas, nous avons affaire à des effets qui parlent aux sens, à l'émotion et forcent la conviction du public en créant cet état d'effervescence collective dont Durkheim nous dit qu'elle est la source vive de la conscience sociale. Dans le second, nous avons affaire à des effets d'ordre différent, plus intellectuels sans aucun doute mais qui se réduisent, nous dit Park, à une sorte de « labyrinthe » dont les détours plus ou moins compliqués sont faits pour aboutir au même résultat : créer la conviction en opposant une résistance spécifique à la demande du consultant. L'essentiel n'est pas de chercher à savoir comment le devin concilie cette demande avec ses réponses produites « au hasard » mais au contraire de reconnaître dans les mécanismes aléatoires dont il se sert, la fonction d'élusion permettant de la reformuler en des termes qui, révélant un contenu caché, manifestent à la fois son sens et la réponse qui lui est appropriée. Telle est brièvement résumée la thèse de Park.

Bien qu'en des termes très différents des nôtres, et bien que par ailleurs il fasse bon marché des possibilités formelles que recèle un système comme le *kindani* (ou à plus forte raison la géomancie) pour assouplir et rendre plus ambiguës les formulations de ses messages (par l'appariement et la permutation des termes, par leur hiérarchisation dans des séries, notamment), il nous faut dire que l'interprétation qu'il nous propose ne semble pas très éloignée de celle que nous avancions au terme de notre chapitre IV. Quand nous affirmons que le *pa-kindani* « entérine et réoriente, nie et corrobore les éléments du prédiagnostic » qu' « il dit à la fois la même chose et autre chose que le malade et sa famille », qu'enfin « il introduit une coupure au nom d'une autre parole » celle de dieu et des *mozumri*, ne faisons-nous pas usage des mêmes concepts de résistance et de légitimité comme moyen et fonction d'instauration de ce discours socialement efficace dont la charge incombe au devin ? Assurément, si nous tournons autour des mêmes choses en leur appliquant des concepts apparemment semblablables, nous pensons que les différences qui nous séparent de Park tiennent moins à des nuances qu'à des divergences de fond. Sa thèse, nous l'avons dit, se veut résolument sociologique et il est tout à fait conséquent avec lui-même quand il place la notion de légitimité au centre de son argumentation. L'usage qu'il en fait se fonde sur la distinction qu'il établit entre une légitimité substantielle et une légitimité formelle. L'une et l'autre sont « des processus par lesquels un acte, un événement ou un état de fait sont considérés comme des exemples d'une classe déjà définie dans les normes présupposées de la société ». Mais dans la première, on va du cas à la norme (le meilleur exemple en est l'ordalie) tandis que dans la seconde on va de la norme au cas. La divination comme l'ensemble des sanctions rituelles dont elle constitue un type, utilise l'une et l'autre formes de légitimation, étant entendu que la légitimation substantielle est seule vraiment fondatrice puisqu'elle est produite dans et par l'acte même qui instaure le consensus social. Dramatisation, résistance spécifique, détour dans un labyrinthe sont autant de moyens pour reproduire, redonner vie à cet acte originaire créateur de l'émotion dont les hommes ont besoin pour accepter de se soumettre aux verdicts d'une instance qui ne peut tenir son pouvoir législateur que d'une parole autre, Dieu ou esprit.

Si tel est bien le fond de l'argumentation de Park, fond que l'on retrouve dans la plupart des théories avancées par les fonctionnalistes, nous lui opposerons d'abord l'objection que Lévi-Strauss adressait déjà à Malinowski à propos du totémisme * : « Comme l'affectivité est le côté le plus obscur de l'homme, on a été constamment tenté d'y recourir, oubliant que ce qui est rebelle à l'explication n'est pas propre, de ce fait, à servir d'explication. Une donnée n'est pas première parce qu'elle est incompréhensible : ce caractère indique seulement que l'explication, si elle existe, doit être cherchée sur un autre plan ».

Disons-le nettement, si l'interprétation de la fonction ou plutôt de la finalité des institutions divinatoires d'une société doit nous conduire à rechercher les croyances et émotions originaires qui les ont suscitées ou qui, à tout le moins en fondent la possibilité, une telle entreprise nous paraît vaine. Il en est ainsi non seulement pour la raison de principe que rappelle Lévi-Strauss mais parce que même pour nous qui

* Lévi-Strauss C. *Le totémisme aujourd'hui*, Paris, P.U.F., 1962, p. 99.

avons pu observer de près le fonctionnement concret du *kindani* chez les Moundang, la nature de sa fonction, son « rôle vital » comme dit Turner demeurent obscurs. Que le *kindani* établisse les agents responsables de telle infortune ou telle maladie, qu'il prescrive le recours à tel guérisseur, qu'il indique la marche à suivre dans tel rituel, qu'il détermine le caractère favorable ou défavorable de tel ensemble de catégories à l'occasion de telle cérémonie ou des grandes fêtes annuelles, cela nous le voyons bien et la fonction d'une telle instance est évidente. Dire, en revanche, que cela répond à des besoins, plus ou moins enfouis dans la conscience sociale, de se réassurer dans les choix exigés par des situations difficiles, dire que la légitimation attendue s'applique directement aux décisions et à l'action à entreprendre, voilà qui nous paraît ou tautologique (répéter que la fonction est bien fonction) ou arbitraire. Arbitraire, car c'est affirmer que quelle que soit sa forme, son mode de fonctionnement, la divination satisfait toujours aux mêmes besoins.

Ce qui pour nous fait vraiment problème — et nous y avons insisté tout au long de cet ouvrage — c'est l'exigence indéfiniment répétée du déploiement sur la table du devin d'un ensemble de catégories dont l'inscription est chaque fois nécessaire pour produire un message, aussi limité soit-il. Cette inscription dans laquelle viennent s'insérer dans un ordre à peu près fixe, les catégories de puissances liées à la terre, les catégories de l'espace social et religieux du village, les composantes de la personne, le corps et ses organes, ne représente pas un labyrinthe destiné à égarer le sujet. Le *pa-kindani* n'a pas à agir sur l'assistance et encore moins sur la personne à propos de laquelle on interroge les cailloux car, répétons-le, celle-ci n'assiste généralement pas à la consultation. La divination n'est ici en aucune façon une technique d'influence.

La position du consultant, client privé ou collectivité, évoque plutôt, nous semble-t-il, celle de l'usager d'un certain service dont le fonctionnement est assuré par la machine technique que nous avons analysée et dont la compétence s'étend théoriquement à l'ensemble du champ rituel tel qu'il est défini par les catégories interrogées. L'image du service apparaît appropriée pour décrire le trait le plus décisif du *kindani* moundang qui se révèle dans l'usage qu'il fait du savoir.

Le code divinatoire est constitué par l'ensemble des catégories théoriquement dénombrables dont l'interrogation est requise selon l'objet de la consultation. Cet ensemble derechef constitue un sous-ensemble prélevé sur la totalité des catégories retenues par les codes rituels. Comment a été opérée la sélection, pourquoi en ont été exclues des catégories aussi importantes que par exemple, les masques qui sortent pendant *fiŋ-munduŋ* ou les cérémonies de deuil, il y a là autant de questions qui mériteraient un examen séparé. Quoi qu'il en soit, le produit de cette sélection fournit le lexique de ce que nous pouvons appeler la langue divinatoire.

Le paradoxe du *kindani* est que cette langue n'a pas de grammaire qui lui soit propre et qui lui permette d'engendrer des propositions c'est-à-dire un discours spécifiquement divinatoire. Elle n'a qu'une grammaire implicite, celle qui régit les différents idiomes culturels du champ qu'elle embrasse avec sa technique (rituels, croyances etc.). Les énoncés formés dans cette langue se caractérisent, nous l'avons dit, par une utilisation des plus réduites des possibilités combinatoires du système. Tout se passe comme si les devins se voyaient interdire ces possibilités non pas *malgré* les avantages qu'elles offrent d'un développement et d'un affinement de leurs procédés, mais peut-être *parce que* de tels avantages qui pourraient conduire au développement et à l'affinement d'un corps de connaissances divinatoires ne sont pas désirés *. Ce qui est ici en cause est le statut du savoir dans la société moundang.

Nous avons vu comment le *pa-kindani* oriente ses consultants vers les différents types de guérisseurs, comment par ailleurs il guide — parfois avec la plus grande minutie — les agents du rite dans l'accomplissement des actes que celui-ci exige. Ces guérisseurs, détenteurs d'un savoir empirique précis et limité, ces agents, spécialistes d'un rite qui leur incombe en raison de leur appartenance clanique ou de leur charge dans le système politico-religieux, sont les servants d'une pratique dont la prescription — au sens pour ainsi dire médical du terme — a été produite par la machine divinatoire. Le savoir pharmacologique ou religieux qui leur permet de fournir les prestations qu'on attend d'eux est clos sur lui-même. Divisé, cloisonné en fonction des spécialités, il n'est mis en cause que requis par la parole du *kindani* qui lui confère sa légitimité. Mais, cette légitimité, est pour reprendre la distinction de Park, de nature toute formelle.

* Cf. chapitre V, p. 90.

Le formalisme dont il s'agit ici ne définit pas le caractère de l'opération par laquelle on passe de la norme au cas, mais se déduit simplement de l'absence de grammaire de la langue divinatoire. Le passage de la norme au cas s'effectue au moyen de ce qu'en termes kantiens on appelle un jugement déterminant qui suppose une analyse du cas particulier pour déterminer s'il appartient ou non à une catégorie donnée. Or le *kindani* ne connaît que des catégories réparties en groupes correspondant au découpage du champ sémantique envisagé dans une consultation. Le procédé aléatoire fait apparaître dans un premier temps celles qui sont pertinentes c'est-à-dire celles qui entraînent des conséquences dans le cas examiné. La constellation de ces catégories pertinentes dessine la forme de ce que nous pouvons désigner comme le cas divinatoire par opposition au cas concret soumis à l'instance du *kindani.*

Nous savons déjà comment le savoir résultant de l'expérience des consultants comme des devins eux-mêmes est désarticulé sous l'effet de la coupure qu'introduit la technique probabiliste et comment le modèle que celle-ci produit s'accommode à son tour des données de l'expérience. Ce qu'il nous faut souligner ici c'est que la coupure entre le modèle et le cas, loin de tendre à s'annuler, est au contraire toujours maintenue y compris dans le traitement du cas. Et comment en serait-il autrement dans une activité symbolique qui a pour objet des unités lexicales dont l'articulation syntaxique ne lui appartient pas ? Si l'on nous accorde que tout discours implique les deux opérations complémentaires de combinaison et de sélection telles que R. Jakobson les a définies *, on nous accordera aussi que dans le discours religieux moundang ces deux opérations sont partagées entre rite et divination qui ne prennent respectivement en charge qu'une des deux et une seule. En effet, le *pa-kindani* produit de la sélection mais demeure assujetti à son propre code ou au rite sur le plan de la combinaison, tandis que le rite se donne à lui-même ses règles de combinaison mais reste tributaire du *pa-kindani* pour la sélection.

Revenons à notre distinction entre inscription (catégories enregistrées sur le sol) et prescription (indications oralement communiquées aux consultants). Sur le plan de l'inscription, la combinaison est donnée dans l'ordre et la connexion des signifiants qui constituent le code

* Jakobson R., *Essais de linguistique générale*, Paris, Minuit, 1963.

divinatoire. Sous la forme d'énoncés d'une phrase ou d'un mot (bon/mauvais), le devin révèle l'état ou la disposition des éléments — agents, lieux, temps, objets — qui occupent une place déterminée dans la chaîne rituelle. Si l'état d'un de ces éléments obligés du rite est tel qu'il n'est pas approprié à remplir la fonction qui lui est assignée, le devin qui ne peut évidemment procéder ici à une sélection parmi les éléments, sauf dans le cas où ils sont appariés, procède à ce que nous appellerons une sélection intensive, autrement dit prescrit les actions (rites, recommandations, etc.) susceptibles de les remettre dans l'état approprié.

Dans l'ordre de la prescription, le *pa-kindani* n'intervient pas non plus au niveau de la chaîne syntagmatique, mais seulement sur l'axe paradigmatique c'est-à-dire de la sélection des termes dont le code rituel admet qu'ils sont *également* aptes à remplir une fonction déterminée (choix du col de poterie dans lequel on enferme les *šinri*, choix de l'esclave chargé de laver les pierres de pluie, etc.).

Cette distribution des deux opérations complémentaires de combinaison et de sélection entre rite et *kindani*, nous met sur la voie de l'interprétation des rapports entre la divination et le savoir. Dans le discours religieux moundang, l'activité symbolique des agents du rite et celle des devins se supposent l'une l'autre à la manière dont ces deux opérations se supposent l'une l'autre dans tout acte de parole. Les agents du rite sont pour ainsi dire en défaut sur le plan de la similarité : ils sont paralysés sans le secours du guidage divinatoire. Le *kindani* est, quant à lui, en défaut sur le plan de la contiguité : il est, pour paraphraser les Moundang, aveugle hors de son application au rite qui lui réfléchit le sens de ses propres messages. A l'intérieur du discours religieux qui les contient et les déborde, rite et divination sont donc, pris séparément, affectés d'un manque essentiel. C'est ce manque qui assigne les limites formelles à la fonction d'expression du premier et à la fonction de communication du second.

La notion de limite que nous avançons ici sera peut-être plus claire si nous comparons la religion moundang avec une religion révélée comme le judaïsme. A partir des textes sacrés et de la Tradition (Massorah) un code rituel a été fixé. Le code dans ses prescriptions fondamentales exprime directement la volonté divine comme un absolu : ce qu'il ordonne, positivement ou négativement, constitue un impératif catégorique, ce qu'il n'ordonne pas est interdit. Sur ce formalisme rigoureux de la lettre s'est développé un extraordinaire corpus de commentaires théologiques et rabbiniques qui sont comme le processus infini d'éclaircissement du sens de la Parole pour les fidèles. Le rite moundang est certes comme tout rite, fixé par la tradition dans un code. Mais aucun formalisme ne s'attache à ce code car ici le révélé appartient à l'instance divinatoire qui définit à chaque fois les conditions d'adéquation à son objet de l'action rituelle. La divination nous apparaît dès lors comme une sorte d'envers de l'exégèse. L'énigme n'est pas dans le rite mais dans le message du *kindani* qui d'ailleurs la dissipe aussitôt puisqu'il reçoit tout son sens du rite qu'il met en forme. Le mystère (ou la surabondance de sens) de la parole divine encodée dans l'Écriture sainte engendre un excès de communication entre les hommes et l'au-delà (expansion indéfinie de l'exégèse, du savoir théologique).

L'assujetissement mutuel du rite et du *kindani* limite au contraire cette communication qu'il réduit à un jeu de renvois entre deux savoirs spécialisés et complémentaires. La société moundang conjure ainsi un Savoir dont l'extension illimitée postulerait un Sujet omniscient, omnipotent servi par une classe de prêtres et de savants prétendant s'arroger une partie de cette omniscience et de cette omnipotence.

S'il fallait chercher une fonction sociale à la divination, nous dirions en tout cas qu'en ce qui concerne les Moundang — mais sans doute est-ce également vrai ailleurs en Afrique — c'est dans cette direction qu'il convient de s'engager. Nous n'avons guère de raisons de croire que ce qui importe au villageois moundang est de se réassurer dans ses décisions auprès du devin. Mais, il semble bien que la société moundang ait jugé utile de se prémunir contre un Savoir qui se prévaudrait du privilège de la vérité pour lui dire ce que ses décisions doivent être.

ANNEXE

Au moment où cet ouvrage était déjà achevé, nous avons reçu de Jeanne-Françoise Vincent un texte qui doit paraître dans le Journal de la Société des Africanistes sous le titre « Divination et possession chez les Mofu, montagnards du Nord-Cameroun ». Il nous a paru utile de résumer en quelques lignes les différences essentielles qui séparent le *kindani* et le procédé divinatoire pratiqué par cette population vivant seulement à 150 km du pays moundang.

1. *La technique du tirage au sort.* A la différence du *pa-kindani*, le devin mofu inscrit d'abord sur la table divinatoire l'ensemble des signes — que l'auteur appelle « chambres » — représentant les catégories envisagées pour le cas du consultant. Divisées en « généralités » et en questions particulières déterminées par la nature de la demande, ces catégories (dont la liste varie de 15 à 40 dans une consultation ordinaire) sont tout à fait comparables à celles qu'interroge le *pa-kindani*. Mais, leurs supports matériels qui ne se réduisent pas aux cailloux sont constitués par des signes individualisés. Par exemple, ce qui correspond semble-t-il à notre *təgware-pəyã* (« esprit de la porte ») est figuré par une grosse pierre surmontée d'une petite. Ces « chambres » étant disposées sur le sol, le devin effectue deux tirages avec ses petits cailloux destinés à cet effet, selon un principe rigoureusement identique à celui que nous avons décrit. Paradoxalement, le résultat impair est annoncé par le mot « six » en mofu et le résultat pair par le mot « quatre ». Pas plus que nous n'avons pu expliquer les termes *lyã* et *gay* en moundang, l'auteur ne peut rendre compte de cette anomalie.

2. *La règle de lecture.* Les résultats sont lus par le devin mofu de la manière suivante : 2-2, très défavorable; 2-1, assez défavorable; 1-2, assez favorable; 1-1, favorable. Nous remarquons tout de suite que la divination mofu ignore l'addition géomantique utilisée par le *kindani*, à savoir : P + I = I; P + P = P; I + P = I; I + I = P. En outre, elle ne connaît pas non plus la dimension du sexe. Le devin mofu est cependant plus proche de la méthode géomantique que le *pa-kindani* lorsque pour interpréter les figures il a recours aux « passations » c'est-à-dire à la répétition des mêmes figures dans des chambres différentes.

3. *Les énoncés du devin.* A ces différences sur le plan formel s'ajoute une

différence qui touche à la relation entre énoncé divinatoire et demande du consultant. Le devin mofu ne procède pas au coup pour coup, mais se livre à un examen silencieux des combinaisons entre les figures négatives et seulement négatives. Puis, il formule un diagnostic global de façon telle que le consultant puisse l'étayer immédiatement par les indices qu'il possède lui-même sur son cas. Ces indices sont utilisés par le devin pour compléter son diagnostic et ses prescriptions. Comme l'écrit Mme Vincent : « presque toujours (les consultants) eux-mêmes ont déjà un dignaostic prêt et, consciemment ou non, ils essaient d'y amener le devin... qui souvent ne demande qu'à emprunter cette piste ».

Ce très rapide examen comparatif de deux procédés divinatoires parents employés par deux populations géographiquement proches nous conduit aux remarques suivantes :

Sur le plan technique, *kindani* et divination mofu constituent deux variantes bien contrastées à l'intérieur d'une vaste famille de procédés divinatoires dérivés de la géomancie. Il serait intéressant, tant du point de vue logique que du point de vue ethnologique, d'étudier le sens et les limites de ces variations.

Il semble d'après les informations que nous possédons, et bien qu'elles soient encore très lacunaires *, que dans une vaste bande soudanaise allant du Guéra à l'Est du Tchad jusqu'au Nigeria à l'Ouest, on retrouve des systèmes divinatoires analogues au *kindani*. Il n'est pas interdit de penser que sur la base de travaux comme celui de Mme Vincent, le nôtre et d'autres, on puisse arriver à déterminer le foyer à partir duquel de tels systèmes se sont diffusés et dès lors à formuler des hypothèses historiques sur le comment et le pourquoi ils se sont séparés de la géomancie pour se conformer aux cultures et aux modes de pensée des sociétés qui les ont adoptés pour leur usage.

* *Travaux publiés :* Mouchet J., « Pratiques de divination Massa et Toupouri », *Bull. Soc. Et Camerounaises*, 1943, IV, pp. 61-72; Vincent J. F., « Techniques divinatoires des Saba, Hadjeray du Tchad », *Jour. Soc. Afr.*, 1966, XXXVI, 2, pp. 44-63.
Travaux non-publiés : A. Adler et R. Jaulin sur le groupe Sara; G. Podlewski et J.-Y. Martin sur les Mafa; C. Collard sur les Guidar; G. Pontie sur les Guiziga.

BIBLIOGRAPHIE

ADLER A., Essai sur la signification des relations de dépendance personnelle dans l'ancien système politique des Moundang du Tchad, *Cahiers d'Études Africaines*, 1969, IX, 35, pp. 441-461

BASCOM W., Ifa divination : communication between gods and man in West Africa, Bloomington, Indiana University Press, 1969, p. 575

BASCOM W., The sanctions of Ifa divination, *Journal of the Royal Anthropological Institute*, 1941, 71, 1-2, pp. 43-54

BEATTIE J., Divination in Bunyoro, Uganda, *Sociologus*, 1964, 14, I, pp. 44-62

CALAME-GRIAULE G., *Ethnologie et langage*, Paris, Gallimard, 1967

CARTRY M., Note sur les signes graphiques du géomancien gourmantché, *Journal de la Société des Africanistes*, 1963, 33, 2, pp. 275-306

COLSON E., The alien diviner and local politics among the Tonga of Zambia, in Swartz M. J. ed., *Political Anhtropology*, 1966, pp. 221-228

EVANS-PRITCHARD E. E., *Witchcraft, oracles and magic among the Azande*, Oxford University Press, 1937

GRIAULE M., Note sur la divination par le chacal (Dogon), *Bulletin du Comité d'Études Historiques et Scientifiques de l'Afrique Occidentale Française*, 1937, 20, 1-2, pp. 113-141

HAUNSTEIN A., La corbeille aux osselets divinatoires des Tchokwe (Angola), *Anthropos*, 1961, 56, 1-2, pp. 114-157

HÉBERT J. C., Analyse structurale des géomancies comoriennes, malgaches et africaines, *Journal de la Société des Africanistes*, 1961, 31, 2, pp. 115-208

JAULIN R., *La géomancie. Analyse formelle.*, Paris, Mouton, 1966

JAKOBSON R., *Essais de linguistique générale*, Paris, Minuit, 1963

LABOURET H., La divination en Afrique Noire, *Anthropologie*, 1922, pp. 334-360

LÉVI-STRAUSS C., *Anthropologie structurale*, Paris, Plon, 1958

LÉVI-STRAUSS C., *Le totémisme aujourd'hui*, Paris, Presses Universitaires de France, 1962

MAUPOIL B., *La géomancie à l'ancienne Côte des Esclaves*, Paris, Institut d'Ethnologie, 1961

MAUSS M. et DURKHEIM E., De quelques formes primitives de classification, contribution à l'étude des représentations collectives, Mauss M., *Œuvres*, Paris, Minuit, 1969, Tome II, pp. 13-89

MIDDLETON J., Oracles and divination among the Lugbara, In Douglas M., Kaberry P. M., eds., *Man in Africa*, London, 1969, pp. 269-277

MITCHELL C., *The Yao village*, Manchester, 1956

MONTEIL C., La divination chez les noirs de l'Afrique Occidentale Française, *Bulletin du Comité d'Études Historiques et Scientifiques de l'Afrique Occidentale Française*, 1931, XIV, 1-2, pp. 27-136

MOORE O. K., Divination. A new perspective, *American Anthropologist*, 1957, 59, I, pp. 69-75

MOUCHET J., Pratiques de divination Massa et Toupouri, *Bulletin de la Société d'Études Camerounaises*, 1943, 4, pp. 61-72

PARK G., Divination and its social contexts, *Journal of the Royal Anthropological Institute*, 1963, 93, 2, pp. 195-209

PAULME D., La divination par les chacals chez les Dogon de Sanga, *Journal de la Société des Africanistes*, 1937, 7, I, pp. 1-14

PRICE-WILLIAMS D. R., A case study of ideas concerning disease among the Tiv, *Africa*, 1962, 32, 2, pp. 123-131

STAYT H. A., *The Bavenda*, Oxford University Press, 1931

TAIT D., The role of the diviner in Konkomba Society, *Man*, 1952, 249, pp. 167-178

TUCKER L. S., The divining basket of the Ovimbundu, *Journal of the Royal Anthropological Institute*, 1940, 70, 2, pp. 172-201

TURNER V. W., *Ndembu divination*, Rhodes-Livingstone Institute, Salisbury, 1953

TURNER V. W., *The Drums of Affliction*, Oxford, Clarendon Press, 1968

VINCENT J. F., Techniques divinatoires des Saba, Hadjeray du Tchad, *Journal de la Société des Africanistes*, 1966, 36, 2, pp. 45-63

VINCENT J. F., Divination et possession chez les Mofu, montagnards du Nord-Cameroun, *Journal de la Société des Africanistes*, 1971, XLI, I, sous presse, 85 pages dact.

WHITE J. F., Witchcraft, divination and magic among the Balovale tribes, *Africa*, 1948, 18, 2, pp. 81-104

ZEMPLENI A., La thérapie traditionnelle des troubles mentaux chez les Wolof et les Lebou du Sénégal. Principes, *Social Science and Medecine*, 1969, III, pp. 191-205

INDEX DES MATIÈRES, DES AUTEURS ET DES ETHNIES

INDEX DES PRINCIPAUX TERMES MOUNDANG*

bane (clan), 18; *Ba-mundaŋ* (clans issus de Dam-ba), 18; *Ba-žu* (oiseau) 155, 158, 177, 182; *Due*, 182, 192; *Daye* (pirogue), 158; *Gwəre* (chasseurs) 41, 45-46, 153, 163; *Kiʒêrê* (chefs autochtones), 16-17, 158, 177-178, 189; *Mundaŋ-gõ-Daba* (clan royal), 18, 38, 41; *Mundaŋ-səŋ* (clan du chef de terre), 157; *Mundaŋ-yere*, 195; *Mungom*, 41; *Təre* (génies de l'eau), 158-159, 168; *Təzun* (ficus), 155, 158, 177, 182

berə-hale (mensonge du *hale*, remède), 47

bulum (tambour), 61, 168

čê (ombre, âme, sperme), 26, 60, 105, 117

čê-lãne (petite-âme), 23, 25-29, 31-32, 74, 81, 84, 94-96, 103, 105, 116-117, 174

čẽ-li (grande-âme), 23, 25-26, 28-29, 74, 81, 94-95, 116

čê-šinri (âme des *šinri*), 32, 80, 85, 130-133

čê-šêmê (âme des maladies), 130

čê-sore (âme du mil, fête de), 155-156, 172

čox-šinri (génies de lieu), 19, 31, 33-39, 45-46, 52, 57, 74, 82, 85, 100, 102-105, 117-120, 122, 132, 134, 164-166, 190-193, 199-199

čox-šin-seri(*čox-šinri*) de la terre), 34, 102

Damba (fondateur mythique), 16-17, 41, 168, 177, 186

dəfu (personne humaine), 23, 27

ə̃nbwoẽ (calebasse de la *maswa-šinri*), 87, 90, 129-131, 139

fa-čox-šinri (médicament contre les génies de lieu) 36, 45, 133

fa-sak (médicament antisorcellerie), 31, 40, 59-60, 83, 120, 133-134, 146, 182

fa-sane (magie de protection), 185

fa-zambo (médicament de la malédiction), 47-48, 51.

Fiŋ-lu (fête de la pintade), 15, 48, 155-156, 162, 164, 167, 183, 188, 190, 194, 196, 198, 202

Fiŋ-mundaŋ (fête du Nouvel An), 36, 48, 153-158, 160, 164, 168-169, 175, 178, 180-191, 183-185, 187, 190, 193, 202, 210

ga-ə̃ (enterrement du col de la poterie), 86, 90, 129, 131-132

* Les catégories divinatoires présentées sous forme de tableaux (92-96, 101, 103, 108) ne sont pas indexées.

galedemah (esclave, chef du palais), 19, 178
gay (terme de l'algorithme, signe pair) 54-61, 91
gõ-Laəre (souverain, roi de Léré), 14, 18, 19, 39, 42-43, 45, 47, 49, 76-77, 139, 151-156, 158, 160, 162, 164-165, 167-171, 174-180, 185-186, 190-192, 194, 196
gõ-pəkore (chef du paravent), 157, 161, 172

hale (ou *təhale*, aire de divination), 45, 49-51, 90, 99, 100, 144, 153, 155, 159, 161-163, 165, 181, 183, 185-187, 190, 194-196, 199-200

kaigamma (chef de l'armée), 19, 177-178
kəba (gui), 51, 134, 192
ke (magie de la pluie), 194-197
kindani (divination), 40-45, 47-49, 51, 56, 58, 62, 65, 68, 69, 74, 90-91, 96, 98-103, 105, 116, 124, 128-129, 138, 140-141, 143-147, 151-155, 159-161, 163, 165, 167-172, 174-188, 190-196, 200-203, 205, 207, 209, 211-213
kindani tesale (par cailloux), 44; *ə̃-pĩri* (par fragments de calebasse), 44; *kə-šiiri* (par tiges de paille), 44; *šin-žu* (par la *vitis quadrangularis*), 44
kuli (oignon, remède), 28, 163, 192

lyã (terme de l'algorithme, signe impair) 54-61, 91.
lyake (engoulevent), 124

ma-kindani (devineresse), 45-46
ma-sak (sorcière), 30-31, 48, 84-85, 93, 102-103, 117
Masəŋ (Dieu), 23, 26, 27, 29, 33, 148, 163, 202
Masəŋ-čome (« Dieu-soleil », maladie), 78, 119
Masəŋ-li (« Dieu-grand », maladie), 78, 86, 119, 124
Masəŋ-swere (« Dieu-fourmi noire », maladie), 78, 119
masəŋ-byãne (destin individuel, esprit gardien), 23-24, 27, 29, 74, 82, 94, 104, 108, 113, 116-118, 120, 122, 123, 174
Ma-seri (terre femelle), 33, 163
ma-swa-šinri (maîtresse du collège de possédées), 79, 86-87, 90-91, 115-116, 121-122, 126-127, 129-131, 134-136, 138, 146
ma-zwə̃-su (énergie vitale), 23, 25, 29, 74, 116
Məhahale (rite d'effacement de l'inscription), 168-169, 172, 185-187, 200, 202
mozumri (esprits ancestraux), 15-16, 32-39, 43, 49, 52, 74, 81-82, 94-95, 100, 102-103, 108-109, 111, 118, 122, 124, 146, 148, 163-165, 172, 174, 180, 188, 190, 202, 207
mozum-seri (esprits de la terre), 33, 102, 145, 163

pa-kindani (devin), 40, 42-47, 49, 51, 54, 61, 63, 68, 76, 77, 88-89, 96, 98-100, 102-104, 109, 112, 114, 116, 120-121, 129, 136, 143, 145-147, 151, 154-155, 163, 165-168, 179, 181, 196, 207, 209-212
pa-seri (chef de terre), 39, 50
pa-šinri (guérisseur), 40, 86
puliã-məna (chef des piétons), 158, 177-179, 189, 193, 199
puliã-puri (chef des cavaliers), 177-178, 199

sak (sorcellerie), 30, 52, 83-85, 109-110, 120
sale (ocre rouge), 99
sarkin-fadal (grand écuyer du roi), 19, 180, 182
sob-kindani (divination dans la divination), 100, 182, 200-201

šêmê (maladie), 60, 90
šin-fu (*šin* noir, rite de possession), 48-49, 60-62, 86-87, 107, 112, 115, 125, 129-138
šinri (médicament, objet magique, sacrifice, agent de maladie et de possession), 14, 32, 40, 60-62, 79-82, 86, 90-91, 96, 107, 118-119, 123-127, 129-133, 135, 137-138, 144, 156-157, 183, 190, 193, 197, 213. *Šinri* (maladie de) : *bame* (pluie) 79, 126, 135; *bare* (cailcédrat), 76; *čaxšin* (capitaine), 79-80, 119; *čoke* (forge), 79; *čome* (soleil), 79, 135, 137, 144; *kpəkpəle* (tortue), 32, 79, 119, 123; *masu* (boa), 32, 79, 83-84, 119, 123-124; *nine* (meule), 79; *pi* (salamandre), 79, 119; *piŋni* (singe), 79, 126; *ši* (crocodile), 79, 119, 123; *swale* (silure), 79, 123; *tã* (varan), 79, 119
šin-šyẽ (*šin* rouge, rite de possession), 48-49, 86-87, 125, 129, 134
šin-žu (vitis quadrangularis), 28, 44, 47, 99, 185, 192-193
sol (col de poterie), 60-61

təbakame (balanites aegyptiaca), 50, 153, 163, 185
təgware (maladie), 14, 81-82, 86, 108, 111, 118-120, 122, 173, 180-181. *Təgware de* : *bane* (âne sauvage), 82, 120; *bili* (phacochère), 82; *BoBo* (antilope-cheval), 82; *dəbfu* (personne humaine), 81, 120; *mapuə* (outarde), 82; *nəbi* (lamantin), 82; *pə-yã* (entrée de la maison), 81, 111, 180; *pwepwe* (céphalophe), 82
tesal-bame (pierres de pluie), 75-76, 192
tilim-mozumri (esprits errants), 34, 172
tugwin (folie), 25

wažiiri (vizir), 168, 170-171
wê-sak (familiers de la sorcière), 31, 84, 85
wê-puliã-go-yə (collège royal), 155, 161, 169-171, 180, 189, 193
wê-šin-fu (catégorie de possédée), 87, 129, 132, 134, 136
wê-šin-šye (catégorie de possédée), 87, 129, 134, 136
wê-šinri (possédée), 87, 121, 129, 136
wor-seri (terre mâle), 33, 163
wu (trompe-calebasse), 61-62, 168

ye-wuli (rite funéraire), 48, 138, 174

za-ču-ču (société secrète de siffleurs) 153, 160-161
zapi-zõrê (place des initiés), 153, 159, 161, 168, 177-178, 185
zasae (collège royal), 157-158, 161, 169-171
zaʒili (sternum, siège de la pensée), 28, 78, 95
žak-fauni (musiciens royaux), 155, 168, 170, 185
ža-seri (procédé géomantique moundang), 44, 65, 69
žuri-piŋ (jumeaux), 42
ʒaxe (mal d'articulations), 75-77, 119-121

IMPRIMÉ EN FRANCE FIRMIN-DIDOT S.A., PARIS MESNIL-IVRY
DÉPOT LÉGAL QUATRIÈME TRIMESTRE 1972 : 190
NUMÉRO D'ÉDITION 5687
HERMANN, ÉDITEURS DES SCIENCES ET DES ARTS